THÉATRE FRANÇAIS.

CRÉBILLON.

XVIII.

CRÉBILLON,

THÉATRE FRANÇAIS.

RÉPERTOIRE COMPLET.

CRÉBILLON.

Édition - Touquet.

PARIS.

IMPRIMERIE DE A. BELIN.

1821.

ATRÉE

ET

THYESTE,

TRAGÉDIE EN CINQ ACTES,

DE

CRÉBILLON;

Représentée, pour la première fois, en 1707.

Grébillon.

PERSONNAGES.

ATRÉE, roi d'Argos.

THYESTE, roi de Mycènes, frère d'Atrée.

PLISTHENE, fils d'AErope et de Thyeste, cru fils
    d'Atrée.

THÉODAMIE, fille de Thyeste,

EURYSTHENE, confident d'Atrée.

ALCYMÉDON, officier de la flotte.

THESSANDRE, confident de Plisthène.

LÉONIDE, confidente de Théodamie.

SUITE D'ATRÉE.

GARDES.

La scène est à Chalcys, capitale de l'île d'Eubée,
dans le palais d'Atrée.

ATRÉE

ET

THYESTE,

TRAGÉDIE.

—

ACTE PREMIER.

SCÈNE Ire.

ATRÉE, EURYSTHENE, ALCIMÉDON, GARDES.

ATRÉE.

Avec l'éclat du jour, je vois enfin renaître
L'espoir et la douceur de me venger d'un traître.
Les vents qu'un Dieu contraire enchaînait loin de nous,
Semblent, avec les flots, exciter mon courroux.
Le calme, si long-temps fatal à ma vengeance,
Avec mes ennemis n'est plus d'intelligence.
Le soldat ne craint plus qu'un indigne repos
Avilisse l'honneur de ses derniers travaux.
Allez, Alcymédon, que la flotte d'Atrée
Se prépare à voguer loin de l'île d'Eubée.
Puisque les dieux jaloux ne l'y retiennent plus,
Portez à tous ses chefs mes ordres absolus.
Que tout soit prêt.

SCÈNE II.

ATRÉE, EURYSTHENE, GARDES.

ATRÉE, *à ses gardes.*

Et vous, que l'on cherche Plisthène,
Je l'attends en ces lieux. Toi, demeure, Eurysthène.

SCÈNE III.

ATRÉE, EURYSTHÈNE.

ATRÉE.

Enfin, ce jour heureux, ce jour tant souhaité,
Ranime dans mon cœur l'espoir et la fierté.
Athènes, trop long-temps l'asyle de Thyeste,
Eprouvera bientôt le sort le plus funeste :
Mon fils, prêt à servir un si juste transport,
Va porter dans ses murs et la flamme et la mort.

EURYSTHÈNE.

Ainsi, loin d'épargner l'infortuné Thyeste,
Vous détruisez encor l'asyle qui lui reste.
Ah ! seigneur, si le sang qui vous unit tous deux,
N'est plus qu'un titre vain pour ce roi malheureux,
Songez que rien ne peut mieux remplir votre envie,
Que le barbare soin de prolonger sa vie.
Accablé des malheurs qu'il eprouve aujourd'hui,
Lé laisser vivre encor, c'est se venger de lui.

ATRÉE

Que je l'épargne, moi ! lassé de le poursuivre,
Pour me venger de lui, que je le laisse vivre !
Ah ! quels que soient les maux que Thyeste ait soufferts,
Il n'aura contre moi d'asyle qu'aux enfers :
Mon implacable cœur l'y poursuivrait encore,
S'il pouvait s'y venger d'un traître que j'abhorre :
Après l'indigne affront que m'a fait son amour,
Je serai sans honneur tant qu'il verra le jour.

Un ennemi qui peut pardonner une offense ,
Ou manque de courage , ou manque de puissance.
Rien ne peut arrêter mes transports furieux.
Je voudrais me venger , fût-ce même des dieux.
Du plus puissant de tous j'ai reçu la naissance ;
Je le sens au plaisir que me fait la vengeance :
Enfin mon cœur se plaît dans cette inimitié ;
Et , s'il a des vertus, ce n'est pas la pitié.
Ne m'oppose donc plus un sang que je déteste ;
Ma raison m'abandonne , au seul nom de Thyeste :
Instruit par ses fureurs , à ne rien ménager,
Dans les flots de son sang je voudrais le plonger.
Qu'il n'accuse que lui du malheur qui l'accable ,
Le sang qui nous unit me rend-il seul coupable ?
D'un criminel amour le perfide enivré
A-t-il eu quelque égard pour un nœud si sacré ?
Mon cœur , qui sans pitié lui déclare la guerre ,
Ne cherche à le punir qu'au défaut du tonnerre.

EURYSTHÈNE.

Depuis vingt ans entiers ce courroux affaibli
Semblait pourtant laisser Thyeste dans l'oubli.

ATRÉE.

Dis plutôt qu'à punir mon ame ingénieuse
Méditait dès ce temps une vengeance affreuse :
Je n'épargnais l'ingrat que pour mieux l'accabler :
C'est un projet enfin à te faire trembler.
Instruit des noirs transports où mon ame est livrée ,
Lis mieux dans le secret et dans le cœur d'Atrée.
Je ne veux découvrir l'un et l'autre qu'à toi ;
Et je te les cachais , sans soupçonner ta foi.
Ecoute. Il te souvient de ce triste hyménée
Qui d'AErope à mon sort unit la destinée.
Cet hymen me mettait au comble de mes vœux :
Mais à peine aux autels j'en eus formé les nœuds ,
Qu'à ces mêmes autels , et par la main d'un frère ,
Je me vis enlever une épouse si chère.
Tes yeux furent témoins des transports de mon cœur :
A peine mon amour égalait ma fureur ;
Jamais amant trahi ne l'a plus signalée.

Mycènes (tu le sais) sans pitié désolée,
Par le fer et le feu vit déchirer son sein ;
Mon amour outragé me rendit inhumain.
Enfin, par ma valeur AErope recouvrée,
Après un an, revint entre les mains d'Atrée.
Quoique déjà l'hymen, ou plutôt le dépit,
Eussent depuis ce temps mis une autre en mon lit ;
Malgré tous les appas d'une épouse nouvelle,
AErope à mes regards n'en parut que plus belle.
Mais en vain mon amour brûlait de noûveaux feux,
Elle avait à Thyeste engagé tous ses vœux ;
Et liée à l'ingrat d'une secrète chaîne,
AErope (le dirai-je) en eut pour fruit Plisthène.

EURYSTHÈNE.

Dieux ! qu'est - ce que j'entends ? quoi ! Plisthène,
     seigneur,
Reconnu dans Argos pour votre successeur,
Pour votre fils , enfin ?

ATRÉE.

         C'est lui-même, Eurysthène.
C'est ce même guerrier , c'est ce même Plisthène,
Que ma cour aujourd'hui croit encor , sous ce nom ,
Frère de Ménélas , frère d'Agamemnon.
Tu sais , pour me venger de sa perfide mère ,
A quel excès fatal me porta ma colère.
Heureux , si le poison qui servit ma fureur,
De mon indigne amour eût étouffé l'ardeur !
Celui de l'infidèle éclatait pour Thyeste,
Au milieu des horreurs du sort le plus funeste.
Je ne puis, sans frémir, y penser aujourd'hui ;
AErope, en expirant, brûlait encor pour lui.
Voilà ce qu'en un mot surprit ma vigilance,
A ceux qui de l'ingrate avaient la confidence.

(il lui montre en ce moment une lettre d'Ærope)

LETTRE D'AErope.

« D'Atrée en ce moment j'éprouve le courroux,
» Cher Thyeste, et je meurs sans regretter la vie.
» Puisque je ne l'aimais que pour vivre avec vous,

ACTE I, SCÈNE III.

» Je ne murmure point qu'elle me soit ravie.
» Plisthène fut le fruit de nos tristes amours :
» S'il passe jusqu'à vous, prenez soin de ses jours ;
» Qu'il fasse quelquefois ressouvenir son père
» Du malheureux amour qu'avait pour lui sa mère. »
Juge de quels succès ses soins furent suivis ;
Je retins à la fois son billet et son fils :
Je voulus étouffer ce monstre en sa naissance ;
Mais mon cœur plus prudent l'adopta par vengeance.
Et méditant dès-lors le plus affreux projet,
Je le fis au palais apporter en secret.
Un fils venait de naître à la nouvelle reine ;
Pour remplir mes projets, je le nommai Plisthène,
Et mis le fils d'AErope au berceau de ce fils,
Dont depuis m'ont privé les destins ennemis.
C'est sous un nom si cher qu'Argos l'a vu paraître :
Je fis périr tous ceux qui pouvaient le connaître ;
Et laissant ce secret entre les dieux et moi,
Je ne l'ai jusqu'ici confié qu'à ta foi.
Après ce que tu sais, sans que je te l'apprenne,
Tu vois à quel dessein j'ai conservé Plisthène ;
Et, puisque la pitié n'a point sauvé ses jours,
A quel usage enfin j'en destine le cours.

EURYSTHÈNE.

Quoi, seigneur ! sans frémir du transport qui vous guide,
Vous pourriez réserver Plisthène au parricide ?

ATRÉE.

Oui, je veux que ce fruit d'un amour odieux
Signale quelque jour ma fureur en ces lieux ;
Sous le nom de mon fils, utile à ma colère,
Qu'il porte le poignard dans le sein de son père ;
Que Thyeste, en mourant, de son malheur instruit,
De ses lâches amours reconnaisse le fruit.
Oui, je veux que, baigné dans le sang de ce traître,
Plisthène verse un jour le sang qui l'a fait naître ;
Et que le sien après, par mes mains répandu,
Dans sa source à l'instant se trouve confondu.
Contre Thyeste enfin tout paraît légitime ;
Je n'arme contre lui que le fruit de son crime.

Son forfait mit au jour ce prince malheureux,
Il faut, par un forfait, les en priver tous deux.
Thyeste est sans soupçons, et son ame abusée
Ne me croit occupé que de l'île d'Eubée :
Je ne suis en effet descendu dans ces lieux,
Que pour mieux dérober mon secret à ses yeux.
Athènes, disposée à servir ma vengeance,
Avec moi dès long-temps agit d'intelligence ;
Et son roi, craignant tout de ma juste fureur,
De son nom seulement cherche à couvrir l'honneur.
Du jour que mes vaisseaux menaceront Athènes,
De ce jour tu verras Thyeste dans mes chaînes.
Ma flotte me répond de ce qu'on m'a promis,
Je répondrai bientôt et du père et du fils.

EURYSTHÈNE.

Hé bien ! sur votre frère épuisez votre haine ;
Mais du moins épargnez les vertus de Plisthène.

ATRÉE.

Plisthène, né d'un sang au crime accoutumé,
Ne démentira point le sang qui l'a formé ;
Et comme il a déjà tous les traits de sa mère,
Il aurait quelque jour les vices de son père.
Quel peut-être le fruit d'un couple incestueux ?
Moi-même j'avais cru Thyeste vertueux ;
Il m'a trompé : son fils me tromperait de même :
D'ailleurs, il lui faudrait laisser mon diadême.
Le titre de mon fils l'assure de ce rang ;
En faudra-t-il, pour lui, priver mon propre sang ?
Que dis-je ? pour venger l'affront le plus funeste,
En dépouiller mes fils pour le fils de Thyeste ?
C'est ma seule fureur qui prolonge ses jours,
Il est temps désormais qu'elle en tranche le cours.
Je veux par les forfaits où ma haine me livre,
Me payer des momens que je l'ai laissé vivre.
Que l'on approuve, ou non, un dessein si fatal,
Il m'est doux de verser tout le sang d'un rival.

SCÈNE IV.

ATRÉE, PLISTHENE, EURYSTHENE, THES-
SANDRE, GARDES.

ATRÉE, *bas*, à *Eurysthène*.

Mais Plisthène paraît. Songe que ma vengeance
Renferme des secrets consacrés au silence.

(à *Plisthene*.)

Prince, cet heureux jour, mais si lent à mon gré,
Presse enfin un départ trop long-temps différé.
Tout semble en ce moment proscrire un infidèle;
La mer mugit au loin, et le vent vous appelle.
Le soldat, dont ce bruit a réveillé l'ardeur,
Au seul nom de son chef, se croit déjà vainqueur.
Il n'en attend pas moins de sa valeur suprême,
Que ce qu'en vit Élis, Rhodes, cette île même :
Et moi, que ce héros ne sert point à demi,
J'en attends encor plus que n'en craint l'ennemi.
Je connais de ce chef la valeur et le zèle :
Je sais que je n'ai point de sujet plus fidèle.
Aujourd'hui cependant souffrez, sans murmurer,
Que votre père encor cherche à s'en assurer.
L'affront est grand, l'ardeur de s'en venger extrême ;
Jurez - moi donc, mon fils ; par les dieux, par moi-
      même,
(Si le destin pour nous se déclare jamais)
Que vous me vengerez au gré de mes souhaits.
Oui, je puis m'en flatter, je connais trop Plisthène ;
Plus ardent que moi-même, il servira ma haine ;
A peine mon courroux égale son grand cœur.
Il vengera son père.

PLISTHÈNE.

          En doutez-vous, seigneur ?
Hé ! depuis quand ma foi vous est-elle suspecte ?
Avez-vous des desseins que mon cœur ne respecte ?
Ah ! si vous en doutiez, de mon sang le plus pur...

ATRÉE.

Mon fils , sans en douter, je veux en être sûr.
Jurez-moi qu'à mes lois votre main asservie,
Vengera mes affronts au gré de mon envie,

PLISTHÈNE.

Seigneur , je n'ai point cru que , pour servir mon roi,
Il fallût exciter ni ma main, ni ma foi.
Faut-il par des sermens que mon cœur vous rassure ?
Le soupçonner , seigneur , c'est lui faire une injure.
Vous me verrez toujours contre vos ennemis
Remplir tous les devoirs de sujet et de fils.
Oui, j'atteste des dieux la majesté sacrée,
Que je serai soumis aux volontés d'Atrée ,
Que, par moi seul enfin, son courroux assouvi
Fera voir à quel point je lui suis asservi.

ATRÉE.

Ainsi, prêt à punir l'ennemi qui m'offense,
Je puis tout espérer de votre obéissance ;
Et le lâche , à mes yeux par vos mains égorgé ,
Ne triomphera plus de m'avoir outragé.
Allez, que votre bras , à l'Attique funeste ,
S'apprête à m'immoler le perfide Thyeste.

PLISTHÈNE.

Moi, seigneur ?

ATRÉE.

         Oui, mon fils. D'où naît ce changement ?
Quel repentir succède à votre empressement ?
Quelle était donc l'ardeur que vous faisiez paraître ?
Tremblez-vous , lorsqu'il faut me délivrer d'un traître ?

PLISTHÈNE.

Non. Mais daignez m'armer pour un emploi plus beau :
Je serai son vainqueur, et non pas son bourreau.
Songez-vous bien quel nœud vous unit l'un et l'autre ?
En répandant son sang , je répandrais le vôtre.
Ah ! seigneur , est-ce ainsi que l'on surprend ma foi ?

ATRÉE.

Les dieux m'en sont garans ; c'en est assez pour moi.

PLISTHÈNE.

Juste ciel!

ATRÉE.

J'entrevois, dans votre ame interdite,
De secrets sentimens dont la mienne s'irrite.
Etouffez des regrets désormais superflus :
Partez, obéissez, et ne répliquez plus.
Des bords athéniens j'attends quelque nouvelle.
Vous, cependant, volez où l'honneur vous appelle
Que ma flotte avec vous se dispose à partir ;
Et quand tout sera prêt, venez m'en avertir :
Je veux de ce départ être témoin moi-même.

SCÈNE V.

PLISTHENE, THESSANDRE.

PLISTHÈNE.

QU'AI-JE fait, malheureux ? quelle imprudence ex-
　　trême !
Je ne sais quel effroi s'empare de mon cœur ;
Mais tout mon sang se glace, et je frémis d'horreur.
Dieux, que dans mes sermens malgré moi j'intéresse,
Perdez le souvenir d'une indigne promesse ;
Ou recevez ici le serment que je fais,
En dussé-je périr, de n'obéir jamais.
Mais pourquoi m'alarmer d'un serment si funeste ?
Que peut craindre un grand cœur, quand sa vertu lui
　　reste ?
Athènes me répond d'un trépas glorieux ;
Et j'y cours m'affranchir d'un serment odieux.
Survivre aux maux cruels dont le destin m'accable,
Ce serait, plus que lui, m'en rendre un jour coupable.
Haï, persécuté, chargé d'un crime affreux,
Dévoré sans espoir d'un amour malheureux,
Malgré tant de mépris que je chéris encore,
La mort est désormais le seul dieu que j'implore ;
Trop heureux de pouvoir arracher en un jour
Ma gloire à mes sermens, mon cœur à son amour !

THESSANDRE.

Que dites-vous, seigneur? Quoi! pour une inconnue...

PLISTHÈNE.

Peux-tu me condamner, Thessandre? tu l'as vue.
Non, jamais plus de grace et plus de majesté
N'ont distingué les traits de la divinité.
Sa beauté, tout enfin, jusqu'à son malheur même,
N'offre en elle qu'un front digne du diadème :
De superbes débris, une noble fierté,
Tout en elle du sang marque la dignité.
Je te dirai bien plus : cette même inconnue
Voit mon ame à regret dans ses fers retenue :
Et qui peut dédaigner mon amour et mon rang,
Ne peut être formé que d'un illustre sang.
Quoi qu'il en soit, mon cœur, charmé de ce qu'il aime,
N'examine plus rien dans son amour extrême.
Quel cœur n'eût elle pas attendri, justes dieux!
Dans l'état où le sort vint l'offrir à mes yeux,
Déplorable jouet des vents et de l'orage,
Qui même, en l'y poussant, l'enviaient au rivage ;
Roulant parmi les flots, les morts et les débris,
Des horreurs du trépas les traits déjà flétris,
Mourante entre les bras de son malheureux père,
Tout prêt lui-même à suivre une fille si chère?...
J'entends du bruit. On vient. Peut-être c'est le roi...

SCÈNE VI.

THÉODAMIE, LÉONIDE, PLISTHENE, THESSANDRE.

PLISTÈNE, *à Thessandre.*

MAIS non, c'est l'étrangère. Ah! qu'est-ce que je voi,
Thessandre? un soin pressant semble occuper son ame.
    (*à Théodamie.*)
Où portez-vous vos pas? Me cherchez-vous, madame?
Du trouble où je vous vois ne puis-je être éclairci?

THÉODAMIE.

C'est vous-même, seigneur, que je cherchais ici.

D'Athènes, dès long-temps, embrassant la conquête,
On dit qu'à s'éloigner votre flotte s'apprête ;
Que chaque instant d'Atrée excitant le courroux,
Pour sortir de Chalcys, elle n'attend que vous.
Si ce n'est pas vous faire une injuste prière,
Je viens vous demander un vaisseau pour mon père.
Le sien, vous le savez, périt presqu'à vos yeux ;
Et nous n'avons d'appui que de vous en ces lieux.
Vous sauvâtes des flots et le père et la fille ;
Achevez de sauver une triste famille.

PLISTHÈNE.

Voyez ce que je puis, voyez ce que je dois.
D'Atrée en ce climat tout respecte les loix.
Il n'est que trop jaloux de son pouvoir suprême.
Je ne puis rien ici, si ce n'est par lui-même.
Il reverra bientôt ses vaisseaux avec soin,
Et du départ lui-même il doit être témoin :
Voyez-le. Il vous souvient comme il vous a reçue,
Le jour que ce palais vous offrit à sa vue ;
Il plaignit vos malheurs, vous offrit son appui ;
Son cœur ne sera pas moins sensible aujourd'hui :
Vous n'en éprouverez qu'une bonté facile.
Mais qui peut vous forcer à quitter cet asyle ?
Quel déplaisir secret vous chasse de ces lieux ?
Mon amour vous rend-il ce séjour odieux ?
Ces bords sont-ils pour vous une terre étrangère ?
N'y reverra-t-on plus ni vous, ni votre père ?
Quel est son nom, le vôtre ? où portez-vous vos pas ?
Ne connaîtrai-je enfin de vous que vos appas ?

THÉODAMIE.

Seigneur, trop de bonté pour nous vous intéresse.
Mon nom est peu connu, ma patrie est la Grèce ;
Et j'ignore en quel lieu, sortant de ces climats,
Mon père infortuné doit adresser ses pas.

PLISTHÈNE.

Je ne vous presse point d'éclaircir ce mystère :
Je souscris au secret que vous voulez m'en faire.
Abandonnez ces lieux, ôtez-moi pour jamais
Le dangereux espoir de revoir vos attraits.

Fuyez un malheureux , punissez-le , Madame ,
D'ôser brûler pour vous de la plus vive flamme :
Et moi , prêt d'adorer jusqu'à votre rigueur ,
J'attendrai que la mort vous chasse de mon cœur :
C'est , dans mon sort cruel , mon unique espérance.
Mon amour , cependant , n'a rien qui vous offense :
Le ciel m'en est témoin ; et jamais vos beaux yeux
N'ont peut-être allumé de moins coupables feux.
Ce cœur , à qui le vôtre est toujours si sévère ,
N'offrit jamais aux dieux d'hommage plus sincère.
Inutiles respects , reproches superflus !
Tout va nous séparer , je ne vous verrai plus.
Adieu , madame , adieu : prompt à vous satisfaire ,
Je reviendrai , pour vous , m'employer près d'un père :
Quel qu'en soit le succès , je vous réponds du moins ,
Malgré votre rigueur , de mes plus tendres soins.

SCÈNE VII.

THÉODAMIE, LÉONIDE.

THÉODAMIE.

Ou sommes-nous , hélas ! ma chère Léonide ?
Quel astre injurieux en ces climats nous guide ?
O vous , qui nous jetez sur ces bords odieux ,
Cachez-nous au tyran qui règne dans ces lieux ,
Dieux puissans , sauvez-nous d'une main ennemie !
Quel séjour pour Thyeste et pour Théodamie !
Du sort qui nous poursuit vois quelle est la rigueur.
Atrée , après vingt ans rallumant sa fureur ,
Sous d'autres intérêts déguisant ce mystère ,
Arme pour désoler l'asyle de son frère.
L'infortuné Thyeste , instruit de ce danger ,
A son tour en secret arme pour se venger ,
Flatté du vain espoir de rentrer dans Mycènes ,
Tandis que l'ennemi voguerait vers Athènes ,
Ou pendant que Chalcys , par de puissans efforts ,
Retiendrait le tyran sur ces funestes bords.
Inutiles projets , inutile espérance !

Euripe a tout détruit, plus d'espoir de vengeance ;
Et c'est ce même amant, ce prince généreux,
Sans qui nous périssions sur ce rivage affreux,
Ce prince, à qui je dois le salut de mon père,
Lui, la foudre à la main, va combler sa misère.
Mycènes va tomber, si, pour comble de maux,
Thyeste dans ces murs n'accable ce héros.
Trop heureux cependant, si de l'île d'Eubée
Il pouvait s'éloigner sans le secours d'Atrée !
Sauvez-l'en, s'il se peut, grands dieux ! Votre courroux
Poursuit-il des mortels si semblables à vous ?
Ciel ! puisqu'il faut punir, venge-toi sur son frère :
Atrée est un objet digne de ta colère.
Je tremble à chaque pas que je fais en ces lieux :
Hélas ! Thyeste en vain s'y cache à tous les yeux,
Quoique absent dès long-temps, on peut le reconnaître ;
Heureux que sa langueur l'empêche d'y paraître !

LÉONIDE.

Espérez du destin un traitement plus doux ;
Que craindre d'un tyran, quand son fils est pour vous ?
Attendez tout d'un cœur et généreux et tendre :
La main qui nous sauva peut encor vous défendre.
Tout n'est pas contre vous dans ce fatal séjour,
Puisque déjà vos yeux y donnent de l'amour.

THÉODAMIE.

Ne comptes-tu pour rien un amour si funeste ?
Le fils d'Atrée aimer la fille de Thyeste !
Hélas ! si cet amour est un crime pour lui,
Comment nommer le feu dont je brûle aujourd'hui ?
Car enfin ne crois pas que j'y sois moins livrée ;
La fille de Thyeste aime le fils d'Atrée.
Contre tant de vertus mon cœur mal affermi
Craint plus en lui l'amant qu'il ne craint l'ennemi.
Mais mon père m'attend ; allons lui faire entendre,
Pour un départ si prompt, le parti qu'il faut prendre :
Heureuse cependant, si ce funeste jour
Ne voit d'autres malheurs que ceux de notre amour !

FIN DU PREMIER ACTE.

ACTE II.

SCÈNE Ire.

THYESTE, THÉODAMIE, LÉONIDE.

THYESTE.

Ce n'est plus pour tenter une grace incertaine ;
Mais, avant son départ, je voudrais voir Plisthène :
Léonide, sachez s'il n'est point de retour.

SCÈNE II.

THYESTE, THÉODAMIE.

THYESTE.

Ma fille, il faut songer à fuir de ce séjour
Tout menace à la fois l'asyle de Thyeste ;
Défendons, s'il se peut, le seul bien qui nous reste.
D'un père infortuné que prétendent vos pleurs ;
Voulez-vous, dans ces lieux, voir combler mes malheurs
Pourquoi, sur mes désirs cherchant à me contraindre,
Ne point voir le tyran ? Qu'en avez-vous à craindre ?
Sans lui, sans son secours, quel sera mon espoir ?
Vous voyez que Plisthène est ici sans pouvoir,
Qu'il va bientôt voguer vers le port de Pyrée ;
Voulez-vous qu'à ma fuite il en ferme l'entrée ?
La voile se déploie, et flotte au gré des vents ;
Laissez-moi profiter de ces heureux instans.
Voyez, puisqu'il le faut, l'inexorable Atrée :
Si sa flotte une fois abandonne l'Eubée,
Par quel autre moyen me sera-t-il permis
De sortir désormais de ces lieux ennemis ?

THÉODAMIE.

Ne précipitez rien : quel intérêt vous presse ?
Pourquoi, seigneur, pourquoi vous exposer sans cesse

A peine enfin sauvé de la fureur des eaux ,
Ne vous rejetez point dans des périls nouveaux.
A partir de Chalcys le tyran se prépare ,
Les vents vont de cette île éloigner ce barbare :
D'un secours dangereux sans tenter le hasard ,
Cachez-vous avec soin jusques à son départ.

THYESTE.

Ma fille , quel conseil ! Hé quoi ! vous pouvez croire
Que je veuille à mes jours sacrifier ma gloire !
Non , non , je ne puis voir désoler , sans secours ,
Des états si long-temps l'asyle de mes jours.
Moi , qui ne prétendais m'emparer de Mycènes ,
Que pour forcer Atrée à s'éloigner d'Athènes ;
Je l'abandonnerais lorsqu'elle va périr !
Non , je cours dans ses murs la défendre ou mourir.
Vous m'opposez en vain l'impitoyable Atrée :
Peut-il me soupçonner d'être en cette contrée ?
Sans appui , sans secours , sans suite dans ces lieux ,
Sans éclat qui sur moi puisse attirer les yeux ,
Dans l'état où m'a mis la colère céleste ,
Hélas ! et qui pourrait reconnaître Thyeste ?
Voyez donc le tyran : quel que soit son courroux ,
C'est assez que mon cœur n'en craigne rien pour vous ,
Ma fille ; vous savez que sa main meurtrière
Ne poursuit point sur vous le crime d'une mère :
C'est moi seul , c'est AErope enlevée à ses vœux ,
Et vous ne sortez point de ce sang malheureux.
Allez : votre frayeur qui dans ces lieux m'arrête ,
Est le plus grand péril qui menace ma tête.
Demandez un vaisseau , quel qu'en soit le danger ;
Mon cœur au désespoir n'a rien à ménager.

THÉODAMIE.

Ah ! périsse plutôt l'asyle qui nous reste ,
Que de tenter , seigneur , un secours si funeste !

THYESTE.

En dussé-je périr , songez que je le veux.
Sauvez-moi , par pitié , de ces bords dangereux.
Du soleil à regret j'y revois la lumière.
Malgré moi , le sommeil y ferme ma paupière.

Crébillon.   2

De mes ennuis secrets rien n'arrête le cours ;
Tout à de tristes nuits joint de plus tristes jours.
Une voix, dont en vain je cherche à me défendre,
Jusqu'au fond de mon cœur semble se faire entendre :
J'en suis épouvanté. Les songes de la nuit
Ne se dissipent point par le jour qui les suit :
Malgré ma fermeté, d'infortunés présages
Asservissent mon âme à ces vaines images.
Cette nuit même encor, j'ai senti dans mon cœur
Tout ce que peut un songe inspirer de terreur.
Près de ces noirs détours, que la rive infernale
Forme à replis divers dans cette île fatale,
J'ai cru long-temps errer parmi des cris affreux
Que des mânes plaintifs poussaient jusques aux cieux.
Parmi ces tristes voix, sur ce rivage sombre,
J'ai cru d'AErope en pleurs entendre gémir l'ombre ;
Bien plus, j'ai cru la voir s'avancer jusqu'à moi,
Mais dans un appareil qui me glaçait d'effroi :
« Quoi ! tu peux t'arrêter dans ce séjour funeste !
» Suis-moi, m'a-t-elle dit, infortuné Thyeste. »
Le spectre, à la lueur d'un triste et noir flambeau,
A ces mots, m'a traîné jusques sur son tombeau.
J'ai frémi d'y trouver le redoutable Atrée,
Le geste menaçant, et la vue égarée,
Plus terrible pour moi, dans ces cruels momens,
Que le tombeau, le spectre et ses gémissemens.
J'ai cru voir le barbare entouré de furies.
Un glaive encor fumant armait ses mains impies ;
Et sans être attendri de ses cris douloureux :
Il semblait dans son sang plonger un malheureux.
AErope, à cet aspect, plaintive et désolée,
De ces lambeaux sanglans à mes yeux s'est voilée.
Alors j'ai fait, pour fuir, des efforts impuissans ;
L'horreur a suspendu l'usage de mes sens,
A mille affreux objets l'ame entière livrée,
Ma frayeur ma jeté sans force aux pieds d'Atrée.
Le cruel d'une main, semblait m'ouvrir le flanc,
Et de l'autre, à longs traits, s'abreuver de mon sang.
Le flambeau s'est éteint, l'ombre a percé la terre,
Et le songe a fini par un coup de tonnerre.

THÉODAMIE.

D'un songe si cruel quelle que soit l'horreur,
Ce fantôme peut-il troubler votre grand cœur ;
C'est une illusion...

THYESTE.

                    J'en croirais moins un songe,
Sans les ennuis secrets où ma douleur me plonge.
J'en crains plus du tyran qui règne dans ces lieux,
Que d'un songe si triste, et peut-être des dieux..
Je ne connais que trop la fureur qui l'entraîne.

THÉODAMIE.

Vous connaissez aussi les vertus de Plisthène.

THYESTE.

Quoiqu'il soit né d'un sang que je ne puis aimer,
Sa générosité me force à l'estimer.
Ma fille, à ses vertus je sais rendre justice ;
Des fureurs du tyran son fils n'est point complice.
Je sens bien quelquefois que je dois le haïr ;
Mais mon cœur sur ce point a peine à m'obéir.
Hélas ! et plus je vois ce généreux Plisthène,
Plus j'y trouve des traits qui désarment ma haine.
Mon cœur, qui cependant craint de lui trop devoir
Ni ne veut, ni ne doit compter sur son pouvoir.
Quoique sur sa vertu vous soyez rassurée,
Je suis toujours Thyeste, et lui le fils d'Atrée.
Je crois voir le tyran ; je vous laisse avec lui.
Ma fille, devenez vous-même notre appui ;
Tentez tout sur le cœur de mon barbare frère ;
Songez qu'il faut sauver et vous, et votre père.

SCÈNE III.

ATRÉE, THÉODAMIE, EURISTHENE, ALCI-
MÉDON, LÉONIDE, GARDES.

ALCIMÉDON.

Vous tenteriez, seigneur, un inutile effort ;
Je le sais d'un vaisseau qui vient d'entrer au port.

On ne sait s'il a pris la route de Mycènes :
Mais depuis près d'un mois, il n'est plus dans Athènes,
Vous en pourrez vous-même être mieux éclairci ;
Le chef de ce vaisseau sera bientôt ici.

ATRÉE.

Qu'il vienne Alcimédon : allez ; qu'on me l'amène ;
Je l'attends : avec lui faites venir Plisthène ;
Il doit être déjà de retour en ces lieux.

SCÈNE IV.

ATRÉE, THÉODAMIE, LÉONIDE, EURIS- THENE, GARDES.

ATRÉE, *à Théodamie.*

MADAME, quel dessein vous présente à mes yeux ?

THÉODAMIE.

Prête à tenter, seigneur, la route du Bosphore,
Souffrez qu'une étrangère aujourd'hui vous implore.
J'éprouve dès long-temps qu'un roi si généreux
Ne voit point sans pitié, le sort des malheureux.
Sur ces bords, échappée au plus cruel naufrage,
Les flots de mes débris ont couvert ce rivage.
Sans appui, sans secours dans ces lieux écartés,
J'attends tout désormais de vos seules bontés.
Vous parûtes sensible au destin qui m'accable.
Puis-je espérer, seigneur, qu'un roi si redoutable
Daigne, de mes malheurs plus touché que les dieux,
M'accorder un vaisseau pour sortir de ces lieux ?

ATRÉE.

Puisque la mer vous laisse une libre retraite,
Ordonnez, et bientôt vous serez satisfaite ;
Disposez de ma flotte avec autorité.
Un vaisseau suffit-il pour votre sûreté,
Prête à sortir des lieux qui sont sous ma puissance,
Où vous conduira-t-il ?

THÉODAMIE.

Seigneur, c'est à Byzance

Que je prétends bientôt, aux pieds de nos autels.
Du prix de vos bienfaits charger les immortels.

ATRÉE.

Mais Byzance, madame, est-ce votre patrie ?

THÉODAMIE.

Non ; j'ai reçu le jour non loin de la Phrygie.

ATRÉE.

Par quel étrange sort, si loin de ces climats,
Vous retrouvez-vous donc dans mes nouveaux états?
Ce vaisseau que les vents jetèrent dans l'Eubée,
Sortait-il de Byzance, ou du port de Pyrée ?
En vous sauvant des flots, mon fils, je m'en souviens,
Ne trouva sur ces bords que des Athéniens.

THÉODAMIE.

Peut-être, comme nous le jouet de l'orage,
Ils furent comme nous poussés sur ce rivage :
Mais ceux qu'en ce palais a sauvés votre fils,
Ne sont point nés, seigneur, parmi vos ennemis.

ATRÉE.

Mais, madame, parmi cette troupe étrangère,
Plisthène sur ces bords rencontra votre père :
Dédaigne-t-il un roi qui devient son appui?
D'où vient que devant moi vous paraissez sans lui ?

THÉODAMIE.

Mon père infortuné, sans amis, sans patrie,
Traîne à regret, seigneur, une importune vie,
Et n'est point en état de paraître à vos yeux.

ATRÉE.

Gardes, faites venir l'étranger en ces lieux.
    (*quelques gardes sortent.*)

THÉODAMIE.

On doit des malheureux respecter la misère.

ATRÉE.

Je veux de ses malheurs consoler votre père;
Je ne veux rien de plus. Mais quel est votre effroi ?
Votre père, madame, est-il connu de moi?

A-t-il quelque raisons de redouter ma vue?
Quelle est donc la frayeur dont je vous vois émue?

THÉODAMIE.

Seigneur, d'aucun effroi mon cœur n'est agité,
Mon père peut ici paraître en sûreté.
Hélas! à se cacher qui pourrait le contraindre?
Etranger dans ces lieux, hé, qu'aurait-il à craindre?
A ses jours languissans le péril attaché
Le retenait, seigneur, sans le tenir caché.

SCÈNE V.

ATRÉE, THYESTE, THÉODAMIE, LÉONIDE,
EURISTHENE, GARDES.

THÉODAMIE, *à part.*

LE voilà : je succombe, et me soutiens à peine.
Dieux? cachez-le au tyran, ou ramenez Plisthène.

ATRÉE, *à Thyeste.*

Etranger malheureux, que le sort en courroux,
Lassé de te poursuivre, a jeté parmi nous;
Quel est ton nom, ton rang? Quels humains t'on vu naître

THYESTE.

Les Thraces.

ATRÉE.

Et ton nom?

THYESTE.

Pourriez-vous le connaître?
Philoclète.

ATRÉE.

Ton rang?

THYESTE.

Noble sans dignité,
Et toujours le jouet du destin irrité.

ATRÉE.

Où s'adressaient tes pas? et de quelle contrée
Revenait ce vaisseau brisé près de l'Eubée?

THYESTE.

Samos ; et j'allais à Delphes implorer
Le dieu dont les rayons daignent nous éclairer.

ATRÉE.

Et tu vas de ces lieux ?...

THYESTE.

                    Seigneur, c'est dans l'Asie
Que je vais terminer ma déplorable vie,
Espérant aujourd'hui que de votre bonté
J'obtiendrai le secours que les flots m'ont ôté.
Daignez...

ATRÉE.

    Quel son de voix à frappé mon oreille !
Quel transport tout-à-coup dans mon cœur se réveille !
D'où naissent à la fois des troubles si puissans ?
Quelle soudaine horreur s'empare de mes sens ?
Toi, qui poursuis le crime avec un soin extrême,
Ciel, rends vrais mes soupçons, et que ce soit lui-même.
Je ne me trompe point ; j'ai reconnu sa voix ;
Voilà ses traits encor : ah ! c'est lui que je vois.
Tout ce déguisement n'est qu'une adresse vaine ;
Je le reconnaîtrais seulement à ma haine.
Il fait pour se cacher des efforts superflus.
C'est Thyeste lui-même ; et je n'en doute plus.

THYESTE.

Moi Thyeste, seigneur !

ATRÉE.

                    Oui, toi-même, perfide !
Je ne le sens que trop au transport qui me guide ;
Et je hais trop l'objet qui paraît à mes yeux,
Pour que tu ne sois point ce Thyeste odieux.
Tu fais bien de nier un nom si méprisable ;
En est-il sous le ciel un qui soit plus coupable ?

THYESTE.

Hé bien ! reconnais-moi : je suis ce que tu veux,
Ce Thyeste ennemi, ce frère malheureux.
Quand même tes soupçons et ta haine funeste

N'eussent point découvert l'infortuné Thyeste,
Peut-être que la mienne, esclave malgré moi,
Aux dépens de mes jours m'eût découvert à toi.

ATRÉE.

Ah! traître, c'en est trop : le courroux qui m'anime
T'apprendra si je sais comme on punit le crime.
Je rends graces au ciel qui te livre en mes mains :
Sans doute que les dieux approuvent mes desseins ;
Puisque avec mes fureurs leurs soins d'intelligence,
T'amènent dans des lieux tout pleins de ma vengeance.
Perfide, tu mourras : oui, c'est-fait de ton sort !
Ton nom seul en ces lieux est l'arrêt de ta mort.
Rien ne peut t'en sauver, la foudre est toute prête ;
J'ai suspendu long-temps sa chute sur ta tête.
Le temps, qui t'a sauvé d'un vainqueur irrité,
A grossi tes forfaits par leur impunité.

THYESTE,

Que tardes-tu, cruel, à remplir ta vengeance?
Attends-tu de Thyeste une nouvelle offense ?
Si j'ai pu quelque temps te déguiser mon nom,
Le soin de me venger en fut seul la raison.
Ne crois pas que la peur des fers ou du supplice
Ait à mon cœur tremblant dicté cet artifice.
AErope, par ta main, a vu trancher ses jours,
La même main des miens doit terminer le cours.
Je n'en puis regretter la triste destinée.
Précipite, inhumain, leur course infortunée,
Et sois sûr que contre eux l'attentat le plus noir
N'égale point pour moi l'horreur de te revoir.

ATRÉE.

Vil rebut des mortels ; il te sied bien encore
De braver dans les fers un frère qui t'abhorre !
Holà, gardes, à moi !

THÉODAMIE, *à Atrée.*
          Que faites-vous, seigneur !
Dieux ! sur qui va tomber votre injuste rigueur !
Ne suivrez-vous jamais qu'une aveugle colère ?
Ah! dans un malheureux reconnaissez un frère.
Que sur ses noirs projets votre cœur combattu

Ecoute la nature, ou plutôt la vertu.
Immolez donc, seigneur, et le père et la fille;
Baignez-vous dans le sang d'une triste famille.
Thyeste, par vous seul accablé de malheurs,
Peut-il être un objet digne de vos fureurs?

ATRÉE.

Vous prétendez en vain que mon cœur s'attendrisse.
Qu'on lui donne la mort, gardes, qu'on m'obéisse;
De son sang odieux qu'on épuise son flanc...
(bas à part.)
Mais non : une autre main doit verser tout son sang.
(aux gardes.)
Oubliais-je... Arrêtez. Qu'on me cherche Plisthène.

SCÈNE VI.

ATRÉE, THYESTE, PLISTHENE, THÉODA-
MIE, EURISTHENE, THESSANDRE, LÉO-
NIDE, GARDES.

PLISTHÈNE, à Atrée.

CIEL! qu'est-ce que j'entends? quelle fureur soudaine
De votre voix, seigneur, a rempli tous ces lieux?
Qui peut causer ici ces transports furieux?

THÉODAMIE, à Plisthène.

Ces transports où l'emporte une injuste colère,
Ne menacent, seigneur, que mon malheureux père.
Sauvez-le, s'il se peut, des plus funestes coups.

PLISTHÈNE.

Votre père, madame! ô ciel! que dites-vous?
(à Atrée.)
A l'immoler, seigneur, quel motif vous engage?
De quoi l'accuse-t-on? quel crime, quel outrage
De l'hospitalité vous fait trahir les droits?
Aurait-il, à son tour, violé ceux des rois?
Etranger dans ces lieux, que vous a-t-il fait craindre
A le priver du jour qui puisse vous contraindre?

ATRÈE.

Etranger dans ces lieux! Que tu le connais mal!
Crébillon.   3

De tous mes ennemis tu vois le plus fatal.
C'est de tous les humains le seul que je déteste,
Un perfide, un ingrat, en un mot c'est Thyeste.

PLISTHÈNE.

Qu'ai-je entendu, grands dieux, lui, Thyeste, seigneur?
Hé bien, en doit-il moins fléchir votre rigueur?
Calmez, seigneur, calmez cette fureur extrême.

ATRÉE.

Que vois-je? quoi! mon fils armé contre moi-même!
Quoi! celui qui devrait m'en venger aujourd'hui,
Ose, à mes yeux encor s'intéresser pour lui!
Lâche, c'est donc ainsi qu'à ton devoir fidèle,
Tu disposes ton bras à servir ma querelle?

PLISTHÈNE.

Plutôt mourir cent fois : je n'ai point à choisir ;
Dans mon sang, s'il le faut, baignez-vous à loisir :
Seigneur, par ces genoux que votre fils embrasse,
Accordez à mes vœux cette dernière grace.
Après l'avoir sauvé des ondes en courroux,
M'en coûtera-t-il plus de le sauver de vous?
A mes justes désirs que vos transports se rendent.
Voyez quel est le sang que mes pleurs vous demandent.
C'est le vôtre, seigneur, non un sang étranger.
C'est en lui pardonnant qu'il faut vous en venger.

ATRÉE.

Le perfide! si près d'éprouver ma vengeance,
Daigne-t-il seulement implorer ma clémence?

THYESTE.

Que pourrait me servir d'implorer ton secours,
Si ton cœur qui me hait veut me haïr toujours?
Eh! que n'ai-je point fait pour fléchir ta colère?
Qui de nous deux, cruel, poursuit ici son frère?
Depuis vingt ans entiers, que n'ai-je point tenté
Pour calmer les transports de ton cœur irrité?
Surmonte, comme moi, la vengeance et la haine;
Règle tes soins jaloux sur les soins de Plisthène,
Et tu verras bientôt, si j'en donne ma foi,
Que tu n'as point d'ami plus fidèle que moi.

ATRÉE.

uels seront tes garans, lorsque le nom de frère
'a pu garder ton cœur d'un amour téméraire ?
uand je t'ai vu souiller par tes coupables feux
es autels où l'hymen allait combler mes vœux,
ne peux-tu m'opposer qui parle en ta défense ;
s droits de la nature ou bien de l'innocence ?

THYESTE.

e me reproche plus mon crime ni mes feux ;
u m'as vendu bien cher cet amour malheureux.
ur t'attendrir enfin, auteur de ma misère,
nsidère un moment ton déplorable frère :
ne peux-tu souhaiter qui te parle pour moi ?
garde en quel état je parais devant toi.

PLISTHÈNE.

h ! rendez-vous, seigneur ; je vois que la nature
ns votre cœur sensible excite un doux murmure.
e le combattez point par des soins odieux ;
e n'inspire rien qui ne vienne des dieux.
st votre frère enfin ; que rien ne vous arrête.
à sa fidélité je réponds sur ma tête.

ATRÉE.

sthène, c'en est fait ; je me rends à ta voix,
me sens attendri pour la première fois.
veux bien oublier une sanglante injure.
yeste, sur ma foi que ton cœur se rassure :
t mon inimitié ne crains point les retours ;
jour même en verra finir le triste cours.
n jure par les dieux, j'en jure par Plisthène ;
st le sceau d'une paix qui doit finir ma haine.
s soins et ma pitié te répondront de moi,
mon fils, à son tour, me répondra de toi :
n'en demande point de garant plus sincère.
nce, c'est donc sur vous que s'en repose un père.
ez, et que ma cour, témoin de mon courroux,
t témoin aujourd'hui d'un entretien plus doux.

SCÈNE VII.

ATRÉE, EURYSTHENE; GARDES.

ATRÉE.

Toi, fais-les avec soin observer, Euristhène.
Disperse les soldats les plus chers à Plisthène,
Ecarte les amis de cet audacieux,
Et viens, sans t'arrêter, me rejoindre en ces lieux.

FIN DU SECOND ACTE.

ACTE III.

SCÈNE Ire.

ATRÉE, EURYSTHENE.

ATRÉE.

Enfin, graces aux dieux, je tiens en ma puissance
Le perfide ennemi que poursuit ma vengeance :
On l'observe en ces lieux, il ne peut échapper ;
La main qui l'a sauvé ne sert qu'à le tromper.
Vengeons-nous ; il est temps que ma colère éclate ;
Profitons avec soin du moment qui la flatte ;
Et que l'ingrat Thyeste éprouve dans ce jour
Tout ce que peut un cœur trahi dans son amour.

EURYSTHÈNE.

Eh ! qui vous répondra que Plisthène obéisse :
Que de cette vengeance il veuille être complice ?
Ne vous souvient-il plus que, prêt à la trahir,
Il n'a point balancé pour vous désobéir ?

ATRÉE.

est vrai qu'au refus qu'il a fait de s'y rendre,
Je me suis vu contraint de n'oser l'entreprendre,
D'en différer enfin le moment malgré moi.
Mais qui l'a pu porter à me manquer de foi ?
N'avait-il pas juré de servir ma colère ?
Tant de soins redoublés pour la fille et le père
Ne sont-ils les effets que d'un cœur généreux ?
Non, non ; la source en est dans un cœur amoureux.
Tant d'ardeur à sauver cette race ennemie,
Me dit trop que Plisthène aime Théodamie :
Je n'en puis plus douter : il la voit chaque jour,
Il a pris dans ses yeux ce détestable amour ;
Et je m'étonne encor d'une ardeur si funeste !
Que pouvait-il sortir d'AErope et de Thyeste,
Qu'un sang qui dût un jour assouvir mon courroux ?
Le crime est fait pour lui, la vengeance pour nous.
Livrons-le aux noirs forfaits où son penchant le guide ;
Joignons à tant d'horreurs l'horreur d'un parricide.
Puis-je mieux me venger de ce sang odieux,
Que d'armer contre lui son forfait et les dieux ?
Heureux qu'en ce moment le crime de Plisthène
Me laisse sans regret au courroux qui m'entraîne ?
Qu'il vienne seul ici.

SCÈNE II.

ATRÉE, *seul.*

Le soldat écarté
Permet à ma fureur d'agir en liberté.
De son amour pour lui ma vengeance alarmée
Déjà loin de Chalcys a dispersé l'armée :
Tout ce que ce palais rassemble autour de moi,
Sont autant de sujets dévoués à leur roi.
Mais pourquoi contre un traître exercer ma puissance ?
Son amour me répond de son obéissance.
Par un coup si cruel je m'en vais l'éprouver,
Et de si près encor je m'en vais l'observer,
Que, malgré tous ses soins, ma vengeance assurée
Lavera par ses mains les injures d'Atrée.

SCÈNE II.

ATRÉE, PLISTHÈNE.

ATRÉE, *bas.*

Je le vois, et pour peu qu'il ose la trahir,
Je sais bien le secret de le faire obéir.
(*haut.*)
Lassé des soins divers dont mon cœur est la proie,
Prince, il faut à vos yeux que mon cœur se déploie.
Tout semble offrir ici l'image de la paix ?
Cependant ma fureur s'accroît plus que jamais.
L'amour, qui si souvent loin de nous nous entraîne,
N'est point dans ses retours aussi prompt que la haine.
J'avais cru par vos soins mon courroux étouffé ;
Mais je sens qu'ils n'en ont qu'à demi triomphé.
Ma fureur désormais ne peut plus se contraindre,
Ce n'est que dans le sang qu'elle pourra s'éteindre ;
Et j'attends que le bras chargé de la servir,
Loin d'arrêter son cours, soit prêt à l'assouvir.
Plisthène, c'est à vous que ce discours s'adresse.
J'avais cru, sur la foi d'une sainte promesse,
Voir tomber le plus fier de tous mes ennemis :
Mais Plisthène tient mal ce qu'il m'avait promis ;
Et, bravant sans respect et les dieux et son père,
Son cœur pour eux et lui n'a qu'une foi légère.

PLISTHÈNE.

Où sont vos ennemis ? j'avais cru que la paix
Ne vous en laissait point à craindre en ce palais.
Je n'y vois que des cœurs, pour vous, remplis de zèle,
Et qu'un fils, pour son roi, respectueux, fidèle,
Qui n'a point mérité ces cruels traitemens.
Où sont vos ennemis, et quels sont mes sermens ?

ATRÉE.

Où sont mes ennemis ? Ciel ! que viens-je d'entendre ?
Thyeste est dans ces lieux, et l'on peut s'y méprendre !
Vous deviez l'immoler à mon ressentiment :
Voilà mon ennemi, voilà votre serment.

PLISTHÈNE.

Quelle que soit la foi que je vous ai jurée,
J'aurais cru que la vôtre eût été plus sacrée ;
Qu'un frère dans vos bras, à la face des dieux,
M'eût assez acquitté d'un serment odieux.
D'un pareil souvenir ma vertu me dispense ;
Je ne me souviens plus que de votre clémence.
Mon devoir a ses droits, mais ma gloire a les siens ;
Et vos derniers sermens m'ont dégagé des miens.

ATRÉE.

Sans vouloir dégager un serment par un autre,
Veux-tu que tous les deux nous remplissions le nôtre ?
Et tu verras bientôt, si j'explique le mien,
Que ce dernier serment ajoute encor au tien.
J'ai juré par les dieux, j'ai juré par Plisthène,
Que ce jour qui nous luit mettrait fin à ma haine.
Fais couler tout le sang que j'exige de toi,
Ta main de mes sermens aura rempli la foi.
Regarde qui de nous fait au ciel une injure,
Qui de nous deux enfin est ici le parjure.

PLISTHÈNE.

Ah ! seigneur, puis-je voir votre cœur aujourd'hui
Descendre à des détours si peu dignes de lui ?
Non, par de feints sermens, je ne crois point qu'Atrée
Ait pu braver des dieux la majesté sacrée,
Se jouer de la foi des crédules humains,
Violer en un jour tous les droits les plus saints.
Enchanté d'une paix si long-temps attendue,
Je vous louais déjà de nous l'avoir rendue ;
Et je m'applaudissais, dans des momens si doux,
D'avoir pu d'un héros désarmer le courroux.
J'admirais un grand cœur au milieu de l'offense,
Qui, maître de punir, méprisait la vengeance.
Thyeste est criminel, voulez-vous l'être aussi ?
Sont-ce-là vos sermens ? Pardonnez-vous ainsi ?

ATRÉE.

Qui ? moi lui pardonner ? Les fières Euménides
Du sang des malheureux sont cent fois moins avides
Et leur farouche aspect inspire moins d'horreur,

Que Thyeste aujourd'hui n'en inspire à mon cœur.
Quels que soient mes sermens, trop de fureur m'anime.
Perfide, il te sied bien d'oser m'en faire un crime!
Laisse-là ces sermens; si j'ai pu les trahir,
C'est au ciel d'en juger, à toi de m'obéir.
Dans un fils qui faisait ma plus chère espérance,
Je ne vois qu'un ingrat qui trahit ma vengeance.
Plisthène est un héros, son père est outragé;
Il a de la valeur, je ne suis pas vengé.
Ah! ne me force point, dans ma fureur extrême,
(Que sais-je? hélas!), peut-être à t'immoler toi-même!
Car enfin, puisqu'il faut du sang à ma fureur,
Malheur à qui trahit les transports de mon cœur!

PLISTHÈNE.

Versez le sang d'un fils, s'il peut vous satisfaire;
Mais n'en attendez rien à sa vertu contraire.
S'il faut voir votre affront par un crime effacé,
Je ne me souviens plus qu'on vous ait offensé.
Oui, seigneur; et ma main, loin d'être meurtrière,
Défendra contre vous les jours de votre frère.
Seconder vos fureurs ce serait vous trahir :
Votre gloire m'engage à vous désobéir.

ATRÉE.

Enfin, j'ouvre les yeux; ta lâcheté, perfide,
Ne me fait que trop voir l'intérêt qui te guide,
Tu trahis pour Thyeste et les dieux et ta foi;
Ce n'est pas d'aujourd'hui qu'il est connu de toi.
Ose encor me jurer que, pour Théodamie,
Ton cœur ne brûle point d'une flamme ennemie?

PLISTHÈNE.

Ah! si c'est là trahir mon devoir et ma foi,
Non, jamais on ne fut plus coupable que moi.
Oui, seigneur, il est vrai, la princesse m'est chère;
Jugez si c'est à moi d'assassiner son père.
Vous connaissez le feu qui dévore mon sein;
Et, pour verser son sang, vous choisissez ma main!

ATRÉE.

Ce n'est pas la vertu, c'est donc l'amour, parjure,
Qui te force au refus de venger mon injure?

vons si cet amour , qui t'a fait me trahir ,
vira maintenant à me faire obéir.
n'auras pas en vain aimé Théodamie ;
ge-moi dès ce jour , ou c'est fait de sa vie.

PLISTHÈNE.

! grands dieux !

ATRÉE.

Tu frémis ; je t'en laisse le choix ,
te le laisse , ingrat , pour la dernière fois.

PLISTHÈNE.

! mon choix est tout fait dans ce moment funeste ;
st mon sang qu'il vous faut , non le sang de Thyeste.

ATRÉE.

and l'amour de mon fils semble avoir fait le sien ,
e m'importe plus de son sang ou du tien.
éis cependant , achève ma vengeance.
nstant fatal approche , et Thyeste s'avance :
l n'est mort , lorsqu'enfin je reverrai ces lieux ,
nmole sans pitié ton amante à tes yeux.
ppelle tes esprits : avec lui je te laisse.
 secours de ta main appelle ta princesse ;
 soin de la sauver doit exciter ton bras.

PLISTHÈNE.

oi ! vous l'immoleriez ! je ne vous quitte pas.
 crois voir dans Thyeste un dieu qui m'épouvante.
! seigneur !

ATRÉE.

Viens donc voir expirer ton amante ;
u moindre mouvement sa mort sera le fruit.

SCÈNE IV.

PLISTHENE , *seul.*

IEUX ! plongez-moi plutôt dans l'éternelle nuit.
on , cruel , n'attends pas que ma main meurtrière
asse couler le sang de ton malheureux frère.

Assouvis, si tu veux, ta fureur sur le mien ;
Mais dussé-je en périr, je défendrai le sien.

SCÈNE V.

THYESTE, PLISTHENE.

THYESTE.

Prince, qu'un tendre soin dans mon sort intéresse,
Héros dont les vertus charment toute la Grèce,
Qu'il m'est doux de pouvoir embrasser aujourd'hui
De mes jours malheureux l'unique et sûr appui !

PLISTHÈNE.

Quel appui, juste ciel ! quel cœur impitoyable
Ne serait point touché du sort qui vous accable ?
Ah ! plût aux dieux pouvoir, aux dépens de mes jours
D'une si chère vie éterniser le cours !
Que je verrais couler tout mon sang avec joie,
S'il terminait les maux où vous êtes en proie !
Ce n'est point la pitié qui m'attendrit, seigneur :
Je sens des mouvemens inconnus à mon cœur.

THYESTE.

Seigneur, soit amitié, soit raison qui m'inspire,
Tout m'est cher d'un héros que l'univers admire.
Que ne puis-je exprimer ce que je sens pour vous ?
Non, l'amitié n'a point de sentimens si doux.

PLISTHÈNE.

Ah ! si je vous suis cher, que mon respect extrême
M'acquitte bien, seigneur, de ce bonheur suprême !
On n'aima jamais plus, le ciel m'en est témoin.
A peine la nature irait-elle aussi loin ;
Et ma tendre amitié, par vos maux consacrée,
A semblé redoubler par les rigueurs d'Atrée.
Vous m'aimez ; le ciel sait si je puis vous haïr,
Ce qu'il m'en coûterait s'il fallait obéir.

THYESTE.

Seigneur, que dites-vous ? qui fait couler vos larmes ?
Que tout ce que je vois fait renaître d'alarmes !
Vous soupirez, la mort est peinte dans vos yeux,

Vos regards attendris se tournent vers les cieux.
Quel malheur si terrible a pu troubler Plisthène ?
Jusqu'au fond de mon cœur je ressens votre peine.
Voulez-vous dérober ce secret à ma foi ?
Quand je suis tout à vous, n'êtes-vous point à moi ?
Cher prince, ignorez-vous à quel point je vous aime ?
Ma fille ne m'est pas plus chère que vous-même.

PLISTHÈNE.

Faut-il la voir périr dans ces funestes lieux ?

THYESTE.

Quel étrange discours ! Cher prince, au nom des dieux,
Au nom d'une amitié si sincère et si tendre,
Daignez m'en éclaircir.

PLISTHÈNE.

Ah ! dois-je vous l'apprendre ?
Mais, dût tomber sur moi le plus affreux courroux,
Je ne puis plus trahir ce que je sens pour vous.
Fuyez, seigneur, fuyez.

THYESTE.

Quel est donc ce mystère,
Cher prince ? et qu'ai-je encor à craindre de mon frère?

SCÈNE VI.

ATRÉE, THYESTE, PLISTHÈNE.

PLISTHÈNE, *apercevant Atrée.*

Ah ! ciel !

ATRÉE, *à Plisthène.*

C'est donc ainsi que fidèle à son roi..
Mais je sais de quel prix récompenser la foi...

PLISTHÈNE.

Ah ! seigneur, si jamais...

ATRÉE.

Que voulez-vous me dire ?
Sortez : en d'autres lieux vous pourrez m'en instruire.

Votre frivole excuse exige un autre temps;
Et mon cœur est rempli de soins plus importans.

SCÈNE VII.

ATRÉE, THYESTE.

THYESTE.

De ce transport, seigneur, que faut-il que je pense?
Qui peut vous emporter à tant de violence?
Qu'a fait ce fils? qui peut vous armer contre lui?
Ou plutôt contre moi qui vous arme aujourd'hui?
Ne m'offrez-vous la paix... ?

ATRÉE.

      Quel est donc ce langage?
A me l'oser tenir quel soupçon vous engage?
Quelle indigne frayeur a troublé vos esprits?
Quel intérêt enfin prenez-vous à mon fils?
Ne puis-je menacer un ingrat qui m'offense,
Sans aigrir de vos soins l'injuste défiance?
Allez: de mes desseins vous serez éclairci;
Et d'autres intérêts me conduisent ici.

SCÈNE VIII.

ATRÉE, *seul.*

Quoi! même dans des lieux soumis à ma puissance,
J'aurai tenté sans fruit une juste vengeance!
Et le lâche, qui doit la servir en ce jour,
Trahit, pour la tromper, jusques à son amour!
Ah! je le punirai de l'avoir différée,
Comme fils de Thyeste, ou comme fils d'Atrée.
Mériter ma vengeance est un moindre forfait,
Que d'oser un moment en retarder l'effet.
Perfide, malgré toi, je t'en ferai complice;
Ton roi, pour tant d'affronts n'a pas pour un supplice
Je ne punirais point vos forfaits différens,
Si je ne m'en vengeais par des forfaits plus grands.

Où Thyeste paraît, tout respire le crime ;
Je me sens agité de l'esprit qui l'anime ,
Je suis déjà coupable. Etait-ce me venger,
Que de charger son fils du soin de l'égorger ?
Qu'il vive ; ce n'est plus sa mort que je médite.
La mort n'est que la fin des tourmens qu'il mérite.
Que le perfide, en proie aux horreurs de son sort,
Implore comme un bien la plus affreuse mort.
Que ma triste vengeance , à tous les deux cruelle,
Etonne jusqu'aux dieux qui n'ont rien fait pour elle.
Vengeons tous nos affronts ; mais par un tel forfait,
Que Thyeste lui-même eût voulu l'avoir fait.
Lâche et vaine pitié , que ton murmure cesse ;
Dans les cœurs outragés tu n'es qu'une faiblesse ;
Abandonne le mien : qu'exiges-tu d'un cœur
Qui ne reconnaît plus de dieux que sa fureur ?
Courons tout préparer ; et, par un coup funeste,
Surpassons , s'il se peut, les crimes de Thyeste.
Le ciel pour le punir d'avoir pu m'outrager,
A remis à son sang le soin de m'en venger.

FIN DU TROISIÈME ACTE.

ACTE IV.

SCÈNE Ire.

PLYSTHENE, THESSANDRE.

THESSANDRE.

Où courez-vous, seigneur ? qu'allez-vous entreprendre?

PLYSTHÈNE.

D'un cœur au désespoir tout ce qu'on peut attendre.

THESSANDRE.

Quelle est donc la fureur dont je vous vois épris ?

Ciel! dans quel trouble affreux jetez-vous mes esprits?
D'où naît ce désespoir que chaque instant irrite?
Pour qui préparez-vous ces vaisseaux, cette fuite?
Quel intérêt enfin arme ici votre bras?
Et ces amis tout prêts à marcher sur vos pas?
Parlez, seigneur : le roi désormais plus sévère.

PLISTHÈNE.

Qu'avais-je fait aux dieux pour naître d'un tel père?
O devoir dans mon cœur trop long-temps respecté,
Laisse un moment l'amour agir en liberté.
Les rigoureuses loix qu'impose la nature.
Ne sont plus que des droits dont la vertu murmure.
Secrets persécuteurs des cœurs nés vertueux,
Remords, qu'exigez-vous d'un amant malheureux?

THESSANDRE.

Que dites-vous, seigneur? qu'elle douleur vous presse?

PLISTHÈNE.

Thessandre, il faut périr, ou sauver ma princesse.

THESSANDRE.

La sauver! et de qui?

PLISTHÈNE.

    Du roi, dont la fureur
Va lui plonger peut-être un poignard dans le cœur.
C'est pour la dérober au coup qui la menace,
Que je n'écoute plus qu'une coupable audace.
Non, cruel, ce n'est point pour la voir expirer,
Que du plus tendre amour je me sens inspirer.
Croirais-tu que du roi la haine sanguinaire
A voulu me forcer d'assassiner son frère;
Que, pour mieux m'obliger à lui percer le flanc,
De sa fille, au refus, il doit verser le sang?
Ah! je me sens saisir d'une fureur nouvelle.
Courons, pour la sauver, où mon honneur m'appelle.
Mais où la rencontrer? Eh quoi! les justes dieux
M'ont-ils déjà puni d'un projet odieux?
Que fait Thyeste? Hélas! qu'est-elle devenue?
Qui peut dans ce palais la soustraire à ma vue?
Je frémis, retournons les chercher en ces lieux,

en sauver, Thessandre, ou périr à leurs yeux.
ons, ne laissons point, dans l'ardeur qui m'anime,
cœur comme le mien réfléchir sur un crime.
uffons des remords que j'avais dû prévoir,
sque je n'attends rien que de mon désespoir.
s-moi : c'est trop tarder, et d'un péril extrême
doit moins balancer à sauver ce qu'on aime.
n'est point un forfait : c'est imiter les dieux,
de remplir son cœur du soin des malheureux.

SCÈNE II.

ISTHÈNE, THÉODAMIE, THESSANDRE,
LÉONIDE.

PLISTHÈNE.

s que vois-je, Thessandre ? ô ciel ! quelle est ma joie!
(à Théodamie.)
peut-il qu'en ces lieux Plisthène vous revoie ?
nique objet des soins de mon cœur éperdu,
as ! par quel bonheur nous est-il donc rendu ?
i ! c'est vous, ma princesse ! Ah ! ma fureur calmée
place à la douceur dont mon ame est charmée.
ax ! qu'allais-je tenter ? Mais quel est votre effroi ?
fait couler vos pleurs ? et qu'est-ce que je voi ?

THÉODAMIE.

gneur, vous me voyez les yeux baignés de larmes,
e cœur agité des plus vives alarmes.
reste va bientôt ensanglanter ces lieux,
ous ne retenez ce prince furieux.
p sûr que votre mort, que la sienne est jurée,
eut la prévenir par la perte d'Atrée.
rre en ce palais dans ce cruel dessein,
t prêt à lui plonger un poignard dans le sein.
st perdu, seigneur, ce prince qui vous aime,
vous ne le sauvez d'Atrée, ou de lui-même.
oit de tous côtés qu'on observe ses pas :
péril cependant ne l'épouvante pas.
a pitié pour nous peut émouvoir votre ame,

Si moi-même en secret j'approuvai votre flamme,
S'il est vrai que l'amour ait pu vous attendrir,
Au nom de cet amour, daignez la secourir.
Je vous dirais qu'un cœur plein de reconnaissance
D'un service si grand sera la récompense,
S'il avait attendu que tant de soins pour nous
Vinssent justifier ce qu'il sentait pour vous.

PLISTHÈNE.

Dissipez vos frayeurs, et calmez vos alarmes.
Vos yeux, pour m'attendrir, n'ont pas besoin de lar[mes]
Hélas! qui plus que moi doit plaindre vos malheur[s]
Ne craignez rien; mes soins ont prévenu vos pleurs
De ces funestes lieux votre fuite assurée;
Va vous mettre à couvert des cruautés d'Atrée;
Et je vais, s'il le faut, aux dépens de ma foi,
Prouver à vos beaux yeux ce qu'ils peuvent sur mo[i].
Oui, croyez-en ces dieux que mon amour atteste;
Croyez-en ces garans du salut de Thyeste.
Il m'est plus cher qu'à vous : sans me donner la m[ort],
Le roi ne sera pas l'arbitre de son sort,
Votre père vivra, vous vivrez; et Plisthène
N'aura point eu pour vous une tendresse vaine.
Je sauverai Thyeste. Eh! que n'ai-je point fait?
Hélas! si vous saviez d'un barbare projet
A quel prix j'ai déjà tenté de le défendre...
Venez, pour lui, pour vous, je vais tout entrepren[dre]
Heureux si je pouvais, en vous sauvant tous deux,
Près de ne vous voir plus, expirer à vos yeux!

SCÈNE III.

THYESTE, PLISTHÈNE, THÉODAMIE, THESSANDRE, LÉONIDE.

PLISTHÈNE.

Mais Thyeste paraît : quel bonheur est le nôtre!
Quel favorable sort nous rejoint l'un et l'autre!

THYESTE, *apercevant Plisthène.*

Que vois-je? Dieux puissans, après un si grand bie[n]

Non, Thyeste de vous ne demande plus rien.
Quoi ! prince, vous vivez ! Eh ! comment d'un perfide
Avez-vous pu fléchir le courroux parricide ?
Que faisiez-vous, cher prince ? et dans ces mêmes lieux
Qui pouvait si long-temps vous cacher à nos yeux ?
Effrayé des fureurs où mon ame est livrée,
Je vous croyais déjà la victime d'Atrée.
Plisthène dans ces lieux n'était plus attendu.
Je l'avoue, à mon tour je me suis cru perdu.
J'allais tenter...

PLISTHÈNE.

Calmez le soin qui vous dévore ;
Vous n'êtes point perdu, puisque je vis encore.
Tant que l'astre du jour éclairera mes yeux,
Il n'éclairera point votre perte en ces lieux.
Malgré tous mes malheurs, je vis pour vous défendre.
De ces bords cependant fuyez sans plus attendre ;
Et, sans vous informer d'un odieux secret,
Croyez-en un ami qui vous quitte à regret.
Adieu, seigneur, adieu : mon ame est satisfaite
D'avoir pu vous offrir une sûre retraite.
Chessandre doit guider, au sortir du palais,
Des pas que je voudrais n'abandonner jamais.

THYESTE.

Moi fuir, prince ! qui ? moi, que je vous abandonne !
Ah ! ce n'est pas ainsi que ma gloire en ordonne.
Instruit par vos bontés pour un sang malheureux,
Je n'en trahirai point l'exemple généreux.
Accablé des malheurs où le destin me livre,
Je veux mourir en roi, si je ne puis plus vivre.
Laissez-moi près de vous : je ne puis vous quitter.
De noirs pressentimens viennent m'épouvanter :
Je sens, à chaque instant, que mes craintes redoublent ;
Que pour vous en secret mes entrailles se troublent.
Je combats vainement de si vives douleurs :
Un pouvoir inconnu me fait verser des pleurs.
Laissez-moi partager le sort qui vous menace.
Au courroux du tyran la tendresse a fait place.
Les noms de fils pour lui sont des noms superflus,
Et ce n'est pas son sang qu'il respecte le plus.

Crébillon.   4

PLISTHÈNE.

Ah ! qu'il verse le mien : plût au ciel que mon père
Dans le sang de son fils eût éteint sa colère !
Fuyez, seigneur, fuyez; et ne m'exposez pas
A l'horreur de vous voir égorger dans mes bras.
Hélas! je ne crains point pour votre seule vie :
Ne fuyez pas pour vous, mais pour Théodamie.
C'est vous en dire assez, seigneur, sauvez du moins
L'objet de ma tendresse, et l'objet de mes soins;
Et ne m'exposez pas à l'horreur légitime
D'avoir, sans fruit, pour vous, osé tenter un crime.
Fuyez : n'abusez point d'un moment précieux.
Cherchez-vous à périr dans ces funestes lieux ?
Thessandre, conduisez....

THESSANDRE.

Seigneur, le roi s'avance.

PLISTHÈNE.

Il en est temps encor, évitez sa présence.

SCÈNE IV.

ATRÉE, THYESTE, PLISTHENE, THÉODA-
MIE, EURYSTHENE, THESSANDRE, LÉO-
NIDE, GARDES.

ATRÉE.

D'où vient, à mon abord, le trouble où je vous voi ?
Ne craignez rien, les dieux ont fléchi votre roi.
Ce n'est plus ce cruel guidé par sa vengeance ;
Et le ciel, dans son cœur, a pris votre défense.
   (à *Thyeste.*)
Ne crains rien pour des jours par ma rage proscrits.
Gardes, éloignez-vous.

SCÈNE V.

ATRÉE, THYESTE, PLISTHÈNE, THÉODA-
MIE, EURYSTHÈNE, THESSANDRE, LÉO-
NIDE.

ATRÉE, *à Thyeste.*

RASSURE tes esprits :
D'une indigne frayeur je vois ton ame atteinte;
Thyeste, chasses-en les horreurs et la crainte.
Ne redoute plus rien de mon inimitié :
Toute ma haine cède à ma juste pitié.
Ne crains plus une main à te perdre animée :
Tes malheurs sont si grands, qu'elle en est désarmée ;
Et les dieux, effrayés des forfaits des humains,
Jamais plus à propos n'ont trahi leurs desseins.
Quelle était ma fureur ! et que vais-je t'apprendre ?
Ton cœur déjà tremblant va frémir de l'entendre.
Je le répète encor, tes malheurs sont si grands,
Qu'à peine je les crois, moi qui te les apprends.
  (*il lui montre un billet d'Ærope.*)
Ce billet seul contient un secret si funeste...
Mais, avant de l'ouvrir, écoute tout le reste.
Tu n'as pas oublié les sujets odieux
D'un courroux excité par tes indignes feux :
Souviens-t'en ; c'est à toi d'en garder la mémoire ;
Pour moi, je les oublie ; ils blessent trop ma gloire.
Cependant contre toi que n'ai-je point tenté ?
J'en sens encor frémir mon cœur épouvanté.
En vain sur mes sermens ton ame rassurée
Comptait sur une paix que je t'avais jurée ;
Car dans l'instant fatal où j'attestais les cieux,
Je me jurais ta mort, et j'imposais aux dieux.
Je n'en veux pour témoin que ce même Plisthène,
Par de pareils sermens, qui sut tromper ma haine.
C'était lui qui devait me venger aujourd'hui
D'un crime dont l'affront rejaillissait sur lui.
Et, pour mieux l'engager à t'arracher la vie,
J'en devais, au refus, priver Théodamie.

De ce récit affreux ne prends aucun effroi :
Tu dois te rassurer en le tenant de moi.
    (à *Plisthène.*)
Et toi, dont la vertu m'a garanti d'un crime,
Ne crains rien d'un courroux peut-être légitime.
Si c'est un crime à toi de ne le point servir,
Quelle eût été l'horreur d'avoir pu l'assouvir !
Enfin c'eût été peu que d'immoler mon frère ;
Le malheureux aurait assassiné son père,

THYESTE.

Moi, son père !

ATRÉE.

     Ces mots vont t'en instruire. Lis.
    (*il lui donne la lettre d'Ærope.*)

THYESTE.

Dieux ! qu'est-ce que je vois ? c'est d'AErope. Ah ! mon fils !
La nature en mon cœur éclairait ce mystère.
Thyeste t'aimait trop pour n'être point ton père.
Cher Plisthène, mes vœux sont enfin accomplis.

PLISTHÈNE.

Ciel ! qu'est-ce que j'entends ? Moi, seigneur, votre fils !
Tout semblait réserver, dans un jour si funeste,
Ma main au parricide, et mon cœur à l'inceste.
Grands dieux ! qui m'épargnez tant d'horreur en ce jour,
Dois-je bénir vos soins, ou plaindre mon amour ?
    (à *Atrée.*)
Vous qui, trompé long-temps dans une injuste haine,
Du nom de votre fils honorâtes Plisthène ;
Quand je ne le suis plus, seigneur, il m'est bien doux
D'être du moins sorti d'un même sang que vous.
Je ne suis consolé de perdre en vous un père,
Que lorsque je deviens le fils de votre frère.
Mais ce fils, près de vous, privé d'un si haut rang,
L'est toujours par le cœur, s'il ne l'est par le sang.

ATRÉE.

C'eût été pour Atrée une perte funeste,
S'il eût fallu te rendre à d'autres qu'à Thyeste.
Le destin ne pouvait qu'en te donnant à lui,
Me consoler d'un bien qu'il m'enlève aujourd'hui.

Plisthène, sensible aux larmes de ta mère,
Et celui qui me fit, de son bourreau, ton père.
Instruit de mes fureurs, c'est lui dont la pitié
Vient de vous sauver tous de mon inimitié.
 (à *Thyeste*.)
Thyeste, après ce fils que je viens de te rendre,
Va vois si désormais je cherche à te surprendre.
Reçois-le de ma main pour garant d'une paix
Que mes soupçons jaloux ne troubleront jamais.
Enfin, pour t'en donner une entière assurance,
C'est par un fils si cher que ton frère commence.
En faveur de ce fils, qui fut long-temps le mien,
A mon sceptre aujourd'hui je détache le tien.
Entre dans tes états sous de si doux auspices,
Qui de notre union ne sont que les prémices.
Je prétends que ce jour, que souillait ma fureur,
Achève de bannir les soupçons de ton cœur.
Thyeste, en croiras-tu la coupe de nos pères?
Est-ce offrir de la paix des garans peu sincères?
Tu sais qu'aucun de nous, sans un malheur soudain,
Sur ce gage sacré n'ose jurer en vain :
C'est sa perte, en un mot, cette coupe fatale
Est le serment du Styx pour les fils de Tantale.
Je veux bien aujourd'hui, pour lui prouver ma foi,
En mettre le péril entre Thyeste et moi.
Faut-il bien, à son tour, que la coupe sacrée
Achève l'union de Thyeste et d'Atrée?

THYESTE.

Pourriez-vous m'en offrir un gage plus sacré,
Que de me rendre un fils? mon cœur est rassuré;
Et je ne pense pas que le don de Plistène
Fût un présent, seigneur, que m'ait fait votre haine.
J'accepte cependant ces garans d'une paix
Qui fait depuis long-temps mes plus tendres souhaits.
Non que d'aucun détour un frère vous soupçonne;
Sur la foi d'un grand roi Thyeste s'abandonne :
S'il en reçoit enfin des gages en ce jour,
C'est pour vous rassurer sur la sienne à son tour.

ATRÉE.

Pour cet heureux moment qu'en ces lieux tout s'apprête :

Qu'un pompeux sacrifice en précède la fête ;
Trop heureux si Thyeste, assuré de la paix,
Daigne la regarder comme un de mes bienfaits !
Vous qui de mon courroux avez sauvé Plistène,
C'est vous, de ce grand jour, que je charge, Eurystène,
J'en remets à vos soins la fête et les apprêts.
Courez tout préparer au gré de mes souhaits.
Mon frère n'attend plus que la coupe sacrée :
Offrons-lui ce garant de l'amitié d'Atrée.
Puisse le nœud sacré, qui doit nous réunir,
Effacer de son cœur un triste souvenir !
Pourra-t-il oublier ?...

THYESTE.

Tout, jusqu'à sa misère..
Il ne se souvient plus que d'un fils et d'un frère.

SCÈNE VI.

PLISTENE, THESSANDRE.

PLISTÈNE, *à Thessandre.*

Dès ce moment au port précipite tes pas :
Que le vaisseau, surtout, ne s'en écarte pas.
De mille affreux soupçons j'ai peine à me défendre.
Cours ; et que nos amis viennent ici m'attendre.

FIN DU QUATRIÈME ACTE

ACTE V.

SCÈNE Ire.

PLISTENE, *seul.*

THESSANDRE ne vient point, rien ne l'offre à mes yeux ;
Tout m'abandonne-t-il dans ces funestes lieux ?

Tristes pressentimens que le malheur enfante,
Que la crainte nourrit, que le soupçon augmente :
Secrets avis des dieux, ne pressez plus un cœur
Dont toute la fierté combat mal la frayeur.
C'est envain qu'elle veut y mettre quelque obstacle,
Le cœur des malheureux n'est qu'un trop sûr oracle.
Mais pourquoi m'alarmer? et quel est mon effroi !
Puis-je, sans l'outrager me défier d'un roi,
Qui semble désormais, cédant à la nature,
Oublier qu'à sa gloire on ait fait une injure?
L'oublier! ah! moi-même oublié-je aujourd'hui
Ce qu'il voulait de moi, ce que j'ai vu de lui?
Puis-je en croire une paix déjà sans fruit jurée?
Dès qu'il faut pardonner, n'attendons rien d'Atrée.
Je ne connais que trop ses transports furieux ;
Et sa fausse pitié n'éblouit point mes yeux.
C'est en vain de sa main que je reçois un père,
Tout ce qui vient de lui cache quelque mystère.
J'en ai trop éprouvé de son perfide cœur,
Pour oser, sur sa foi, déposer ma frayeur.
Je ne sais quel soupçon irrite mes alarmes ;
Mais du fond de mon cœur je sens couler mes larmes.
Thessandre ne vient point : tant de retardemens
Me confirment que trop mes noirs pressentimens.

SCÈNE II.

PLISTENE, THESSANDRE.

PLISTÈNE.

Mais je le vois. Hé bien, en est-ce fait Thessandre ?
Sur les bords de l'Euripe est-il temps de nous rendre?
Pour cet heureux moment as-tu tout préparé?
De nos amis secrets t'es-tu bien assuré ?

THESSANDRE.

Il ne tient plus qu'à vous d'éprouver leur courage ;
Je les ai dispersés, ici, sur le rivage ;
Tout est prêt. Cependant si Plisthène, aujourd'hui,
Veut en croire des cœurs pleins de zèle pour lui,
Il ne partira point : ce dessein téméraire

Pourrait causer sa perte et celle de son père.
PLISTÈNE.

Ah ! je ne fuirais pas, quel que fût mon effroi,
Si mon cœur aujourd'hui ne tremblait que pour moi.
Thessandre, il faut sauver mon père et la princesse ;
Ce n'est plus que pour eux que mon cœur s'intéresse.
Cherche Théodamie, et ne la quitte pas ;
Moi, je cours retrouver Thyeste de ce pas,
THESSANDRE.

Eh! que prétendez-vous, seigneur, lorsque son frère
Semble de sa présence accabler votre père?
Il ne le quitte point ; ses longs embrassemens
Sont toujours resserrés par de nouveaux sermens.
Un superbe festin par son ordre s'apprête ;
Il appelle les dieux à cette auguste fête.
Mon cœur, à cet aspect qui s'est laissé charmer,
Ne voit rien dont le vôtre ait lieu de s'alarmer.
PLISTHÈNE.

Et moi, je ne vois rien dont le mien ne frémisse.
De quelque crime affreux cette fête est complice ;
C'est assez qu'un tyran la consacre en ces lieux ;
Et nous sommes perdus, s'il invoque les dieux.
Va, cours avec ma sœur nous attendre au rivage ;
Moi, je vais à Thyeste ouvrir un sûr passage.

SCÈNE III.

PLISTHENE, *seul.*

DIEUX puissans ! secondez un si juste dessein,
Et dérobez mon père au coups d'un inhumain.

SCÈNE IV.

ATRÉE, PLISTENE, GARDES.

ATRÉE.

DEMEURE, digne fils d'AErope et de Thyeste,
Demeure, reste impur d'un sang que je déteste.

Pour remplir de tes soins le projet important,
Demeure, c'est ici que Thyeste t'attend ;
Et tu n'iras pas loin pour rejoindre perfide,
Les traîtres qu'en ces lieux arme ton parricide.
Prince indigne du jour, voilà donc les effets
Que dans ton ame ingrate ont produit mes bienfaits !
A peine le destin te redonne à ton père,
Que ton cœur aussitôt en prend le caractère ;
Et plus ingrat que lui, puisqu'il me devait moins,
L'attentat le plus noir est le prix des mes soins.
Va, pour le prix des tiens, retrouver tes complices ;
Va périr avec eux dans l'horreur des supplices.

PLISTHÈNE.

Pourquoi me supposer un indigne forfait ?
Est-ce pour vos pareils que le prétexte est fait ?
Vos reproches honteux n'ont rien qui me surprenne,
Et je ne sens que trop ce que peut votre haine.
Aurais-je prétendu, né d'un sang odieux,
Vous être plus sacré que n'ont été les dieux ?
A travers les détours de votre ame parjure,
J'entrevois des horreurs dont frémit la nature.
Dans la juste fureur dont mon cœur est épris...
Mais non, je me souviens que je fus votre fils.
Malgré vos cruautés, et malgré ma colère,
Je crois encor ici m'adresser à mon père.
Quoique trop assuré de ne point l'attendrir,
Je sens bien que du moins je ne dois point l'aigrir,
Dans l'espoir que ma mort pourra vous satisfaire,
Que vous épargnerez votre malheureux frère.
Le crime supposé qu'on m'impute aujourd'hui,
Tout jusqu'à son départ, est un secret pour lui.
Sur la foi d'une paix si saintement jurée,
Il se croit sans péril entre les mains d'Atrée.
J'ai pénétré moi seul au fond de votre cœur ;
Et mon malheureux père est encor dans l'erreur.
Je ne vous parle point d'une jeune princesse ;
A la faire périr rien ne vous intéresse.

ATRÉE.

Va, tu prétends en vain t'éclaircir de leur sort ;

Crébillon.   5

Meurs dans ce doute affreux, plus cruel que la mort.
De leur sort aux enfers, va chercher qui t'instruise.
Où l'on doit l'immoler, gardes, qu'on le conduise ;
Versez à ma fureur ce sang abandonné,
Et songez à remplir l'ordre que j'ai donné.

SCÈNE V.

ATRÉE, *seul.*

VA périr, malheureux, mais, dans ton sort funeste,
Cent fois moins malheureux que le lâche Thyeste.
Que je suis satisfait ! que de pleurs vont couler
Pour ce fils qu'à ma rage on est près d'immoler !
Quel que soit en ces lieux son supplice barbare,
C'est le moindre tourment qu'à Thyeste il prépare.
Ce fils infortuné, cet objet de ses vœux,
Va devenir pour lui l'objet le plus affreux.
Je ne te l'ai rendu que pour te le reprendre.
Et ne te le ravis que pour mieux te le rendre.
Oui je voudrais pouvoir, au gré de ma fureur,
Le porter tout sanglant jusqu'au fond de ton cœur.
Quel qu'en soit le forfait, un dessein si funeste,
S'il n'est digne d'Atrée, est digne de Thyeste.
De son fils tout sanglant, de son malheureux fils,
Je veux que dans son sein il entende les cris.
C'est en toi-même, ingrat, qu'il faut que ma victime,
Ce fruit de tes amours, aille expier ton crime.
Je frissonne, et je sens mon ame se troubler ;
C'est à mon ennemi qu'il convient de trembler.
Qui cède à la pitié, mérite qu'on l'offense ;
Il faut un terme au crime, et non à la vengeance.
Tout est prêt, et déjà dans mon cœur furieux
Je goûte le plaisir le plus parfait des dieux.
Je vais être vengé, Thyeste, quelle joie !
Je vais jouir des maux où tu vas être en proie.
Ce n'est de ses forfaits se venger qu'à demi,
Que d'accabler de loin un perfide ennemi.
Il faut, pour bien jouir de son sort déplorable,
Le voir dans le moment qu'il devient misérable,

De ses premiers transports irriter la douleur,
Et lui faire, à longs traits, sentir tout son malheur.

SCÈNE VI.

ATRÉE, THYESTE, GARDES.

ATRÉE, *bas.*

THYESTE vient, feignons. Il semble, à sa tristesse,
Que de son sort affreux quelque soupçon le presse.
    (*haut.*)
Cher Thyeste, approchez : d'où naît cette frayeur ?
Quel déplaisir si prompt peut troubler votre cœur ?
Vous paraissez saisi d'une douleur secrète ;
Et ne me montrez plus cette ame satisfaite,
Qui semblait respirer la douceur de la paix ;
Ne serait-elle plus vos plus tendres souhaits ?
Quoi ! de quelque soupçon votre ame est-elle atteinte ?
Ce jour, cet heureux jour est-il fait pour la crainte ?
Mon frère, vous devez la bannir désormais ;
La coupe va bientôt nous unir pour jamais.
Goûtez-vous la douceur d'une paix si parfaite ?
Et la souhaitez-vous comme je la souhaite ?
N'êtes-vous pas sensible à ce rare bonheur ?

THYESTE.

Qui ? moi, vous soupçonner, ou vous haïr, seigneur !
Les dieux m'en sont témoins, ces dieux qu'ici j'atteste ;
Qui lisent mieux que vous dans l'ame de Thyeste.
Ne vous offensez point d'une vaine terreur,
Qui semble, malgré moi, s'emparer de mon cœur ;
Je le sens agité d'une douleur mortelle :
Ma constance succombe ; en vain je la rappelle ;
Et, depuis un moment, mon esprit abattu
Laisse d'un poids honteux accabler sa vertu.
Cependant près de vous un je ne sais quel charme
Suspend dans ce moment le trouble qui m'alarme.
Pour rassurer encor mes timides esprits,
Rendez-moi mes enfans, faites venir mon fils ;
Qu'il puisse être témoin d'une union si chère,
Et partager, seigneur, les bontés de mon frère.

ATRÉE.

Vous serez satisfait, Thyeste ; et votre fils
Pour jamais, en ces lieux, va vous être remis.
Oui, mon frère, il n'est plus que la parque inhumaine
Qui puisse séparer Thyeste de Plisthène.
Vous le verrez bientôt ; un ordre de ma part
Le fait de ce palais hâter votre départ.
Pour donner de ma foi des preuves plus certaines,
Je veux vous renvoyer dès ce jour à Mycènes.
Malgré ce que je fais, peu sûr de cette foi,
Je vois que votre cœur s'alarme auprès de moi.
J'avais cru cependant qu'une pleine assurance
Devait suivre...

THYESTE.

Ah! seigneur, ce reproche m'offense.

ATRÉE, *à un garde.*

Qu'on cherche la princesse ; allez, et qu'en ces lieux
Plisthène, sans tarder, se présente à ses yeux.
Il faut...

SCÈNE VII.

ATRÉE, THYESTE, EURYSTHÈNE,

GARDES.

Eurysthène apporte la coupe.

ATRÉE.

Mais j'aperçois la coupe de nos pères :
Voici le nœud sacré de la paix des deux frères
Elle vient à propos pour rassurer un cœur
Qu'alarme en ce moment une indigne terreur.
Tel qui pouvait encor se défier d'Atrée,
En croira mieux peut-être à la coupe sacrée,
Thyeste veut-il bien qu'elle achève en ce jour
De réunir deux cœurs désunis par l'amour ?
Pour engager un frère à plus de confiance,
Pour le convaincre, enfin, donnez que je commence.
(*il prend la coupe de la main d'Eurysthène.*)

THYESTE.

Je vous l'ai déjà dit, vous m'outragez, seigneur,
Si vous vous offensez d'une vaine frayeur.
Que voudrait désormais me ravir votre haine,
Après m'avoir rendu mes états et Plisthène ?
Du plus affreux courroux quel que fût le projet,
Mes jours infortunés valent-ils ce bienfait ?
Eurysthène, donnez ; laissez-moi l'avantage
De jurer le premier sur ce précieux gage.
Mon cœur, à son aspect, de son trouble est remis :
Donnez. Mais, cependant, je ne vois point mon fils.
      (*il prend la coupe des mains d'Atrée.*)

ATRÉE.

      (*à ses gardes.*)   (*à Thyeste.*)

Il n'est point de retour ? Rassurez-vous, mon frère ;
Vous reverrez bientôt une tête si chère ;
C'est de notre union le nœud le plus sacré ;
Craignez moins que jamais d'en être séparé.

THYESTE.

Soyez donc les garans du salut de Thyeste,
Coupe de nos aïeux , et vous , dieux que j'atteste.
Puisse votre courroux foudroyer désormais
Le premier de nous deux qui troublera la paix !
Et vous frère aussi cher que ma fille et Plisthène,
Recevez de ma foi cette preuve certaine.
Mais que vois-je , perfide ? Ah ! grands dieux ! quelle hor-
      reur !
C'est du sang. Tout le mien se glace dans mon cœur.
Le soleil s'obscurcit ; et la coupe sanglante
Semble fuir, d'elle-même, à cette main tremblante,
Je me meurs. Ah ! mon fils ! qu'êtes-vous devenu ?

SCÈNE VIII.

ATRÉE, THYESTE, THÉODAMIE, EURYS-THENE, LÉONICE, GARDES.

THÉODAMIE.

L'avez-vous pu souffrir, dieux cruels ? qu'ai-je vu ?
Ah ! seigneur ! vôtre fils : mon déplorable frère,
Vient d'être, pour jamais, privé de la lumière.

THYESTE.

Mon fils est mort, cruel, dans ce même palais,
Et dans le même instant où l'on m'offre la paix ?
Et, pour comble d'horreur, pour comble d'épouvante,
Barbare, c'est du sang que ta main me présente ?
O terre, en ce moment, peux-tu nous soutenir !
O de mon songe affreux triste ressouvenir !
Mon fils, est-ce ton sang qu'on offrait à ton père ?

ATRÉE.

Méconnais-tu ce sang ?

THYESTE.

Je reconnais mon frère.

ATRÉE.

Il fallait le connaître, et ne point l'outrager :
Ne point forcer ce frère, ingrat, à se venger.

THYESTE.

Grands dieux, pour quels forfaits lancez-vous le ton-
    nerre ?
Monstre, que les enfers ont vomi sur la terre,
Assouvis la fureur dont ton cœur est épris ;
Joins un malheureux père à son malheureux fils ;
A ces mânes sanglans donne cette victime,
Et ne t'arrête point au milieu de ton crime.
Barbare, peux-tu bien m'épargner en des lieux
Dont tu viens de chasser et le jour et les dieux ?

ATRÉE.

Non, à voir les malheurs où j'ai plongé ta vie,

Je me repentirais de te l'avoir ravie.
Par tes gémissemens je connais ta douleur.
Comme je le voulais , tu ressens ton malheur ;
Et mon cœur qui perdait l'espoir de la vengeance ,
Retrouve dans tes pleurs son unique espérance.
Tu souhaites la mort, tu l'implores ; et moi,
Je te laisse le jour, pour me venger de toi.

THYESTE.

Tu t'en flattes en vain ; et la main de Thyeste
Saura bien te priver d'un plaisir si funeste.

(il se tue.)
THÉODAMIE.

Ah ! ciel !

THYESTE.

        Consolez-vous , ma fille ; et de ces lieux
Fuyez et remettez votre vengeance aux dieux.
Contente , par nos pleurs, d'implorer leur justice,
Allez , loin de ce traître , attendre son supplice.
Les dieux que ce parjure ont fait pâlir d'effroi,
Le rendront quelque jour plus malheureux que moi :
Le ciel me le promet , la coupe en est le gage :
Et je meurs.

ATRÉE.

        A ce prix j'accepte le présage :
Ta main, en t'immolant, a comblé mes souhaits ;
Et je jouis enfin du fruit de mes forfaits.

FIN D'ATRÉE ET THYESTE.

ÉLECTRE,

TRAGÉDIE EN CINQ ACTES,

DE

CRÉBILLON;

Représentée, pour la première fois, en 1708.

PERSONNAGES.

CLYTEMNESTRE, veuve d'Agamemnon, et fem
   d'Égisthe.

ORESTE, fils d'Agamemnon et de Clytemnestre,
   de Mycènes, élevé sous le nom de Tydée.

ÉLECTRE, sœur d'Oreste.

ÉGISTHE, fils de Thyeste, meurtrier d'Agamemno

ITYS, fils d'Égisthe, mais d'une autre mère que C
   temnestre.

IPHIANASSE, sœur d'Itys.

PALAMÈDE, gouverneur d'Oreste.

ARCAS, ancien officier d'Agamemnon.

ANTÉNOR, confident d'Oreste.

MÉLITE, confidente d'Iphianasse.

GARDES.

La scène est à Mycène, dans le palais de ses roi

ÉLECTRE,

TRAGÉDIE.

ACTE PREMIER.

SCÈNE Ire.

ÉLECTRE, *seule*.

...moin du crime affreux que poursuit ma vengeance,
...uit! dont tant de fois j'ai troublé le silence;
...nsible témoin de mes vives douleurs,
...re ne vient plus te confier des pleurs,
...cœur, las de nourrir un désespoir timide,
...vre enfin, sans crainte, au transport qui le guide.
...risez, grands dieux, un si juste courroux;
...tre vous implore et s'abandonne à vous.
...r punir les forfaits d'une race funeste,
...compté trop long-temps sur le retour d'Oreste.
...former des projets et des vœux superflus;
...frère malheureux, sans doute, ne vit plus.
...vous mânes sanglans du plus grand roi du monde,
...te et cruel objet de ma douleur profonde;
...père, s'il est vrai que sur les sombres bords,
...malheurs des vivans puissent toucher les morts,
...combien doit frémir ton ombre infortunée,
...maux où ta famille est encor destinée!
...ait peu que les tiens, altérés de ton sang,
...sent osé porter le couteau dans ton flanc;
...à la face des dieux le meurtre de mon père,
..., pour comble d'horreurs, le crime de ma mère:
...t peu qu'en d'autres mains la perfide ait remis

Le sceptre qu'après toi devait porter ton fils ;
Et que, dans mes malheurs, Égisthe qui me brave,
Sans respect, sans pitié, traite Électre en esclave ;
Pour m'accabler encor, son fils audacieux
Itys, jusqu'à sa fille ose lever les yeux.
Des dieux et des mortels Electre abandonnée,
Doit, ce jour, à son sort, s'unir par l'hyménée,
Si ta mort, m'inspirant un courage nouveau,
N'en éteint par mes mains le coupable flambeau.
Mais qui peut retenir le courroux qui m'anime ?
Clytemnestre osa bien s'armer pour un grand crime.
Imitons sa fureur par de plus nobles coups ;
Allons à ces autels, où m'attend son époux,
Immoler avec lui l'amant qui nous outrage :
C'est là le moindre effort digne de mon courage.
Je le dois... D'où vient donc que je ne le fais pas ?
Ah ! si c'était l'amour qui me retînt le bras !
Pardonne, Agamemnon, pardonne, ombre trop chè[re]
Mon cœur n'a point brûlé d'une flamme adultère.
Ta fille de concert avec tes assassins,
N'a point porté sur toi de parricides mains.
J'ai tout fait pour venger ta perte déplorable ;
Électre, cependant, n'en est pas moins coupable.
Le vertueux Itys, à travers ma douleur,
N'en a pas moins trouvé le secret de mon cœur.
Mais Arcas ne vient point ? Fidèle en apparence,
Trahit-il en secret le soin de ma vengeance ?

SCÈNE II.

ÉLECTRE, ARCAS.

ÉLECTRE.

(à *Arcas.*)

Il vient, rassurons-nous. Pleine d'un juste effroi,
Je me plaignais déjà qu'on me manquait de foi :
Je craignais qu'un ami qui pour moi s'intéresse,
N'osât plus... Mais quoi ! seul ?

ARCAS.

Malheureuse princesse,

...s ! que votre sort est digne de pitié ?
...d'amis, plus d'espoir.

ÉLECTRE.

Quoi ! leur vaine amitié,
...s tant de sermens...

ARCAS.

Non, n'attendez rien d'elle,
...ame, en vain pour vous j'ai fait parler mon zéle.
...mêmes, à regret, ces trop prudens amis
...tiennent aux secours qu'on leur avait promis.
...Oreste, disent-ils, vienne, par sa présence,
...urer des amis armés pour sa vengeance.
...mède, chargé d'élever ce héros,
...mettait avec lui de traverser les flots ;
...fils, même avant eux, devait ici se rendre.
...se perdre, sans eux qu'oser rien entreprendre ;
...tôt de nos projets la mort serait le prix.
...leurs, pour achever de glacer leurs esprits,
...lit que ce guerrier, dont la valeur funeste
...e peut comparer qu'à la valeur d'Oreste,
...de tant d'ennemis délivre ces états,
...les a sauvés seul par l'effort de son bras ;
...chassant les deux rois de Corinthe et d'Athènes,
...morts et de mourans vient de couvrir nos plaines,
..., avant la nuit, parut dans ce palais,
...tranger qu'Égisthe a comblé de bienfaits,
...ui ce Tyran doit le salut de sa fille,
...ui, d'Itys, enfin de toute sa famille,
...un rempart si sûr pour vos persécuteurs,
...de tous nos amis il a glacé les cœurs.
...seul nom du Tyran que votre ame déteste,
...frémit ; cependant on veut revoir Oreste.
...le jour, qui paraît, me chasse de ces lieux :
...rois voir même Itys. Madame, au nom des dieux,
...de faire éclater le trouble de votre ame,
...ez plutôt d'Itys l'audacieuse flamme.
...es que votre hymen se diffère d'un jour ;
...-être verrons-nous Oreste de retour.

ÉLECTRE.

Cesse de me flatter d'une espérance vaine:
Allez, lâches amis, qui trahissez ma haine,
Electre saura bien, sans Oreste et sans vous,
Ce jour même, à vos yeux signaler son courroux.

SCÈNE III.

ÉLECTRE, ITYS.

ÉLECTRE.

En des lieux où je suis, trop sûr de me déplaire,
Fils d'Égisthe, oses-tu mettre un pied téméraire?

ITYS.

Madame, pardonnez à l'innocente erreur
Qui vous offre un amant guidé par sa douleur.
D'un amour malheureux la triste inquiétude
Me faisait de la nuit chercher la solitude.
Pardonnéz, si l'amour tourne vers vous mes pas;
Itys vous souhaitait, mais ne vous cherchait pas.

ÉLECTRE.

Dans l'état où je suis, toujours triste, quels charmes
Peuvent avoir des yeux presque éteints dans les larm
Fils du tyran cruel qui fait tous mes malheurs,
Porte ailleurs ton amour, et respecte mes pleurs.

ITYS.

Ah! ne m'enviez pas cet amour, inhumaine!
Ma tendresse ne sert que trop bien votre haine.
Si l'amour cependant peut désarmer un cœur,
Quel amour fut jamais moins digne de rigueur?
A peine je vous vis, que mon ame éperdue,
Se livra, sans réserve, au poison qui me tue.
Depuis dix ans entiers que je brûle pour vous,
Qu'ai-je fait qui n'ait dû fléchir votre courroux?
De votre illustre sang, conservant ce qui reste,
J'ai de mille complots sauvé les jours d'Oreste.
Moins attentif au soin de veiller sur ses jours,
Déjà plus d'une main en eût tranché le cours:

s accablé que vous du sort qui vous opprime,
n amour malheureux fait encor tout mon crime.
in pour vous forcer à vous donner à moi,
us savez si jamais j'exigeai rien du roi.
rétend qu'avec vous un nœud sacré m'unisse;
m'en imputez point la cruelle injustice :
prix de tout mon sang je voudrais être à vous,
'était votre aveu qui me fît votre époux.
! par pitié pour vous, princesse infortunée,
ez l'amour d'Itys par un tendre hyménée.
squ'il faut l'achever, ou descendre au tombeau,
ssez-en à mes feux allumer le flambeau.
nez donc avec moi; c'est trop vous en défendre;
st un sceptre qu'un jour Égisthe veut vous rendre.

ÉLECTRE.

sceptre est-il à moi, pour me le destiner ?
sceptre est-il à lui, pour te l'oser donner ?
st en vain qu'en esclave il traite une princesse,
qu'à le redouter que le traître m'abaisse;
il fasse que ces fers, dont il s'est tant promis,
ent moins honteux pour moi que l'hymen de son fils.
sse de te flatter d'une espérance vaine;
vertu ne te sert qu'à redoubler ma haine.
isthe ne prétend te faire mon époux,
que pour mettre sa tête à couvert de mes coups.
is sais-tu que l'hymen dont la pompe s'apprête
e se peut achever qu'aux dépens de sa tête?
ces conditions je souscris à tes vœux;
ma main sera le prix d'un coup si généreux.
lectre n'attend point cet effort de la tienne;
connais ta vertu : rends justice à la mienne;
ois-moi, loin d'écouter ta tendresse pour moi,
e Clytemnestre ici crains l'exemple pour toi.
omps toi-même un hymen où l'on veut me contraindre;
es femmes de mon sang ne sont que trop à craindre.
alheureux ! de tes vœux quel peut être l'espoir?
élas ! quand je pourrais, rebelle à mon devoir,
rûler un jour pour toi de feux illégitimes,
la vertu t'en ferait bientôt les plus grands crimes.
e te haïrai moins, fils d'un prince odieux !

Ne sois point, s'il se peut, plus coupable à mes yeu
Ne me peins plus l'ardeur dont ton ame est éprise.
Que peux-tu souhaiter? Itys, qu'il te suffise
Qu'Électre, toute entière à son inimitié,
Ne fait point tes malheurs sans en avoir pitié.
Mais Clytemnestre vient. Ciel! quel dessein l'amène?
Te sers-tu contre moi du pouvoir de la reine?

SCÈNE IV.

CLYTEMNESTRE, ÉLECTRE, ITYS, GARDES.

CLYTEMNESTRE.

DIEUX puissans! dissipez mon trouble et mon effroi;
Et chassez ces horreurs loin d'Égisthe et de moi.

ITYS.

Quelle crainte est la vôtre? où courez-vous, madame?
Vous vous plaignez. Quel trouble a pu saisir votre ame

CLYTEMNESTRE.

Prince, jamais effroi ne fut égal au mien :
Mais ce récit demande un secret entretien.
Jamais sort ne parut plus à craindre et plus triste.
   (*à ses gardes.*)
Qu'on sache en ce moment si je puis voir Égisthe.

SCÈNE V.

CLYTEMNESTRE, ÉLECTRE, ITYS.

CLYTEMNESTRE.

MAIS vous, qui vous guidait aux lieux où je vous voi?
Electre se rend-elle aux volontés du roi?
A votre heureux destin la verrons-nous unie?
Sait-elle, à résister, qu'il y va de sa vie?

ITYS.

Ah! d'un plus doux langage empruntons le secours,
Madame; épargnez-lui de si cruels discours :
Adoucissez plutôt sa triste destinée;

Electre n'est déjà que trop infortunée.
Je ne puis la contraindre, et mon esprit confus...

CLYTEMNESTRE.

Par ce raisonnement je conçois ses refus.
Mais, pour former l'hymen et de l'un et de l'autre,
On ne consultera ni son cœur ni le vôtre.
C'est, pour vous, de son sort prendre trop de souci :
Allez, dites au roi que je l'attends ici.

SCÈNE VI.

CLYTEMNESTRE, ÉLECTRE.

CLYTEMNESTRE.

Ainsi, loin de répondre aux bontés d'une mère,
Vous bravez de ce nom le sacré caractère ;
Et lorsque ma pitié lui fait un sort plus doux,
Electre semble encor défier mon courroux.
Bravez-le ; mais, du moins, du sort qui vous accable
N'accusez donc que vous, princesse inexorable.
Je fléchissais un roi de son pouvoir jaloux ;
Un héros par mes soins devenait votre époux ;
Je voulais, par l'hymen d'Itys et de ma fille,
Voir rentrer quelque jour le sceptre en sa famille :
Mais l'ingrate ne veut que nous immoler tous.
Je ne dis plus qu'un mot : Itys brûle pour vous ;
Ce jour même à son sort vous devez être unie ;
Si vous n'y souscrivez, c'est fait de votre vie.
Egisthe est las de voir son esclave en ces lieux
Exciter, par ses pleurs, les hommes et les dieux.

ÉLECTRE.

Contre un tyran si fier, juste ciel, quelles armes !
Qui brave les remords, peut-il craindre mes larmes ?
Ah ! madame, est-ce à vous d'irriter mes ennuis ?
Moi, son esclave ! hélas ! d'où vient que je le suis ?
Moi, l'esclave d'Egisthe ! Ah ! fille infortunée !
Qui m'a fait son esclave ? et de qui suis-je née ?
Était-ce donc à vous de me le reprocher ?
Ma mère, si ce nom peut encor vous toucher,

Crébillon. 6

S'il est vrai qu'en ces lieux ma honte soit jurée,
Ayez pitié des maux où vous m'avez livrée.
Précipitez mes pas dans la nuit du tombeau ;
Mais ne m'unissez pas au fils de mon bourreau,
Au fils de l'inhumain qui me priva d'un père,
Qui le poursuit sur moi, sur mon malheureux frère ;
Et de ma main encor il ose disposer !
Cet hymen sans horreur se peut-il proposer ?
Vous m'aimâtes ; pourquoi ne vous suis-je plus chère ?
Ah ! je ne vous hais point ; et, malgré ma misère,
Malgré les pleurs amers dont j'arrose ces lieux,
Ce n'est que du tyran dont je me plains aux dieux.
Pour me faire oublier qu'on m'a ravi mon père,
Faites-moi souvenir que vous êtes ma mère.

CLYTEMNESTRE.

Que veux-tu désormais que je fasse pour toi,
Lorsque ton hymen seul peut désarmer le roi ?
Souscris, sans murmurer, au sort qu'on te prépare,
Et cesse de gémir de la mort d'un barbare,
Qui, s'il eût pu trouver un second Ilion,
T'aurait sacrifié à son ambition.
Le cruel qu'il était, bourreau de sa famille,
Osa bien à mes yeux faire égorger ma fille !

ÉLECTRE.

Tout cruel qu'il était, il était votre époux :
S'il fallait l'en punir, madame, était-ce à vous ?
Si le ciel, dont sur lui la rigueur fut extrême,
Réduisit ce héros à verser son sang même ;
Du moins, en se privant d'un sang si précieux,
Il ne le fit couler que pour l'offrir aux dieux.
Mais vous, qui de ce sang immolez ce qui reste,
Mère dénaturée et d'Électre et d'Oreste,
Ce n'est point à des dieux jaloux de leurs autels ;
Vous nous sacrifiez au plus vil des mortels.

SCÈNE VII.

ÉGISTHE, CLYTEMNESTRE, ÉLECTRE.

ÉLECTRE.

Il paraît, l'inhumain ! A cette affreuse vue,
Des plus cruels transports je me sens l'ame émue.

ÉGISTHE, *à Clytemnestre.*

Madame, quel malheur, troublant votre sommeil,
Vous a fait, de si loin, devancer le soleil?
Quel trouble vous saisit, et quel triste présage
Couvre encor vos regards d'un si sombre nuage?
Mais Électre avec vous! que fait-elle en ces lieux?
Auriez-vous pu fléchir ce cœur audacieux ?
A mes justes désirs aujourd'hui moins rebelle,
A l'hymen de mon fils Electre consent-elle?
Voit-elle sans regret préparer ce grand jour,
Qui doit combler d'Itys et les vœux et l'amour?

ÉLECTRE.

Oui, tu peux désormais en ordonner la fête ;
Pour cet heureux hymen ma main est toute prête.
Je n'en veux disposer qu'en faveur de ton sang,
Et je la garde à qui te percera le flanc.

(*elle sort*)

ÉGISTHE.

Cruelle! si mon fils n'arrêtait ma vengeance,
J'éprouverais bientôt jusqu'où va ta constance.

SCÈNE VIII.

ÉGISTHE, CLYTEMNESTRE.

CLYTEMNESTRE.

Seigneur, n'irritez point son orgueil furieux.
Si vous saviez les maux que m'annoncent les dieux...
J'en frémis. Non, jamais le ciel impitoyable
N'a menacé nos jours d'un sort plus déplorable.

Deux fois mes sens frappés par un triste réveil,
Pour la troisième fois se livraient au sommeil,
Quand j'ai cru, par des cris terribles et funèbres,
Me sentir entraîner dans l'horreur des ténèbres.
Je suivais malgré moi de si lugubres cris ;
Je ne sais quels remords agitaient mes esprits :
Mille foudres grondaient dans un épais nuage,
Qui semblait cependant céder à mon passage.
Sous mes pas chancelans un gouffre s'est ouvert,
L'affreux séjour des morts à mes yeux s'est offert.
A travers l'Achéron, la malheureuse Electre,
A grands pas, où j'étais, semblait guider un spectre.
Je fuyais : il me suit. Ah ! seigneur, à ce nom
Mon sang se glace : hélas, c'était Agamemnon.
« Arrête, m'a-t-il dit d'une voix formidable,
» Voici de tes forfaits le terme redoutable.
» Arrête, épouse indigne, et frémis de ce sang
» Que le cruel Égisthe a tiré de mon flanc. »
Ce sang, qui ruisselait d'une large blessure,
Semblait, en s'écoulant, pousser un long murmure.
A l'instant j'ai cru voir aussi couler le mien :
Mais, malheureux, à peine a-t-il touché le sien,
Que j'en ai vu renaître un monstre impitoyable,
Qui m'a lancé d'abord un regard effroyable.
Deux fois le Styx, frappé par ses mugissemens,
A long-temps répondu par des gémissemens.
Vous êtes accouru ; mais le monstre en furie,
D'un seul coup, à mes pieds vous a jeté sans vie,
Et m'a ravi la mienne avec le même effort,
Sans me donner le temps de sentir votre mort.

ÉGISTHE.

Je conçois la douleur où la crainte vous plonge.
Un présage si noir n'est cependant qu'un songe,
Que le sommeil produit, et nous offre au hasard,
Où bien plus que les dieux nos sens ont souvent part.
Pourrais-je craindre un songe à vos yeux si funeste,
Moi qui ne compte plus d'autre ennemi qu'Oreste ?
Au gré de sa fureur qu'il s'arme contre nous,
Je saurai lui porter d'inévitables coups.
Ma haine à trop haut prix vient de mettre sa tête,

Pour redouter encor les malheurs qu'il m'apprête.
C'est en vain que Samos la défend contre moi ;
Qu'elle tremble, à son tour, pour elle et pour son roi.
Athènes, désormais, de ses pertes lassée,
Nous menace bien moins qu'elle n'est menacée ;
Et le roi de Corinthe, épris plus que jamais,
Me demande aujourd'hui ma fille avec la paix.
Quel que soit son pouvoir, quoi qu'il en ose attendre,
Sans la tête d'Oreste il n'y faut point prétendre.
D'ailleurs, pour cet hymen le ciel m'offre une main,
Dont j'attends pour moi-même un secours plus certain.
Ce héros, défenseur de toute ma famille,
Est celui qu'en secret je destine à ma fille.
Ainsi je ne crains plus qu'Électre et sa fierté,
Ses reproches, ses pleurs, sa fatale beauté,
Les transports de mon fils ; mais s'il peut la contraindre
A recevoir sa foi, je n'aurai rien à craindre ;
Et la main que prétend employer mon courroux,
Mettra bientôt le comble à mes vœux les plus doux.

SCÈNE IX.

IPHIANASSE, MÉLITE, CLYTEMNESTRE, ÉGISTHE.

ÉGISTHE.

Mais ma fille paraît. Madame, je vous laisse ;
Et je vais travailler au repos de la Grèce.

SCÈNE X.

CLYTEMNESTRE, IPHIANASSE, MÉLITE.

IPHIANASSE.

On dit qu'un noir présage, un songe plein d'horreur,
Madame, cette nuit a troublé votre cœur.
Dans le tendre respect qui pour vous m'intéresse,
Je venais partager la douleur qui vous presse.

CLYTEMNESTRE.

Princesse, un songe affreux a frappé mes esprits :
Mon cœur s'en est troublé, la frayeur l'a surpris.
Mais pour en détourner les funestes auspices,
Ma main va l'expier par de prompts sacrifices.

SCÈNE XI.

IPHIANASSE, MÉLITE.

IPHIANASSE.

Mélite, plût au ciel qu'en proie à tant d'ennuis,
Un songe seul eût part à l'état où je suis !
Plût au ciel que le sort, dont la rigueur m'outrage,
N'eût fait que menacer !

MÉLITE.

      Madame, quel langage !
Quel malheur de vos jours a troublé la douceur,
Et la constante paix que goûtait votre cœur ?

IPHIANASSE.

Tes soins n'ont pas toujours conduit Iphianasse ;
Et ce calme si doux a bien changé de face.
Quelques jours malheureux, écoulés sans te voir,
D'un cœur qui s'ouvre à toi font tout le désespoir.

MÉLITE.

A finir nos malheurs, quoi ! lorsque tout conspire,
Qu'un roi jeune et puissant à votre hymen aspire,
Votre cœur désolé se consume en regrets :
Quels sont vos déplaisirs ? ou quels sont vos souhaits ?
Corinthe, avec la paix vous demande pour reine :
Ce grand jour doit former une si belle chaîne.

IPHIANASSE.

Plût aux dieux que ce jour qui te paraît si beau,
Dût des miens, à tes yeux, éteindre le flambeau !
Mais lorsque tu sauras mes mortelles alarmes,
N'irrite point mes maux, et fais grace à mes larmes,
Il te souvient encor de ces temps où, sans toi,

Nous sortîmes d'Argos à la suite du roi,
Tout semblait menacer le trône de Mycènes,
Tout cédait aux deux rois de Corinthe et d'Athènes.
Pour retarder du moins un si cruel malheur;
Mon frère, sans succès, fit briller sa valeur :
Egisthe fut défait et trop heureux encore
De pouvoir se jeter dans les murs d'Épidaure.
Tu sais tout ce qu'alors fit pour nous ce héros,
Qu'Itys avait sauvé de la fureur des flots.
Peins-toi le dieu terrible adoré dans la Thrace;
Il en avait du moins et les traits et l'audace.
Quels exploits ! non, jamais, avec plus de valeur,
Un mortel n'a fait voir ce que peut un grand cœur :
Je le vis; et le mien, illustrant sa victoire,
Vaincu, quoique en secret, mit le comble à sa gloire;
Heureuse, si mon âme, en proie à tant d'ardeur,
Du crime de ses feux faisait tout son malheur !
Mais hier je revis ce vainqueur redoutable
A peine s'honorer d'un accueil favorable.
De mon coupable amour l'art déguisant la voix;
En vain sur sa valeur je le louai cent fois;
En vain, de mon amour flattant la violence,
Je fis parler mes yeux et ma reconnaissance.
Il soupire, Mélite ; inquiet et distrait,
Son cœur paraît frappé d'un déplaisir secret.
Sans doute il aime ailleurs : et, loin de se contraindre...
Que dis-je, malheureuse ! est-ce à moi de m'en plaindre ?
Esclave d'un haut rang, victime du devoir,
De mon indigne amour quel peut être l'espoir ?
Ai-je donc oublié tout ce qui nous sépare ?
N'importe, détournons l'hymen qu'on me prépare ;
Je ne puis y souscrire. Allons trouver le roi :
Faisons tout pour l'amour, s'il ne fait rien pour moi.

FIN DU PREMIER ACTE.

ACTE II.

SCÈNE Iʳᵉ.

TYDÉE, ANTÉNOR.

TYDÉE.

EMBRASSE-MOI, reviens de ta surprise extrême.
Oui, mon cher Anténor, c'est Tydée, oui, lui-même,
Tu ne te trompes point.

ANTÉNOR.

      Vous, seigneur, en ces lieux
Parmi des ennemis défians, furieux !
Au plaisir de vous voir, ciel ! quel trouble succède !
Dans le palais d'Argos le fils de Palamède,
D'une pompeuse cour attirant les regards,
Et de vœux et d'honneurs comblé de toutes parts !
Je sais jusques où va la valeur de Tydée :
D'un heureux sort toujours qu'elle fut secondée :
Mais ce n'est pas ici qu'on doit la couronner.
A la cour d'un tyran...

TYDÉE.

      Cesse de t'étonner.
Le vainqueur des deux rois de Corinthe et d'Athènes,
Le guerrier défenseur d'Égysthe et de Mycènes,
N'est autre que Tydée.

ANTÉNOR.

      Et quel est votre espoir ?

TYDÉE.

Avant que d'éclaircir ce que tu veux savoir,
Dans ce fatal séjour dis-moi ce qui t'amène ?
Que dit-on à Samos ? Que fait l'heureux Thyrrène ?

ANTÉNOR.

Ce grand roi, qui chérit Oreste avec transport,
Depuis plus de six mois, incertain de son sort,
Alarmé chaque jour et du sien et du vôtre,

M'envoie en ces climats vous chercher l'un et l'autre.
Mais puisque je vous vois, tous mes vœux sont comblés.
Le fils d'Agamemnon... Seigneur, vous vous troublez?
Malgré tous les honneurs qu'ici l'on vous adresse,
Vos yeux semblent voilés d'une sombre tristesse.
De tout ce que je vois mon esprit éperdu...

TYDÉE.

Anténor, c'en est fait : Tydée a tout perdu.

ANTÉNOR.

Seigneur, éclaircissez ce terrible mystère.

TYDÉE.

Oreste est mort.

ANTÉNOR.

Grands dieux !

TYDÉE.

                        Et je n'ai plus de père.

ANTÉNOR.

Palamède n'est plus! Ah! destin rigoureux !
Et qui vous l'a ravi? par quel malheur affreux...

TYDÉE.

Tu sais ce qu'en ces lieux nous venions entreprendre ;
Tu sais que Palamède, avant que de s'y rendre ;
Ne voulut point tenter son retour dans Argos,
Qu'il n'eût interrogé l'oracle de Délos.
A de si justes soins on souscrivit sans peine :
Nous partîmes comblés des bienfaits de Thyrrène ;
Tout nous favorisait : nous voguâmes long-temps,
Au gré de nos désirs, bien plus qu'au gré des vents :
Mais, signalant bientôt toute son inconstance,
La mer, en un moment, se mutine et s'élance.
L'air mugit, le jour fuit, une épaisse vapeur
Couvre d'un voile affreux les vagues en fureur,
La foudre, éclairant seule une nuit si profonde,
A sillons redoublés ouvre le ciel et l'onde,
Et, comme un tourbillon, embrassant nos vaisseaux,
Semble, en source de feu, bouillonner sur les eaux.
Les vagues, quelquefois, nous portant sur leurs cimes,
Nous font rouler après sous de vastes abîmes,

Crébillon.   7

Où les éclairs pressés, pénétrant avec nous,
Dans des gouffres de feu semblaient nous plonger tous.
Le pilote effrayé, que la flamme environne,
Aux rochers qu'il fuyait lui-même s'abandonne.
A travers les écueils notre vaisseau poussé,
Se brise, et nage enfin sur les eaux dispersé.
Dieux! que ne fis-je point, dans ce moment funeste,
Pour sauver Palamède, et pour sauver Oreste!
Vains efforts! la lueur qui partait des éclairs
Ne m'offrit que des flots de nos débris couverts;
Tout périt.

ANTÉNOR.

Eh! comment dans ce péril extrême,
Pûtes-vous au péril vous dérober vous-même?

TYDÉE.

Tout offrait à mes yeux l'inévitable mort :
Mais j'y courais en vain : la rigueur de mon sort
A de plus grands malheurs me réservait encore,
Et me jeta mourant vers les murs d'Épidaure.
Itys me secourut, et de mes tristes jours,
Malgré mon désespoir, il prolongea le cours.
Juge de ma douleur, quand je sus que ma vie
Etait le prix des soins d'une main ennemie,
Des périls de la mer Tydée enfin remis,
Une nuit allait fuir loin de ses ennemis,
Lorsque, la même nuit, d'un vainqueur en furie
Epidaure éprouva toute la barbarie.
Figure-toi les cris, le tumulte et l'horreur.
Dans ce trouble, soudain, je m'arme avec fureur;
Incertain du parti que mon bras devait prendre,
S'il faut presser Égisthe, ou s'il faut le défendre.
L'ennemi cependant occupait les remparts,
Et sur nous, à grands cris, fondait de toutes parts.
Le sort m'offrit alors l'aimable Iphianasse,
Et ma haine bientôt à d'autres soins fit place.
Ses pleurs, son désespoir, Itys près de périr,
Quels objets pour un cœur facile à s'attendrir!
Oreste ne vit plus : mais pour la sœur d'Oreste,
Il faut de ses états conserver ce qui reste,

Me disais-je à moi-même ; et, loin de l'accabler,
Secourir le tyran qu'on devait immoler.
Je chasserai plutôt Égisthe de Mycènes,
Que d'en chasser les rois de Corinthe et d'Athènes.
Par ce motif secret mon cœur déterminé,
Ou par des pleurs touchans bien plutôt entraîné,
Du soldat qui fuyait ranimant le courage,
A combattre, du moins, mon exemple l'engage ;
Et le vainqueur pressé, pâlissant à son tour,
Vers son camp à grands pas médite son retour.
Que ne peut la valeur où le cœur s'intéresse !
J'en fis trop, Anténor, je revis le princesse.
C'est t'en apprendre assez, le reste t'est connu.
D'un péril si pressant Égisthe revenu
Me comble de bienfaits, me charge de poursuivre
Deux rois épouvantés dont mon bras le délivre.
Je porte la terreur chez des peuples heureux ;
Et la paix va se faire aux dépens de mes vœux.

　　　　　　　ANTÉNOR.

Ah ! seigneur, fallait-il à l'amour trop sensible,
Armer pour un tyran votre bras invincible ?
Et que prétendez-vous d'un succès si honteux ?

　　　　　　　TYDÉE.

Anténor, que veux-tu ? Prends pitié de mes feux,
Plains mon sort : non, jamais on ne fut plus à plaindre.
Il est encor pour moi des maux bien plus à craindre.
Mais apprends des malheurs qui te feront frémir,
Des malheurs dont Tydée à jamais doit gémir.
Entraîné malgré moi dans ce palais funeste,
Par un désir secret de voir la sœur d'Oreste,
Hier, avant la nuit, j'arrive dans ces lieux ;
La superbe Mycène offre un temple à mes yeux :
Je cours y consulter le dieu qu'on y révère,
Sur mon sort, sur celui d'Oreste et de mon père,
Mais à peine aux autels je me fus prosterné,
Qu'à mon abord fatal tout parut consterné :
Le temple retentit d'un funèbre murmure ;
(Je ne suis cependant meurtrier ni parjure.)
J'embrasse les autels rempli d'un saint respect ;
Le prêtre épouvanté recule à mon aspect,

Et, sourd à mes souhaits, refuse de répondre :
Sous ses pieds et les miens tout semble se confondre.
L'autel tremble; le dieu se voile à nos regards,
Et de pâles éclairs s'arment de toutes parts.
L'antre ne nous répond qu'à grands coups de tonnerre
Que le ciel en courroux fait gronder sous la terre.
Je l'avoue, Anténor, je sentis la frayeur,
Pour la première fois, s'emparer de mon cœur.
A tant d'horreur enfin succède un long silence ;
Du dieu qui se voilait j'implore l'assistance.
« Ecoute-moi, grand dieu, sois sensible à mes cris;
» D'un ami malheureux, d'un plus malheureux fils,
» Dieu puissant m'écriai-je, exauce la prière;
» Daigne, sur ce qu'il craint, lui prêter ta lumière. »
Alors, parmi les pleurs et parmi les sanglots,
Une lugubre voix fit entendre ces mots:
« Cesse de me presser sur le destin d'Oreste ;
» Pour en être éclairci, tu m'implores en vain:
» Jamais destin ne fut plus triste et plus funeste.
» Redoute pour toi-même un semblable destin.
» Apaise cependant les mânes de ton père;
» Ton bras seul doit venger ce héros malheureux,
» D'une main qui lui fut bien fatale et bien chère !
» Mais crains, en le vengeant, le sort le plus affreux.
Une main qui lui fut bien fatale et bien chère!
Ma mère ne vit plus, et je n'ai point de frère.
Juste ciel ! et sur qui doit tomber mon courroux ?
De ces lieux cependant fuyons, arrachons-nous.
Allons trouver le roi... Mais je vois la princesse.
Ah! fuyons, mes malheurs, mon devoir, tout m'en presse
Partons, dérobons-nous la douceur d'un adieu.

SCÈNE II.

IPHIANASSE, TYDÉE, MÉLITE, ANTÉNOR

IPHIANASSE.

(à *Mélite.*)   (à *Tydée.*)

Ah ! Mélite, que vois-je? On disait qu'en ce lieu,

En ce moment, seigneur, mon père devait être.
Je croyais...

TYDÉE.

En effet, il y devait paraître.
Madame, même soin nous conduisait ici;
Vous y cherchez le roi, je l'y cherchais aussi.
Pénétré des bienfaits qu'Égiste me dispense,
Je venais plein de zèle et de reconnaissance,
Rendre grace à la main qui les répand sur moi,
Et dans le même temps prendre congé du roi.

IPHIANASSE,

Le départ aura lieu, seigneur, de le surprendre :
Moi-même, en ce moment, j'ai peine à le comprendre.
Et pourquoi de ces lieux vous bannir aujourd'hui,
Et dépouiller l'état de son plus ferme appui?
Vous le savez, la paix n'est pas encor jurée :
La victoire, sans vous, serait-elle assurée?

TYDÉE.

Oui, madame; et vos yeux n'ont-ils pas tout soumis?
Le roi peut-il encor craindre des ennemis?
Que ne vaincrez-vous point? quelle haine obstinée
Tiendrait contre l'espoir d'un illustre hyménée?
Du bonheur qui l'attend Téléphonte charmé,
Sur cet espoir flatteur, a déjà désarmé;
Et, si j'en crois la cour, cette grande journée
Doit voir Iphianasse à son lit destinée.

IPHIANASSE.

Non, le roi de Corinthe en est en vain épris,
Si la tête d'Oreste en doit être le prix.

TYDÉE.

Quoi! la tête d'Oreste! Ah! la paix est conclue,
Madame, et de ces lieux ma fuite est résolue;
Vous n'avez plus besoin du secours de mon bras.
Ah! quel indigne prix met-on à vos appas?
Juste ciel! se peut-il qu'une loi si cruelle
Fasse de vous le prix d'une main criminelle?
Ainsi, dans sa fureur, le plus vil assassin
Pourra donc, à son gré, prétendre à votre main;

Lorsque avec tout l'amour qu'un doux espoir anime,
Un héros ne pourrait l'obtenir sans un crime ?
Ah ! si, pour se flatter de plaire à vos beaux yeux,
Il suffisait d'un bras toujours victorieux,
Peut-être à ce bonheur aurais-je pu prétendre.
Avec quelque valeur et le cœur le plus tendre,
Quels efforts, quels travaux, quels illustres projets,
N'eût point tenté ce cœur charmé de vos attraits ?

IPHIANASSE.

Seigneur !

TYDÉE.

Je le vois bien, ce discours vous offense.
Je n'ai pu vous revoir et garder le silence.
Mais je vais m'en punir par un exil affreux,
Et cacher loin de vous un amant malheureux,
Qui, trop plein d'un amour qu'Iphianasse inspire,
En dit moins qu'il ne sent, mais plus qu'il n'en doit dire.

IPHIANASSE.

J'ignore quel dessein vous a fait révéler
Un amour que l'espoir semble avoir fait parler.
Mais, seigneur, je ne puis recevoir sans colère
Ce téméraire aveu que vous osez me faire.
Songez qu'on n'ose ici se déclarer pour moi,
Sans la tête d'Oreste ou le titre de roi ;
Qu'un amant comme vous, quelque feu qui l'inspire,
Doit soupirer, du moins, sans oser me le dire.

SCÈNE III.

TYDÉE, ANTÉNOR.

TYDÉE.

Qu'ai-je dit ? où laissé-je égarer mes esprits ?
Moi parler, pour me voir accabler de mépris !
Les ai-je mérités, cruelle Iphianasse ?
Mais quel était l'espoir de ma coupable audace ?
Que venais-je chercher dans ce cruel séjour ?
Moi, dans la cour d'Argos entraîné par l'amour !
Rappelons ma fureur. Oreste, Palamède...

Ah! contre tant d'amour, inutile remède !
Que servent ces grands noms, dans l'état où je suis,
Qu'à me couvrir de honte, et m'accabler d'ennuis
Ah! fuyons, Anténor ; et, loin d'une cruelle,
Courons où mon devoir, où l'oracle m'appelle.
Ne laissons point jouir de tout mon désespoir
Des yeux indifférens que je ne dois plus voir.

SCÈNE IV.

ÉGISTHE, TYDÉE, ANTÉNOR.

TYDÉE.

Le roi vient ; dans mon trouble il faut que je l'évite.

ÉGISTHE, *à Tydée.*

Demeurez, et souffrez qu'envers vous je m'acquitte.
Ainsi que le héros brille par ses exploits,
La grandeur des bienfaits doit signaler les rois.
Tout parle du guerrier qui prit notre défense ;
Mais rien ne parle encor de ma reconnaissance.
Il est temps cependant que mes heureux sujets,
Témoins de sa valeur, le soient de mes bienfaits.
Que pourriez-vous penser, et que dirait la Grèce ?
Mais quoi ! vous soupirez ; quelle douleur vous presse !
Malgré tous vos efforts, elle éclate, seigneur ;
Un déplaisir secret trouble votre grand cœur :
Même ici mon abord a paru vous surprendre.
Avez-vous des secrets que je ne puisse apprendre ?

TYDÉE.

De tels secrets, seigneur, sont peu dignes de vous ;
Je crains peu qu'un grand roi puisse en être jaloux.
Permettez cependant qu'à mon devoir fidèle,
Je retourne en des lieux où ce devoir m'appelle.
J'ai fait peu pour Égisthe ; et de quelque succès
Sa bonté chaque jour s'acquitte avec excès.
S'il est vrai que mon bras eut part à la victoire,
Il suffit à mon cœur d'en partager la gloire.
Ne m'arrêtez donc plus sur l'espoir des bienfaits ;
Les vôtres n'ont-ils pas surpassé nos souhaits ?

J'en suis comblé, seigneur, mon ame est satisfaite;
Je ne demande plus qu'une libre retraite.

ÉGISTHE.

Un intérêt trop cher s'oppose à ce départ :
Argos perdrait en vous son plus ferme rempart.
Des héros tels que vous, sitôt qu'on les possède,
Sont pour les plus grands rois, d'un prix à qui tout cède.
Heureux, si je pouvais, par les plus forts liens,
Attacher pour jamais vos intérêts aux miens !
Je vous dois le salut de toute ma famille,
Et ne veux point, sans vous, disposer de ma fille.

TYDÉE, *à part.*

Ciel ! où tend ce discours ?

ÉGISTHE.

                Oui, seigneur, c'est en vain
Qu'avec la paix un roi me demande sa main :
Quelque éclatant que soit un pareil hyménée,
Au sort d'un autre époux ma fille est destinée.
Sûr de vaincre avec vous, je crains peu désormais
Tout le péril que suit le refus de la paix.
Il ne tient plus qu'à vous d'affermir ma puissance.
J'ai besoin d'une main qui serve ma vengeance,
Et qui fasse tomber dans l'éternelle nuit
L'ennemi déclaré que ma haine poursuit,
Qui me poursuit moi-même, et que mon cœur déteste.
Point d'hymen, quel qu'il soit, sans la tête d'Oreste.
Ma fille est à ce prix; et cet effort si grand,
Ce n'est que de vous seul que ma haine l'attend.

TYDÉE.

De moi, seigneur? de moi! juste ciel !

ÉGISTHE.

                De vous-même,
Calmez de ce transport la violence extrême.
Quelle horreur vous inspire un si juste dessein ?
Je demande un vengeur, et non un assassin.
Lorsque, pour détourner ma mort qu'il a jurée,
J'exige tout le sang du petit-fils d'Atrée,
Je n'ai point prétendu, seigneur, que votre bras

fît couler ailleurs qu'au milieu des combats.
ste voit partout voler sa renommée,
Grèce en est remplie, et l'Asie alarmée ;
exploits seuls devraient vous en rendre jaloux ;
l le seul ennemi qui soit digne de vous.
rez donc l'immoler ; c'est la seule victoire,
ni tant de lauriers, qui manque à votre gloire.
es un mot, seigneur, soldats et matelots
ont prêts, avec vous, à traverser les flots.
ma fille est un bien qui vous paraisse digne
porter votre cœur à cet effort insigne,
r vous associer à ce rang glorieux,
e consulte point quels furent vos aïeux.
squ'on a les vertus que vous faites paraître,
est du sang des dieux, ou digne au moins d'en être.
oi qu'il en soit, seigneur, pour servir mon courroux,
e veux qu'un héros, et je le trouve en vous.
serais-je flatté d'une vaine espérance,
and j'ai fondé sur vous l'espoir de ma vengeance ?
ns ne répondez point. Ah ! qu'est-ce que je voi ?

TYDÉE.

juste horreur du coup qu'on exige de moi.
is il faut aujourd'hui, par plus de confiance,
er de votre cœur l'affreuse confidence.
tre fille, seigneur, est d'un prix, à mes yeux,
-dessus des mortels, digne même des dieux.
vous dirai bien plus, j'adore Iphianasse ;
ut mon respect n'a pu surmonter mon audace ;
l'aime avec transport, mon trop sensible cœur
ut à peine suffire à cette vive ardeur :
ais quand, avec l'espoir d'obtenir ce que j'aime,
univers m'offrirait la puissance suprême,
ntre votre ennemi bien loin d'armer mon bras,
ne sais point quel sang je ne répandrais pas.
evenez d'une erreur à tous les deux funeste.
ui ? moi ; grands dieux ! qui ? moi vous immoler Oreste !
h ! quand vous le croyez seul digne de mes coups,
avez-vous qui je suis ? et me connaissez-vous ?
uand même ma vertu n'aurait pu l'en défendre,
eût-il pas eu pour lui l'amitié la plus tendre ?

Ah ! plût aux dieux cruels, jaloux de ce héros,
Aux dépens de mes jours, l'avoir sauvé des flots!
Mais hélas! c'en est fait; Oreste et Palamède...

ÉGISTHE.

Ils sont morts? Quelle joie à mes craintes succède !
Grands dieux! qui me rendez le plus heureux des r
Qui pourra m'acquitter de ce que je vous dois?
Mon ennemi n'est plus! ce que je viens d'entendre
Est-il bien vrai, seigneur? Daignez au moins m'appren
Comment le juste ciel a terminé son sort,
En quels lieux, quels témoins vous avez de sa mort.

TYDÉE.

Mes pleurs. Mais, au transport dont votre ame est épr
Je me repens déjà de vous l'avoir apprise.
Vous voulez de son sort en vain vous éclaircir,
Il me fait trop d'horreur, à vous trop de plaisir;
Je ne ressens que trop sa perte déplorable,
Sans m'imposer encor un récit qui m'accable.

ÉGISTHE.

Je ne vous presse plus, seigneur, sur ce récit?
Oreste ne vit plus : son trépas me suffit :
Votre pitié pour lui n'a rien dont je m'offense ;
Et quand le ciel, sans vous, a rempli ma vengeance,
Puisque c'est vous du moins qui me l'avez appris,
Je crois vous en devoir toujours le même prix.
Je vous l'offre, acceptez-le ; aimons-nous l'un et l'autr
Vous fîtes mon bonheur, je veux faire le vôtre.
Sur le trône d'Argos désormais affermi,
Qu'Égisthe en vous, seigneur, trouve un gendre, un am
Si sur ce choix votre ame est encore incertaine,
Je vous laisse y penser, et je cours chez la reine.

SCÈNE V.

TYDÉE, ANTÉNOR.

TYDÉE.

Et moi, de toutes parts, de remords combattu,
Je vais, sur mon amour, consulter ma vertu.

FIN DU SECOND ACTE.

ACTE III.

SCÈNE Ire.

TYDÉE, *seul.*

ÉLECTRE veut me voir ! Ah ! mon ame éperdue
Ne soutiendra jamais ni ses pleurs, ni sa vue.
Trop infidèle ami du fils d'Agamemnon,
Oserai-je en ces lieux lui déclarer mon nom ;
Lui dire que je suis le fils de Palamède ;
Qu'aux devoirs les plus saints un lâche amour succède ;
Qu'Oreste me fut cher ; que, de tant d'amitié,
L'amour me laisse à peine un reste de pitié ;
Que, loin de secourir une triste victime,
J'abandonne sa sœur au tyran qui l'opprime ;
Que cette même main, qui dut trancher ses jours,
Par un coupable effort en prolonge le cours ;
Et que, prête à former des nœuds illégitimes,
Peut-être cette main va combler tous mes crimes ;
Qu'elle n'a désormais qu'à répandre en ces lieux
Le reste infortuné d'un sang si précieux ?
Mais serait-ce trahir les mânes de son frère,

Que de vouloir d'Électre adoucir la misère ?
D'Iphianasse enfin si je deviens l'époux,
Je puis, dans ses malheurs, lui faire un sort plus doux.
D'ailleurs, un roi puissant m'offre son alliance ;
Je n'ai, pour l'obtenir, dignité ni naissance.
Que me sert ma valeur, étant ce que je suis,
Si ce n'est pour jouir d'un sort ?... Lâche, poursuis.
Je ne m'étonne plus si les dieux te punissent ;
A ton fatal aspect si les autels frémissent.
Ah ! cesse sur l'amour d'excuser le devoir :
Pour être vertueux, on n'a qu'à le vouloir.
D'Électre, en ce moment, faible cœur cours l'apprendre
Qu'attends-tu ? que l'amour vienne encor te surprendre
Qu'un feu.

SCÈNE II.

ÉLECTRE, TYDÉE.

TYDÉE, *à lui-même.*

MAIS quel objet se présente à mes yeux
Dieux ! quels tristes accens font retentir ces lieux !
C'est une esclave en pleurs, hélas ! qu'elle a de charmes !
Que mon ame en secret s'attendrit à ses larmes !
Que je me sens touché de ses gémissemens !
Ah ! que les malheureux éprouvent de tourmens !

ÉLECTRE, *à part.*

Dieux puissans, qui l'avez si long-temps poursuivie,
Epargnez-vous encor une mourante vie ?
Je ne le verrai plus, inexorables dieux !
D'une éternelle nuit couvrez mes tristes yeux.

TYDÉE, *à Électre.*

Je sens qu'à votre sort la pitié m'intéresse,
Ne pourrai-je savoir quelle douleur vous presse ?

ÉLECTRE.

Hélas ! qui ne connaît mon nom et mes malheurs ?
Et qui peut ignorer le sujet de mes pleurs ?
Un désespoir affreux est tout ce qui me reste.
O déplorable sang ! ô malheureux Oreste !

TYDÉE.

Ah ! juste ciel ! quel nom avez-vous prononcé !
A vos pleurs, à ce nom que mon cœur est pressé !
Qu'il porte à ma pitié de sensibles atteintes !
Ah ! je vous reconnais à de si tendres plaintes.
Malheureuse princesse, est-ce vous que je voi ?
Électre, en quel état vous offrez-vous à moi !

ÉLECTRE.

Et qui donc s'attendrit pour une infortunée,
A la fureur d'Égisthe, aux fers abandonnée ?
Mais Oreste, seigneur, vous était-il connu ?
A mes pleurs, à son nom, votre cœur s'est ému.

TYDÉE.

Dieux ! s'il m'était connu ? Mais dois-je vous l'apprendre,
Après avoir trahi l'amitié la plus tendre ?
Dieux ! s'il m'était connu ce prince généreux ?
Ah, madame ! c'est moi qui de son sort affreux
Viens de répandre ici la funeste nouvelle.

ÉLECTRE.

Il est donc vrai, seigneur ? et la parque cruelle
M'a ravi de mes vœux et l'espoir et le prix ?
Mais, quel étonnement vient frapper mes esprits !
Vous qui montrez un cœur à mes pleurs si sensible,
N'êtes-vous pas, seigneur, ce guerrier invincible,
D'un tyran odieux trop zélé défenseur ?
Qui peut donc, pour Électre, attendrir votre cœur ?
Pouvez-vous bien encor plaindre ma destinée,
Tout rempli de l'espoir d'un fatal hyménée ?

TYDÉE.

Eh ! que diriez-vous donc si mon indigne cœur,
De ses coupables feux vous découvrait l'horreur ?
De quel œil verriez-vous l'ardeur qui me possède,
Si vous voyiez en moi le fils de Palamède ?

ÉLECTRE.

De Palamède ! vous ? qu'ai-je entendu, grands dieux !
Mais vous ne l'êtes point, Tydée est vertueux ;
Il n'eût point fait rougir les mânes de son père ;
Il n'aurait point trahi l'amitié de mon frère,

Ma vengeance , mes pleurs , ni le sang dont il sort.
Si vous étiez Tydée ; Égisthe serait mort ;
Bien loin de consentir à l'hymen de sa fille ,
Il eût de ce tyran immolé la famille.
De Tydée , il est vrai , vous avez la valeur ;
Mais vous n'en avez pas la vertu ni le cœur.

TYDÉE.

A mes remords , du moins , faites grace , madame.
Il et vrai , j'ai brûlé d'une coupable flamme ;
Il n'est point de devoirs plus sacrés que les miens ;
Mais l'amour connaît-il d'autres droits que les siens ?
Ne me reprochez point le feu qui me dévore ,
Ni tout ce que mon bras a fait dans Épidaure.
J'ai dû tout immoler à votre inimitié ;
Mais que ne peut l'amour , que ne peut l'amitié ?
Itys allait périr , je lui devais la vie ;
Sa mort bientôt d'une autre aurait été suivie.
L'amour et la pitié confondirent mes coups ;
Tydée , en ce moment , crut combattre pour vous.
D'ailleurs , à la fureur de Corinthe et d'Athènes
Pouvais-je abandonner le trône de Mycènes ?

ÉLECTRE.

Juste ciel ! et pour qui l'avez-vous conservé ?
Cruel ! si c'est pour moi que vous l'avez sauvé ,
Venez donc de ce pas , immoler un barbare ;
Il n'est point de forfaits que ce coup ne répare.
Oreste ne vit plus ; achevez aujourd'hui
Tout ce qu'il aurait fait pour sa sœur et pour lui.
A l'aspect de mes fers êtes vous sans colère ?
Est-ce ainsi que vos soins me rappellent mon frère ?
Ne m'offrirez-vous plus , pour essuyer mes pleurs ,
Que la main qui combat pour mes persécuteurs ?
Cessez de m'opposer une funeste flamme.
Si je vous laissais voir jusqu'au fond de mon ame ,
Votre cœur , excité par l'exemple du mien ,
Détesterait bientôt un indigne lien ;
D'un cœur que , malgré lui , l'amour a pu séduire ,
Il apprendrait , du moins , comme un grand cœur soupire.
Vous y verriez l'amour , esclave du devoir ,

aguir parmi les pleurs, sans force et sans pouvoir.
upé, comme moi, d'un soin plus légitime,
es-vous des vertus de votre propre crime.
sort qui me poursuit pour détourner les coups,
a, je n'ai plus ici d'autre frère que vous.
n frère est mort, c'est vous qui devez me le rendre,
s qu'un serment affreux engage à me défendre.
! cruel ! cette main, si vous m'abandonnez,
trancher, à vos yeux, mes jours infortunés.

TYDÉE.

, vous abandonner ! ah ! quelle ame endurcie
des pleurs si touchans ne serait adoucie !
, vous abandonner ! plutôt mourir cent fois :
ez mieux d'un ami dont Oreste fit choix.
onçois, quand je vois les yeux de ma princesse,
qu'où peut d'un amant s'étendre la faiblesse.
s, quand je vois vos pleurs, je conçois encor mieux
que peut le devoir sur un cœur vertueux.
rvu que votre haine épargne Iphianasse,
'est rien que pour vous ne tente mon audace.
ne sais; mais je sens qu'à l'aspect de ces lieux
sthe, à chaque instant, me devient odieux.

ÉLECTRE.

'ardeur dont enfin ma haine est secondée,
ce noble transport, je reconnais Tydée.
lgré tous mes malheurs, que ce moment m'est doux !
pourrai donc venger... Mais quelqu'un vient à nous.
faut que je vous quitte; on pourrait nous surprendre.
secret chez Arcas, seigneur, daignez vous rendre.
l espoir que le ciel m'ait laissé dans mes maux,
urez, en me vengeant, signaler un héros,
ur peu qu'à ma douleur votre cœur s'intéresse.

SCÈNE III.

TYDÉE, *seul*.

ais qui venait à nous ?

SCÈNE IV.

TYDÉE, IPHIANASSE, MÉLITE.

TYDÉE, *à lui-même.*

Ah ! dieux , c'est la princ
Quel dessein en ces lieux peut conduire ses pas ?
Dans le trouble où je suis , que lui dirai-je , hélas !
Que je crains les transports où mon ame s'égare ?

IPHIANASSE.

Quel trouble , à mon aspect , de votre cœur s'empa
Vous ne répondez point , seigneur ; je le vois bien
J'ai troublé la douceur d'un secret entretien.
Électre , comme vous , s'offensera peut-être
Qu'ici , sans son aveu , quelqu'un ôse paraître.
Elle semble , à regret , s'éloigner de ces lieux ;
La douleur qu'elle éprouve est peinte dans vos yeu
Interdit et confus... Quel est donc ce mystère ?

TYDÉE.

Madame , vous savez qu'elle a perdu son frère ,
Que c'est moi seul qui viens d'en informer le roi ,
Électre a souhaité s'en instruire par moi.
Mon cœur , toujours sensible au sort des misérables
N'a pu , sans s'attendrir à ses maux déplorables ,
Après le coup affreux qui vient de la frapper...

IPHIANASSE.

N'est-il que sa douleur qui vous doive occuper ?
Ce n'est pas que mon cœur veuille vous faire un cri
D'un soin que ses malheurs rendent si légitime ;
Mais , seigneur , je ne sais si ce soin dangereux ,
A dû seul vous toucher , quand tout flatte vos vœux

TYDÉE.

Non , des bontés du roi mon ame énorgueillie
Ne se méconnaît point , quand lui-même il s'oublie.
S'il descend jusqu'à moi pour le choix d'un époux ,
Mon respect me défend l'espoir d'un bien si doux ;
Et telle est de mon sort la rigueur infinie ,

Que, lorsqu'à mon destin vous devez être unie,
Votre rang, ma naissance, un barbare devoir,
Tout défend à mon cœur un si charmant espoir.

IPHIANASSE.

Je comprends la rigueur d'un devoir si barbare,
Et conçois mieux que vous tout ce qui nous sépare :
Plus que vous ne voulez, j'entrevois vos raisons.
Si ma fierté pouvait descendre à des soupçons...
Mais non, sur votre amour que rien ne vous contraigne,
Je ne vois rien en lui que mon cœur ne dédaigne.
Cependant à mes yeux, fier de cet attentat,
Gardez-vous, pour jamais, de montrer un ingrat.

SCÈNE V.

TYDÉE, *seul.*

Qu'AI-JE fait, malheureux! y pourrai-je survivre!
Mais quoi! l'abandonner! non, non, il faut la suivre.
Allons. Qui peut encor m'arrêter en ces lieux?
Courons où mon amour...

SCÈNE VI.

PALAMEDE, TYDÉE.

TYDÉE.

Que vois-je? justes dieux!
O sort, à tes rigueurs quelle douceur succéde!
O mon père, est-ce vous? est-ce vous, Palamède?

PALAMÈDE.

Embrassez-moi, mon fils : après tant de malheurs,
Qu'il m'est doux de revoir l'objet de tant de pleurs!

TYDÉE.

S'il est vrai que les biens qui nous coûtent des larmes,
Doivent, pour un cœur tendre, avoir le plus de charmes ;
Hélas! après les pleurs que j'ai versés pour vous,
Que cet heureux instant me doit être bien doux!

Crébillon.   S

Ah ! seigneur, qui m'eût dit qu'au moment qu'un oracle
Semblait mettre à mes vœux un éternel obstacle,
Palamède à mes yeux s'offrirait aujourd'hui,
Malgré le sort affreux dont j'ai tremblé pour lui ?
Est-ce ainsi que des dieux la suprême sagesse
Doit braver des mortels la crédule faiblesse ?
Mais puisque enfin ici j'ai pu vous retrouver,
Je vois bien que le ciel ne veut que m'éprouver ;
Qu'avec vous sa bonté va désormais me rendre
Un ami qu'avec vous je n'osais plus attendre.
Mais vous versez des pleurs ! Ah ! n'est-ce que pour lui,
Que les dieux sans détours s'expliquent aujourd'hui.

PALAMÈDE.

N'accusons point des dieux la sagesse suprême ;
Croyez, mon fils, croyez qu'elle est toujours la même :
Gardons-nous de vouloir, faibles et curieux,
Pénétrer des secrets qu'ils voilent à nos yeux.
Ils ont du moins parlé sans détour sur Oreste ;
Un triste souvenir est tout ce qui m'en reste.
J'ai vu ses yeux couverts des horreurs du trépas ;
Je l'ai tenu long-temps mourant entre mes bras.
Sa perte de la mienne allait être suivie,
Si l'intérêt d'un fils n'eût conservé ma vie ;
Si j'eusse, dans l'horreur d'un transport furieux,
Soupçonné, comme vous, la sagesse des dieux.
Conduit par elle seule au sein de la Phocide,
Cette même sagesse auprès de vous me guide ;
Trop heureux désormais si le sort moins jaloux
M'eût rendu tout entier mon espoir le plus doux !
Mais hélas ! que le ciel, qui vers vous me renvoie,
Mêle dans ce moment d'amertume à ma joie !
D'un fils que j'admirais que mon fils est changé !
Tydée, Oreste est mort ; Oreste est-il vengé ?
Depuis quel temps, si près de l'objet de ma haine,
Arrêtez-vous vos pas à la cour de Mycènes ?
Arcas ne m'a point dit que vous fussiez ici ;
Mon fils, d'où vient qu'Arcas n'en est point éclairci ?
Pourquoi ne le point voir ? Vous connaissiez son zèle,
Deviez-vous vous cacher à cet ami fidèle ?
Parlez enfin, que loin vous retient en des lieux

Où vous n'osez punir un tyran odieux ?

TYDÉE.

Prévenu des malheurs d'une tête si chère,
Ma première vengeance était due à mon père.
Mais, seigneur, n'est-ce point dans ces funestes lieux ,
Trop exposer des jours qu'ont respecté les dieux ?
N'est-ce point trop compter sur une longue absence,
Que d'oser s'y montrer avec tant d'assurance ?

PALAMÈDE.

Mon fils, j'ai tout prévu ; calmez ce vain effroi :
C'est à mes ennemis à trembler, non à moi.
Eh ! comment en ces lieux craindrais-je de paraître,
Moi que d'abord Arcas a paru méconnaître ,
Moi que devance ici le bruit de mon trépas ,
Moi dont enfin le ciel semble guider les pas ?
D'ailleurs, un sang si cher m'appelle à sa défense :
Que tout cède en mon cœur au soin de sa vengeance.
La sœur d'Oreste , en proie à ses persécuteurs ,
Doit, ce jour, éprouver le comble des horreurs.
Je viens, contre un tyran , prêt à tout entreprendre ,
Reconnaître les lieux où je veux le surprendre.
Puisqu'il faut l'immoler, ou périr cette nuit ,
Qu'importe à mes desseins le péril qui me suit ?
Mon fils, si même ardeur eût guidé votre audace ,
Vous n'auriez pas pour moi ce souci qui vous glace.
Comment dois-je expliquer vos regards interdits ?
Je ne trouve partout que des cœurs attiédis ;
Que des amis troublés sans force et sans courage ,
Accoutumés au joug d'un honteux esclavage.
Par ma présence en vain j'ai cru les rassembler ,
Un guerrier les retient et les fait tous trembler
Mais moi , seul au-dessus d'une crainte si vaine ,
Je prétends immoler ce guerrier à ma haine ;
C'est par là que je veux signaler mon retour.
Un défenseur d'Égisthe est indigne du jour.
Parlez, connaissez-vous ce guerrier redoutable ,
Pour le tyran d'Argos rempart impénétrable ?
Pourquoi sous vos efforts n'a-t-il pas succombé ?
Parlez, mon fils , qui peut vous l'avoir dérobé ?

Votre haute valeur, désormais ralentie,
Pour lui seul aujourd'hui s'est elle démentie?
Vous rougissez, Tydée! Ah! quel est mon effroi!
Je vous l'ordonne enfin, parlez, répondez-moi.
D'un désordre si grand que faut-il que je pense?

TYDÉE.

Ne pénétrez-vous point un si triste silence?

PALAMÈDE.

Qu'entends-je? quel soupçon vient s'offrir à mon cœur!
Quoi! mon fils!... dieux puissans, laissez-moi mon erreur.
Ah! Tydée! est-ce vous qui prenez la défense
De l'indigne ennemi que poursuit ma vengeance?
Puis-je croire qu'un fils ait prolongé les jours
Du cruel qui des miens cherche à trancher le cours?
Fallait-il vous revoir pour vous voir si coupable?

TYDÉE.

N'irritez point, seigneur, la douleur qui m'accable.
Votre vertu, toujours constante en ses projets,
Ne fait que redoubler l'horreur de mes forfaits.
Il suffit qu'à vos yeux la honte m'en punisse;
Ne m'en souhaitez pas un plus cruel supplice.
D'un malheureux amour ayez pitié, seigneur;
Le ciel, qui m'en punit avec tant de rigueur,
Sait les tourmens affreux où mon ame est en proie.
Mais vainement sur moi son courroux se déploie;
Je sens que les remords d'un cœur né vertueux
Souvent, pour le punir, vont plus loin que les dieux.

PALAMÈDE.

Qu'importe à mes desseins le remords qui l'agite?
Croyez-vous qu'envers moi le remords vous acquitte?
Perfide, il est donc vrai; je n'en puis plus douter,
Ni de votre innocence un moment me flatter.
Quoi! pour le sang d'Egisthe, aux yeux de Palamède,
Tydée ose avouer l'amour qui le possède!
S'il vous rend, malgré moi, criminel aujourd'hui,
Cette main vous rendra vertueux malgré lui.
Fils ingrat, c'est du sang de votre indigne amante
Qu'à vos yeux trop charmés je veux l'offrir fumante.

TYDÉE.

l faudra donc, avant que de verser le sien,
Commencer aujourd'hui par répandre le mien.
Puisqu'à votre courroux il faut une victime,
Frappez, seigneur, frappez : voilà l'auteur du crime.

PALAMÈDE.

Juste ciel ! se peut-il qu'à l'aspect de ces lieux,
Humans encor d'un sang pour lui si précieux,
Dans le fond de son cœur la voix de la nature
N'excite en ce moment ni trouble ni murmure ?

TYDÉE.

Et que m'importe à moi le sang d'Agamemnon ?
Quel intérêt si saint m'attache à ce grand nom ,
Pour lui sacrifier les transports de mon ame,
Et le prix glorieux qu'on propose à ma flamme ?
Et pourquoi votre fils lui doit-il immoler...

PALAMÈDE.

Si je disais un mot, je vous ferais trembler.
Vous n'êtes point mon fils, ni digne encor de l'être ?
Par d'autres sentimens vous le feriez connaître.
Mon fils infortuné : soumis, respectueux,
N'offrait à mon amour qu'un héros vertueux,
Et n'aurait point brûlé pour le sang de Thyeste ;
Un si coupable amour n'est digne que d'Oreste.
Mon fils de son devoir eût été plus jaloux.

TYDÉE.

Et quel est donc, seigneur, cet Oreste ?

PALAMÈDE.

                                    C'est vous.

ORESTE.

Oreste ! moi, seigneur ! Dieux, qu'entends-je ?

PALAMÈDE.

                              Oui, vous-même ,
Qui ne devez vos jours qu'à ma tendresse extrême.
Le traître, dont ici vous protégez le sang,
Aurait, sans moi, du vôtre épuisé votre flanc.
Ingrat, si désormais ma foi vous paraît vaine,

Retournez à Samos interroger Thyrrhène,
Instruit de votre sort, sa constante amitié
A secondé pour vous mes soins et ma pitié.
Il sait, pour conserver une si chère vie,
Par le tyran d'Argos sans cesse poursuivie,
Que, sous le nom d'Oreste, à des traits ennemis,
J'offris, sans balancer, la tête de mon fils.
C'est sous un nom si grand, que, de vengeance avide,
Il venait en ces lieux punir un parricide.
Je l'ai vu, ce cher fils, triste objet de mes vœux,
Mourir entre les bras d'un père malheureux.
J'ai perdu, pour vous seul, cette unique espérance,
Il est mort, j'en attends la même récompense.
Sacrifiez ma vie au tyran odieux,
A qui vous immolez des noms plus précieux.
Qu'à votre lâche amour tout autre intérêt cède;
Il ne vous reste plus qu'à livrer Palamède :
Il vivait pour vous seul, il serait mort pour vous;
C'en est assez, cruel, pour exciter vos coups.

ORESTE.

Poursuivez, ce transport n'est que trop légitime;
Egalez, s'il se peut, le reproche à mon crime.
Accablez-en, seigneur, un amour odieux,
Trop digne du courroux des hommes et des dieux.
Qui? moi! j'ai pu brûler pour le sang de Thyeste!
A quels forfaits, grands dieux, réservez-vous Oreste?
Ah! seigneur, je frémis d'une secrète horreur;
Je ne sais quelle voix crie au fond de mon cœur.
Hélas! malgré l'amour, qui cherche à le surprendre,
Mon père, mieux que vous, a su s'y faire entendre.
Courons, pour apaiser son ombre et mes remords,
Dans le sang d'un barbare éteindre mes transports.
Honteux de voir encor le jour qui nous éclaire,
Je m'abandonne à vous; parlez, que faut-il faire?

PALAMÈDE.

Arracher votre sœur à mille indignités;
Apaiser d'un grand roi les mânes irrités,
Les venger des fureurs d'une barbare mère:
Venir sur son tombeau, jurer à votre père

D'immoler son bourreau , d'expier aujourd'hui
Tout ce que votre bras osa tenter pour lui ;
Rassurer votre sœur , mais lui cacher son frère.
Ses craintes, ses transports trahiraient ce mystère;
L'ons offrir à ses yeux sous le nom de mon fils ;
Sous le vôtre , seigneur , assembler nos amis ;
Que vous dirai-je enfin ? contre un amour funeste
Reprendre, avec le nom, des soins dignes d'Oreste.

ORESTE.

Ne craignez point qu'Oreste , indigne de ce nom ,
Démente la fierté du sang d'Agamemnon.
Venez, si vous doutez qu'il méritât d'en être ,
Voir couler tout le mien , pour le mieux reconnaître.

FIN DU TROISIÈME ACTE.

ACTE IV.

SCÈNE Ire.

ÉLECTRE , *seule.*

Où laissé-je égarer mes vœux et mes esprits !
Juste ciel ! qu'ai-je vu ? mais , hélas ! qu'ai-je appris ?
Oreste ne vit plus ; tout veut que je le croie ,
Le trouble de mon cœur , les pleurs où je me noie.
Il est mort : cependant, si j'en crois à mes yeux,
Oreste vit encore, Oreste est en ces lieux.
Ma douleur m'entraînait au tombeau de mon père,
Pleurer auprès de lui mes malheurs et mon frère.
Qu'ai-je vu ! quel spectacle à mes yeux s'est offert !
Son tombeau de présens et de larmes couverts ;
Un fer, signe certain qu'une main se prépare
A venger ce grand roi des fureurs d'un barbare.

Quelle main s'arme encor contre ses ennemis ?
Qui jure ainsi leur mort, si ce n'est pas son fils ?
Ah ! je le reconnais à sa noble colère ;
Et c'est du moins ainsi qu'aurait juré mon frère.
Quelque ardent qu'il paraisse à venger nos malheurs,
Tydée eût-il couvert ce tombeau de ses pleurs ?
Ce ne sont point non plus les pleurs d'une adultère
Qui ne veut qu'insulter aux mânes de mon père :
Ce n'est que pour braver son époux et les dieux,
Qu'elle élève à sa cendre un tombeau dans ces lieux.
Non, elle n'a dressé ce monument si triste,
Que pour mieux signaler son amour pour Egisthe,
Pour lui rendre plus chers son crime et ses fureurs,
Et pour mettre le comble à mes vives douleurs.
Qu'ils tremblent cependant, ces meurtriers impies,
Qu'il semble que déjà poursuivent les furies.
J'ai vu le fer vengeur, Egisthe va périr ;
Mon frère ne revient que pour me secourir.
Flatteuse illusion, à qui l'effroi succède,
Puis-je encor soupçonner le fils de Palamède ?
Un témoin si sacré peut-il m'être suspect ?
On vient : c'est lui ; mon cœur s'émeut à son aspect.
Mon frère... Quel transport s'empare de mon ame !

SCÈNE II.

ÉLECTRE, ORESTE.

ÉLECTRE *à elle-même.*

MAIS, hélas ! il est seul.

ORESTE.

Je vous cherche, madame
Tout semble désormais servir votre courroux ;
Votre indigne ennemi va tomber sous nos coups.
Savez-vous quel héros vient à votre défense ?
Quelle main avec nous frappe d'intelligence ?
Le ciel à vos amis vient de joindre un vengeur
Que nous n'attendions plus.

ÉLECTRE.

Et quel est-il, seigneur ?

Que dis-je ? puis-je encor méconnaître mon frère ?
N'en doutons plus, c'est lui.

ORESTE.

            Madame, c'est mon père.

ÉLECTRE.

Votre père, seigneur ! et d'où vient qu'aujourd'hui
Oreste à mon secours ne vient point avec lui ?
Peut-il abandonner une triste princesse ?
Est-ce ainsi qu'à me voir son amitié s'empresse ?

ORESTE.

Vous le savez, Oreste a vu les sombres bords ;
Et l'on ne revient point de l'empire des morts.

ÉLECTRE.

Et n'avez-vous pas cru, seigneur, qu'avec Oreste
Palamède avait vu cet empire funeste ?
Il revoit cependant la clarté qui nous luit :
Mon frère est-il le seul que le destin poursuit ?
Vous-même, sans espoir de revoir le rivage,
Ne trouvâtes-vous pas un port dans le naufrage ?
Oreste, comme vous, peut en être échappé.
Il n'est point mort, seigneur, vous vous êtes trompé.
J'ai vu dans ce palais une marque assurée,
Que ces lieux ont revu le petit-fils d'Atrée.
Le tombeau de mon père encor mouillé de pleurs,
Qui les aurait versés ? Qui l'eût couvert de fleurs ?
Qui l'eût orné d'un fer ? Quel autre que mon frère
L'eût osé consacrer aux mânes de mon père ?
Mais quoi ! vous vous troublez ! Ah ! mon frère est ici,
Hélas ! qui mieux que vous en doit être éclairci ?
Ne me le cachez point, Oreste vit encore.
Pourquoi me fuir ? pourquoi vouloir que je l'ignore ?
J'aime Oreste, seigneur, un malheureux amour
N'a pu de mon esprit le bannir un seul jour ;
Rien n'égale l'ardeur qui pour lui m'intéresse.
Si vous saviez pour lui jusqu'où va ma tendresse,
Votre cœur frémirait de l'état où je suis,
Et vous termineriez mon trouble et mes ennuis.
Hélas ! depuis vingt ans que j'ai perdu mon père,

Crébillon.   9

N'ai-je donc pas assez éprouvé de misère ?
Esclave dans les lieux d'où le plus grand des rois
A l'univers entier semblait donner des lois,
Qu'a fait aux dieux cruels sa malheureuse fille ?
Quel crime contre Electre arme enfin sa famille !
Une mère en fureur la hait et la poursuit ;
Ou son frère n'est plus, ou le cruel la fuit.
Ah ! donnez-moi la mort, ou me rendez Oreste ;
Rendez-moi, par pitié, le seul bien qui me reste.

ORESTE.

Hé bien ! il vit encore, il est même en ces lieux ;
Gardez-vous cependant...

ÉLECTRE.

Qu'il paraisse à mes yeux.
Oreste, se peut-il qu'Electre te revoie ?
Montrez-le-moi ; dussé-je en expirer de joie.
Mais, hélas ! n'est-ce point lui-même que je voi ?
C'est Oreste, c'est lui, c'est mon frère et mon roi.
Aux transports qu'en mon cœur son aspect a fait naître
Eh ! comment si long-temps l'ai-je pu méconnaître ?
Je vous revois enfin, cher objet de mes vœux,
Momens tant souhaités ! ô jour trois fois heureux !
Vous vous attendrissez, je vois couler vos larmes.
Ah ! seigneur, que ces pleurs pour Electre ont de
        charmes !
Que ces traits, ces regards, pour elle ont de douceur ?
C'est donc vous que j'embrasse, ô mon frère !

ORESTE.

Ah, ma sœur !
Mon amitié trahit un important mystère :
Mais, hélas ! que ne peut Electre sur son frère ?

ÉLECTRE.

Est-ce de moi, cruel, qu'il faut vous défier,
D'une sœur qui voudrait tout vous sacrifier ?
Et quelle autre amitié fut jamais si parfaite ?

ORESTE.

Je n'ai craint que l'ardeur d'une joie indiscrète.
Dissimulez des soins, quoique pour moi si doux.

Ma sœur , à me cacher j'ai plus souffert que vous.
D'ailleurs, jusqu'à ce jour je m'ignorais moi-même.
Palamède, pour moi rempli d'un zéle extrême,
Pour conserver des jours à sa garde commis ,
M'élevait à Samos sous le nom de son fils.
Le sien est mort, ma sœur ; la colère céleste
A fait périr l'ami le plus chéri d'Oreste ;
Et peut-être, sans vous, moins sensible à vos maux,
Envîrais-je le sort qu'il trouva dans les flots.

ÉLECTRE.

Se peut-il qu'en regrets votre cœur se consume ?
Ah, seigneur ! laissez-moi jouir sans amertume,
Du plaisir de revoir un frère tant aimé.
Quel entretien pour moi ! Que mon cœur est charmé !
J'oublie , en vous voyant, qu'ailleurs peut - être on
       m'aime ;
J'oublie auprès de vous jusques à l'amant même :
Surmontez, comme moi , ce penchant trop flatteur ,
Qui semble, malgré vous, entraîner votre cœur.
Quel que soit votre amour , les traits d'Iphianasse,
N'ont rien de si charmant que la vertu n'efface.

ORESTE.

La vertu sur mon cœur n'a que trop de pouvoir ,
Ma sœur ; et mon nom seul suffit à mon devoir.
Non , ne redoutez rien du feu qui me possède.
On vient : séparons-nous.

SCÈNE III.

ORESTE , ÉLECTRE , PALAMEDE , ANTÉNOR.

ORESTE , *à Electre.*

MAIS non , c'est Palamède.

PALAMÈDE.

Anténor, demeurez; observez avec soin
Que de notre entretien quelqu'un ne soit témoin.

SCÈNE IV.

ÉLECTRE, PALAMÈDE, ORESTE.

ORESTE.

Vous revoyez, ma sœur, cet ami si fidèle,
Dont nos malheurs, les temps n'ont pu lasser le zèle.

ÉLECTRE, *à Palamède.*

Qu'avec plaisir, seigneur, je revois aujourd'hui
D'un sang infortuné le généreux appui !
Ne soyez point surpris ; attendri par mes larmes,
Mon frère a dissipé mes mortelles alarmes .
De cet heureux secret mon cœur est éclairci.

PALAMÈDE.

Je rends graces au ciel qui vous rejoint ici.
Oreste m'est témoin avec quelle tendresse
J'ai déploré le sort d'une illustre princesse,
Avec combien d'ardeur j'ai toujours souhaité
Le bienheureux instant de votre liberté.
Je vous rassemble enfin, famille infortunée,
A des malheurs si grands trop long-temps condamnée.
Qu'il m'est doux de vous voir où régnait autrefois
Ce père vertueux, ce chef de tant de rois,
Que fit périr le sort trop jaloux de sa gloire.
O jour, que tout ici rappelle à ma mémoire,
Jour cruel, qu'ont suivi tant de jours malheureux,
Lieux terribles, témoins d'un parricide affreux !
Retracez-nous sans cesse un spectacle si triste.
Oreste, c'est ici que le barbare Egisthe,
Ce monstre détesté, souillé de tant d'horreurs,
Immola votre père à ses noires fureurs.
Là, plus cruelle encor, pleine des Euménides,
Son épouse sur lui porta ses mains perfides.
C'est ici que, sans force et baigné dans son sang,
Il fut long-temps traîné le couteau dans le flanc.
Mais c'est là que, du sort lassant la barbarie,
Il finit dans mes bras ses malheurs et sa vie.

C'est là que je reçus, impitoyables dieux !
Et ses derniers soupirs, et ses derniers adieux.
« A mon triste destin puisqu'il faut que je cède,
» Adieu, prends soin de toi ; fuis, mon cher Palamède ;
» Cesse de m'immoler d'odieux ennemis :
» Je suis assez vengé , si tu sauves mon fils.
» Va , de ces inhumains sauve mon cher Oreste :
» C'est à lui de venger une mort si funeste. »
Vos amis sont tout prêts, il ne tient plus qu'à vous ,
Une indigne terreur ne suspend plus leurs coups ;
Chacun à votre nom , et s'excite et s'anime ;
On n'attend, pour frapper , que vous et la victime.

(à Electre.)

De votre part, madame, on croit que votre cœur
Voudra bien seconder une si noble ardeur.
C'est parmi les flambeaux d'un coupable hyménée,
Que le tyran doit voir trancher sa destinée.
Princesse , c'est à vous d'assurer nos projets :
Flattez-le d'un hymen si doux à ses souhaits.
C'est sous ce faux espoir qu'il faut que votre haine ,
Au temple où je l'attends, ce jour même l'entraîne.
Mais, en flattant ses vœux, dissimulez si bien ,
Que de tous nos desseins il ne soupçonne rien.

ÉLECTRE.

L'entraîner aux autels ! Ah ! projet qui m'accable !
Itys y périrait , Itys n'est point coupable.

PALAMÈDE.

Il ne l'est point, grands dieux ! né du sang dont il sort,
Il l'est plus qu'il ne faut pour mériter la mort.
Juste ciel ! est-ce ainsi que vous vengez un père ?
L'un tremble pour la sœur et l'autre pour le frère.
L'amour triomphe ici ! quoi ! dans ces lieux cruels
Il fera donc toujours d'illustres criminels ?
Est-ce donc sur des cœurs livrés à la vengeance
Qu'il doit, un seul moment, signaler sa puissance ?
Rompez l'indigne joug qui vous tient enchaînés ;
Eh ! l'amour est-il fait pour les infortunés ?
Il a fait les malheurs de toute votre race ;
Jugez si c'est à vous d'oser lui faire grace.

Songez, pour mieux dompter le feu qui vous surprend,
Que le crime qui plaît est toujours le plus grand.
Faites voir qu'un grand cœur que l'amour peut séduire,
Ne manque à son devoir que pour mieux s'en instruire.
Ne vous attirez point le reproche honteux
D'avoir pu mériter d'être si malheureux.
Peut-être, sans l'amour, seriez-vous plus sévères;
Vous savez, sur les fils, si l'on poursuit les pères.
Songez, si le supplice en est trop odieux,
Que c'est du moins punir à l'exemple des dieux.
Mais je vois que l'honneur, qui vous en sollicite,
De nos amis en vain rassemble ici l'élite.
C'en est fait, de ce pas je vais les disperser,
Et conserver ce sang que vous n'osez verser.
En effet, que m'importe à moi de le répandre?
Ce n'est point malgré vous que je dois l'entreprendre.
Pour venger vos affronts, j'ai fait ce que j'ai pu;
Mais vous n'avez point fait ce que vous avez dû.

ÉLECTRE.

Ah! seigneur, arrêtez, remplissez ma vengeance;
Je sens, de vos soupçons, que ma vertu s'offense.
Percez le cœur d'Itys; mais respectez le mien:
Il n'est point retenu par un honteux lien:
Et quoique ma pitié fasse, pour le défendre,
Tout ce qu'eût fait l'amour sur le cœur le plus tendre,
Ce feu, ce même feu dont vous me soupçonnez,
Loin d'arrêter, seigneur...

PALAMÈDE.

                  Madame, pardonnez.
J'ai peut-être à vos yeux poussé trop loin mon zèle :
Mais tel est de mon cœur l'empressement fidèle.
Je ne hais point Itys; et sa fière valeur
Pourra seule aujourd'hui faire tout son malheur.
Oreste est généreux, il peut lui faire grace,
J'y consens : mais d'Itys vous connaissez l'audace,
Il défendra le sang qu'on va faire couler;
Cependant il nous faut périr, ou l'immoler;
Et ce n'est qu'aux autels qu'avec quelque avantage,
On peut jusqu'au tyran espérer un passage.

La garde qui le suit, trop forte en ce palais,
Rend le combat douteux, encore plus le succès,
Puisque votre ennemi pourrait encor sans peine,
Quoique vaincu, sauver ses jours de votre haine.
Mais ailleurs, malgré lui, par la foule pressé,
Vous le verrez bientôt à vos pieds renversé.

ORESTE.

Venez, seigneur, venez : si l'amour est un crime,
Vous verrez que mon cœur en est seul la victime ;
Qu'il peut bien quelquefois toucher les malheureux,
Mais qu'il est sans pouvoir sur les cœurs généreux.

PALAMÈDE.

Il est vrai, j'ai tout craint du feu qui vous anime,
Mais j'ai tout espéré d'un cœur si magnanime ;
Et je connais trop bien le sang d'Agamemnon,
Pour soupçonner qu'Oreste en démente le nom.
Mon cœur, quoique alarmé des sentimens du vôtre,
N'en présumait pas moins et de l'un et de l'autre.
Si de votre vertu ce cœur a pu douter,
Mes soupçons n'ont servi qu'à la faire éclater.
Mais, pour mieux signaler ce que j'en dois attendre,
Après moi chez Arcas, seigneur, daignez vous rendre :
Vous me verrez bientôt expirer à vos yeux,
Ou venger d'un cruel, vous, Electre et les dieux.

SCÈNE V.

ORESTE, ELECTRE.

ORESTE.

Adieu, ma sœur ; calmez la douleur qui vous presse :
Vous savez à vos pleurs si mon cœur s'intéresse.

ÉLECTRE.

Allez, seigneur, allez ; vengez tous nos malheurs,
Et que bientôt le ciel vous redonne à mes pleurs,

FIN DU QUATRIÈME ACTE.

ACTE V.

SCÈNE Ire.

ÉLECTRE, *seule.*

Tandis qu'en ce palais mon hymen se prépare,
Dieux! quel trouble secret de mon ame s'empare!
Le sévère devoir qui m'y fait consentir,
Est-il sitôt suivi d'un honteux repentir?
Croirai-je qu'un amour proscrit par tant de larmes
Puisse encor me causer de si vives alarmes?
Non, ce n'est point l'amour; l'amour seul dans un cœur
Ne pourrait exciter tant de trouble et d'horreur.
Non, ce n'est point un feu dont ma fierté s'irrite.
Ah! si ce n'est l'amour, qu'est-ce donc qui m'agite?
Un amour si long-temps sans succès combattu
Voudrait-il d'aujourd'hui respecter ma vertu?
Festins cruels, et vous, criminelles ténèbres,
Plaintes d'Agamemnon, cris perçans, cris funèbres,
Sang que j'ai vu couler, pitoyables adieux,
Soyez à ma fureur plus qu'Oreste et les dieux.
Echauffez des transports que mon devoir anime;
Peignez à mon amour un héros magnanime.
Non, ne me peignez rien, effacez seulement
Les traits trop bien gravés d'un malheureux amant,
D'une injuste fierté trop constante victime,
Dont un père inhumain fait ici tout le crime,
Toujours prêt à défendre un sang infortuné
Aux caprices du sort long-temps abandonné.
On vient. Hélas! c'est lui : que mon ame éperdue
S'attendrit et s'émeut à cette chère vue!
Dieux, qui voyez mon cœur dans ce triste moment,
Ai-je assez de vertu pour perdre mon amant?

SCÈNE II.

ÉLECTRE, ITYS.

ITYS.

Pénétré d'un malheur où mon cœur s'intéresse,
M'est-il enfin permis de revoir ma princesse ?
Si j'en crois les apprêts qui se font en ces lieux,
Je puis donc, sans l'aigrir, m'offrir à ses beaux yeux ?
Quelque prix qu'on prépare au feu qui me dévore,
Malgré tout mon espoir, que je les crains encore !
Dieux ! se peut-il qu'Electre, après tant de rigueurs,
Daigne choisir ma main pour essuyer ses pleurs ?
Est-ce elle qui m'élève à ce comble de gloire ?
Mon bonheur est si grand, que je ne le puis croire.
Ah ! madame, à qui dois-je un bien si doux pour moi ?
Amour, fais, s'il se peut, qu'il ne soit dû qu'à toi !
Electre, s'il est vrai que tant d'ardeur vous touche,
Confirmez notre hymen d'un mot de votre bouche ;
Laissez-moi dans ces yeux, de mon bonheur jaloux,
Lire au moins un aveu qui me fait votre époux.
Quoi ! vous les détournez ! Dieux ! quel affreux silence !
Ma princesse, parlez : vous fait-on violence ?
De tout ce que je vois que je me sens troubler !
Ah ! me, me cachez point vos pleurs prêts à couler.
Confiez à ma foi le secret de vos larmes,
N'en craignez rien : ce cœur, quoiqu'épris de vos charmes,
N'abusera jamais d'un pouvoir odieux.
Madame, par pitié, tournez vers moi les yeux.
C'en est trop, je pénètre un mystère funeste :
Vous cédez au destin qui vous enlève Oreste ;
Vous croyez désormais que pour vous aujourd'hui
L'univers tout entier doit périr avec lui.
Votre cœur, cependant, à sa haine fidèle,
Accablé des rigueurs d'une mère cruelle,
Au moment que je crois qu'il s'attendrit pour moi,
M'abhorre, et ne se rend qu'aux menaces du roi.

ÉLECTRE.

Fils d'Egisthe, reviens d'un soupçon qui me blesse :

Electre ne connaît ni crainte, ni faiblesse;
Son cœur, dont rien ne peut abaisser la fierté,
Même au milieu des fers agit en liberté.
Quelque appui que le sort m'enlève dans mon frère,
Je crains plus tes vertus que les fers, ni ton père.
Ne crois pas qu'un tyran pour toi puisse en ce jour
Ce que ne pourrait pas ou l'estime, ou l'amour.
Non, quel que soit le sang qui coule dans tes veines,
Je ne t'impute rien de l'horreur de mes peines.
Je ne puis voir en toi qu'un prince généreux,
Que de tout mon pouvoir je voudrais rendre heureux.
Non, je ne te hais point : je serais inhumaine,
Si je pouvais payer tant d'amour, de ma haine.

ITYS.

Je ne suis point haï! comblez donc tous les vœux
Du cœur le plus fidèle et le plus amoureux.
Vous n'avez plus de haine! Hé bien! qui vous arrête?
Les autels sont parés, et la victime est prête.
Venez, sans différer, par des nœuds éternels,
Vous unir à mon sort aux pieds des immortels.
Egisthe doit bientôt y conduire la reine;
Souffrez que sur leurs pas mon amour vous entraîne :
On n'attend plus que vous.

ÉLECTRE, à part.

On n'attend plus que moi!
Dieux cruels! que ce mot redouble mon effroi!
(haut.)
Quoi! tout est prêt, seigneur?

ITYS.

Oui, ma chère princesse. (1)

ÉLECTRE.

Hélas !

ITYS.

Ah! dissipez cette sombre tristesse.

---

(1) Oui, ma chère princesse, est conforme au manuscrit de la Comédie française. On trouve dans l'édition
du Louvre, 1750, in-4, Oui, divine princesse.

Vos yeux d'assez de pleurs ont arrosé ces lieux :
Livrez-vous à l'époux que vous offrent les dieux.
Songez que cet hymen va finir vos misères ;
Qu'il vous fait remonter au trône de vos pères
Que lui seul peut briser vos indignes liens ,
Et terminer les maux qui redoublent les miens.
Le plus grand de mes soins , dans l'ardeur qui m'anime,
Est de vous arracher au sort qui vous opprime.
Mycènes vous déplaît ; hé bien , j'en sortirai ;
Content du nom d'époux , partout je vous suivrai ;
Trop heureux , pour tout prix du feu qui me consume ,
Si je puis de vos pleurs adoucir l'amertume !
Aussi touché que vous du destin d'un héros...

ÉLECTRE.

Hélas ! que ne fait-il le plus grand de mes maux !
Et que ce triste hymen où ton amour aspire...
Cet hymen... Non , Itys, je ne puis y souscrire.
J'ai promis ; cependant je ne puis l'achever.
Ton père est aux autels, je m'en vais l'y trouver ;
Attends-moi dans ces lieux.

ITYS.

     Et vous êtes sans haine ?
Aux autels, quoi, sans moi ! Demeurez, inhumaine,
Demeurez ; ou bientôt d'un amant odieux
Ma main fera couler tout le sang à vos yeux.
Vous gardiez donc ce prix à ma persévérance ?

ÉLECTRE.

Ah ! plus tu m'attendris, moins notre hymen s'avance.

ITYS , se jetant à ses genoux.

Quoi ! vous m'abandonnez à mes cruels transports ?

ÉLECTRE.

Que fais-tu , malheureux ? Laisse-moi mes remords ;
Lève-toi, ce n'est point la haine qui me guide.

SCÈNE III.

ÉLECTRE, ITYS, IPHIANASSE.

IPHIANASSE.

Que faites-vous, mon frère, aux pieds d'une perfide :
On assassine Egisthe ; et, sans un prompt secours,
D'une si chère vie on va trancher le cours.

ITYS.

On assassine Egisthe! Ah! cruelle princesse!

SCÈNE IV.

ÉLECTRE, IPHIANASSE.

ÉLECTRE, *à elle-même.*

Quoi ! malgré la pitié qui pour toi m'intéresse,
Ta mort de tant d'amour va donc être le fruit!
Je n'ai pu t'arracher au sort qui te poursuit,
Prince trop généreux !

IPHIANASSE.

         Cessez, cessez de feindre,
Ingrate ; c'est plûtôt l'insulter que le plaindre.
La pitié vous sied bien, au moment que c'est vous
Qui le faites tomber sous vos barbares coups !
J'entends partout voler le nom de votre frère.
Quel autre que ce traître, ennemi de mon père...

ÉLECTRE.

Respectez un héros qui ne fait en ces lieux
Que son devoir, le mien, et que celui des dieux.
Le crime n'a que trop triomphé dans Mycène.
Il est temps qu'un barbare en reçoive la peine;
Qu'il éprouve ces dieux qu'il bravait, l'inhumain!
Quoique lents à punir, ils punissent enfin.
Si le ciel indigné n'eût hâté son supplice,
Il eût fait à la fin soupçonner sa justice.
Entendez-vous ces cris, et ce tumulte affreux,

Ce bruit confus de voix de tant de malheureux?
Tels furent les apprêts de ce festin impie,
Qu'Egisthe par sa mort dans ce moment expie.
Mais ce que j'ai souffert de nos cruels malheurs
M'apprend, en les vengeant, à respecter vos pleurs.
Je ne vous offre point une pitié suspecte,
Un intérêt sacré veut que je les respecte.
Vous insultiez mon frère, et ma juste fierté
Avec trop de rigueur a peut-être éclaté.
D'ailleurs c'est un héros que vous devez connaître ;
A vos yeux, comme aux miens, tel il a dû paraître.

SCÈNE V.

ÉLECTRE, IPHIANASSE, ARCAS.

ARCAS.

Madame, c'en est fait, tout cède à nos efforts ;
Le palais se remplit de mourans et de morts.
Vous savez qu'aux autels notre chef intrépide
Devait d'Agamemnon punir le parricide :
Mais les soupçons d'Egisthe, et des avis secrets,
Ont hâté ce grand jour si cher à nos souhaits.
Oreste règne enfin ; ce héros invincible
Semble armé de la foudre en ce moment terrible.
Tout fuit à son aspect, ou tombe sous ses coups :
De longs ruisseaux de sang signalent son courroux.
J'ai vu prêt à périr le fier Itys lui-même,
Désarmé par Oreste en ce désordre extrême.
Ce prince au désespoir, cherchant le seul trépas,
Portant partout la mort, et ne la trouvant pas,
A son père peut-être eût ouvert un passage ;
Mais sa main désarmée a trompé son courage.
Ainsi, de ses exploits interrompant le cours,
Le sort, malgré lui-même, a pris soin de ses jours.
Oreste qu'irritait une fureur si vaine,
A sa valeur bientôt fait tout céder sans peine.
J'ai cru de ce succès devoir vous avertir.
De ces lieux cependant gardez-vous de sortir.

Madame, la retraite est pour vous assurée,
Des amis affidés en défendent l'entrée.
Votre ennemi, d'ailleurs, au gré de vos désirs,
Aux pieds de son vainqueur rend les derniers soupirs.

IPHIANASSE.

O mon père, à ta mort je ne veux point survivre.
Je ne puis la venger, je vais du moins te suivre.
　　(à *Electre*.)
Cruelle, redoutez, malgré tout mon malheur,
Que l'amour n'arme encor pour moi plus d'un vengeur.

SCÈNE VI.

ORESTE, ÉLECTRE, IPHIANASSE, ARCAS,
GARDES.

ORESTE.

Amis, c'en est assez ; qu'on épargne le reste.
Laissez, laissez agir la clémence d'Oreste :
Je suis assez vengé.

IPHIANASSE.

　　　　Dieux! qu'est-ce que je voi ?
Sort cruel, c'en est fait, tout est perdu pour moi ;
Celui que j'implorais est Oreste ?

ORESTE.

　　　　　　Oui, madame,
C'est lui ; c'est ce guerrier, que la plus vive flamme
Voulait enfin soustraire aux devoirs de ce nom,
Et qui vient de venger le sang d'Agamemnon.
Quel que soit le courroux que ce nom vous inspire,
Mon devoir parle assez, je n'ai rien à vous dire ;
Votre père en ces lieux m'avait ravi le mien.

IPHIANASSE.

Oui ; mais je n'eus point part à la perte du tien.
　　　　　　(*elle sort.*)

SCÈNE VII.

ORESTE, ÉLECTRE, PALAMÈDE, ARCAS,

GARDES.

ORESTE, *à ses gardes.*

SUIVEZ-LA. Dieux! quels cris se font encore entendre!
D'un trouble affreux mon cœur a peine à se défendre.
Palamède, venez rassurer mes esprits.
Que vous calmez l'horreur qui les avait surpris!
Ami trop généreux, mon défenseur, mon père,
Ah? que votre présence en ce moment m'est chère!
Quel triste et sombre accueil! seigneur, qu'ai-je donc
      fait?
Vos yeux semblent sur moi ne s'ouvrir qu'à regret.
N'ai-je pas assez loin étendu la vengeance?

PALAMÈDE.

On la porte souvent bien plus loin qu'on ne pense :
Oui, vous êtes vengé, les dieux le sont aussi :
Mais, si vous m'en croyez, éloignez-vous d'ici.
Le palais n'offre plus qu'un spectacle funeste,
Les lieux souillés de sang sont peu dignes d'Oreste.
Suivez-moi l'un et l'autre.

ORESTE.

            Ah! que vous me troublez!
Pourquoi nous éloigner? Palamède, parlez.
Craint-on quelque transport de la part de la reine?

PALAMÈDE.

Non, vous n'avez plus rien à craindre de sa haine.
De son triste destin laissez le soin aux dieux,
Mais, pour quelques momens, abandonnez ces lieux;
Venez.

ORESTE.

    Non, non, ce soin cache trop de mystère ;
Je veux en être instruit ; parlez, que fait ma mère?

PALAMÈDE.

Eh bien! un coup affreux...

ORESTE.

　　　　　　Ah ! dieux ! quel inhumain
A donc jusques sur elle osé porter la main ?
Qu'a donc fait Anténor chargé de la défendre !
Et comment, et par qui s'est-il laissé surprendre ?
Ah ! j'atteste les dieux que mon juste courroux...

PALAMÈDE.

Ne faites point, seigneur, de serment contre vous.

ORESTE.

Qui, moi, j'aurais commis une action si noire !
Oreste parricide ! ah ! pourriez-vous le croire ?
De mille coups plutôt j'aurais percé mon sein.
Juste ciel ! et qui peut imputer à ma main ?...

PALAMÈDE.

J'ai vu, seigneur, j'ai vu ; ce n'est point l'imposture
Qui vous charge d'un coup dont frémit la nature.
De vos soins généreux plus irrité encor,
Clytemnestre a trompé le fidèle Anténor ;
Et remplissant ces lieux et de cris et de larmes,
S'est jetée à travers le péril et les armes.
Au moment qu'à vos pieds son parricide époux
Était prêt d'éprouver un trop juste courroux,
Votre main redoutable allait trancher sa vie :
Dans ce fatal instant la reine l'a saisie.
Vous, sans considérer qui pouvait retenir
Une main que les dieux armaient pour le punir,
Vous avez d'un seul coup, qu'ils conduisaient peut-être,
Fait couler tout le sang dont ils vous firent naître.

ORESTE.

Sort, ne m'as-tu tiré de l'abîme des flots,
Que pour me replonger dans ce gouffre de maux,
Pour me faire attenter sur les jours de ma mère ?

SCÈNE VIII.

**CLYTEMNESTRE, ORESTE, ÉLECTRE, PA-
LAMEDE, ARCAS, ANTÉNOR, MÉLITE,
GARDES.**

ORESTE.

ELLE vient; quel objet! où fuirai-je?

ÉLECTRE.

Ah! mon frère!

CLYTEMNESTRE.

Ton frère? quoi! je meurs de la main de mon fils?
Dieux justes! mes forfaits sont-ils assez punis?
Je ne te revois donc, fils digne des Atrides,
Que pour trouver la mort dans tes mains parricides?
Jouis de tes fureurs, vois couler tout ce sang,
Dont le ciel irrité t'a formé dans mon flanc.
Monstre, que bien plutôt forma quelque furie,
Puisse un destin pareil payer ta barbarie!
Frappe encor, je respire, et j'ai trop à souffrir
De voir qui je fis naître, et qui me fait mourir.
Achève, épargne-moi le tourment qui m'accable.

ORESTE.

Ma mère!

CLYTEMNESTRE.

Quoi! ce nom qui te rend si coupable,
Tu l'oses prononcer? n'affecte rien, cruel;
La douleur que tu feins te rend plus criminel.
Triomphe, Agamemnon, jouis de ta vengeance:
Ton fils ne dément point ton nom, ni sa naissance.
Pour l'en voir digne, au gré de mes vœux et des tiens
Je lui laisse un forfait qui passe tous les miens.

SCÈNE IX.

ORESTE, ÉLECTRE, PALAMÈDE, ANTÉNOR, ARCAS, GARDES.

ORESTE.

FRAPPEZ, dieux tout-puissans que ma fureur implore :
Dieux vergeurs, s'il en est, puisque je vis encore,
Frappez ; mon crime affreux ne regarde que vous.
Le ciel n'a-t-il pour moi que des tourmens trop doux ?
Je vois ce qui retient un courroux légitime :
Dieux, vous ne savez point comme on punit mon crime.

ÉLECTRE.

Ah ! mon frère, calmez cette aveugle fureur.
N'ai-je donc pas assez de ma propre douleur ?
Voulez-vous me donner la mort, mon cher Oreste !

ORESTE.

Ah ! ne prononcez plus ce nom que je déteste.
Et toi, que fait frémir mon aspect odieux,
Nature, tant de fois outragée en ces lieux,
Je viens de te venger du meurtre de mon père :
Mais qui te vengera du meurtre de ma mère ?
Ah ! si pour m'en punir le ciel est sans pouvoir,
Prêtons-lui les fureurs d'un juste désespoir.
O dieux, que mes remords, s'il se peut, vous fléchisent !
Que mon sang, que mes pleurs, s'il se peut, t'atten-
　　drissent,
Ma mère, vois couler...

　　　　　　　　　　　　(il veut se tuer.)

PALAMÈDE, *le désarmant.*

　　　　　Ah, seigneur !

ORESTE.

　　　　　　　　　　　　　Laisse-moi.
Je ne veux rien, cruel, d'Electre ni de toi :
Votre cœur, affamé de sang et de victimes,
M'a fait souiller ma main du plus affreux des crimes.
Mais quoi ! quelle vapeur vient obscurcir les airs !

Grace au ciel , on m'entr'ouvre un chemin aux enfers :
Descendons , les enfers n'ont rien qui m'épouvante ,
Suivons le noir sentier que le sort me présente ,
Cachons-nous dans l'horreur de l'éternelle nuit.
Quelle triste clarté dans ce moment me luit ?
Qui ramène le jour dans ces retraites sombres ?
Que vois-je? mon aspect épouvante les ombres !
Que de gémissemens ! que de cris douloureux !
« Oreste. » Qui m'appelle en ce séjour affreux ?
Egisthe ! Ah! c'en est trop , il faut que ma colère...
Que vois-je dans ses mains? la tête de ma mère !
Quels regards! Où fuirai-je ? Ah! monstre furieux ,
Quel spectacle oses-tu présenter à mes yeux !
Je ne souffre que trop , monstre cruel ; arrête :
A mes yeux effrayés dérobe cette tête.
Ah ! ma mère , épargnez votre malheureux fils.
Ombre d'Agamemnon soit sensible à mes cris ;
J'implore ton secours , chère ombre de mon père ;
Viens défendre ton fils des fureurs de sa mère ;
Prends pitié de l'état où tu me vois réduit.
Quoi ! jusque dans tes bras la barbare me suit.
C'en est fait je succombe à cet affreux supplice :
Du crime de ma main mon cœur n'est point complice ;
J'éprouve cependant des tourmens infinis.
Dieux! les plus criminels seraient-ils plus punis ?

FIN D'ÉLECTRE.

RHADAMISTHE

ET

ZÉNOBIE,

TRAGÉDIE EN CINQ ACTES,

DE

CREBILLON;

Représentée, pour la première fois, en 1711.

PERSONNAGES.

PHARASMANE, roi d'Ibérie.

RHADAMISTHE, roi d'Arménie, fils de Pharasmane.

ZÉNOBIE, femme de Rhadamisthe, sous le nom d'Isménie.

ARSAME, frère de Rhadamisthe.

HIÉRON, ambassadeur d'Arménie, et confident de
Rhadamisthe.

MITRANE, capitaine des gardes de Pharasmane.

HIDASPE, confident de Pharasmane.

PHÉNICE, confidente de Zénobie.

GARDES.

*La scène est dans Artanisse, capitale de l'Ibérie,
dans le palais de Pharasmane.*

RHADAMISTHE

ET

ZÉNOBIE,

TRAGÉDIE.

ACTE PREMIER.

SCÈNE Ire.

ZÉNOBIE, *sous le nom d'Isménie*, PHÉNICE.

ZÉNOBIE.

Ah ! laisse-moi, Phénice, à mes mortels ennuis ;
Tu redoubles l'horreur de l'état où je suis.
Laisse-moi : ta pitié, tes conseils et la vie,
Sont le comble des maux pour la triste Isménie,
Dieux justes ! ciel vengeur, effroi des malheureux !
Le sort qui me poursuit est-il assez affreux ?

PHÉNICE.

Vous verrai-je toujours les yeux baignés de larmes ?
Par d'éternels transports remplir mon cœur d'alarmes?
Le sommeil en ces lieux verse en vain ses pavots ?
La nuit n'a plus pour vous ni douceur, ni repos.
Cruelle, si l'amour vous éprouve inflexible,
A ma triste amitié soyez du moins sensible.
Mais quels sont vos malheurs ? Captive dans des lieux
Où l'amour soumet tout au pouvoir de vos yeux,
Vous ne sortez des fers où vous fûtes nourrie,
Que pour vous asservir le grand roi d'Ibérie.
Et que demande encor ce vainqueur des Romains
D'un sceptre redoutable il veut orner vos mains.
Si, rebuté des soins où son amour l'engage,

Il s'est enfin lassé d'un inutile hommage ;
Par combien de mépris, de tourmens, de rigueur,
N'avez-vous pas vous-même allumé sa fureur ?
Flattez, comblez ses vœux, loin de vous en défendre,
Vous le verrez bientôt plus soumis et plus tendre.

ZÉNOBIE.

Je connais mieux que toi ce barbare vainqueur,
Pour qui, mais vainement, tu veux fléchir mon cœur.
Quels que soient les grands noms qu'il tient de la vic-
    toire.
Et ce front si superbe où brille tant de gloire,
Malgré tous ses exploits, l'univers à mes yeux
N'offre rien qui me doive être plus odieux.
J'ai trahi trop long-temps ton amitié fidèle :
Il faut d'un autre prix récompenser ton zèle,
Me découvrir. Du moins, quand tu sauras mon sort,
Je ne te verrai plus t'opposer à ma mort.
Phénice, tu m'as vue aux fers abandonnée ;
Dans un abaissement où je ne suis point née.
Je compte autant de rois que je compte d'aïeux :
Et le sang dont je sors ne le cède qu'aux dieux.
Pharasmane, ce roi qui fait trembler l'Asie
Qui brave des Romains la vaine jalousie ;
Ce cruel, dont tu veux que je flatte l'amour,
Est frère de celui qui me donna le jour.
Plût aux dieux qu'à son sang le destin qui me lie,
N'eût point par d'autres nœuds attaché Zénobie !
Mais à ces nœuds sacrés joignant des nœuds plus doux,
Le sort l'a fait encor père de mon époux ;
De Rhadamisthe, enfin.

PHÉNICE.

            Ma surprise est extrême ;
Vous Zénobie ! ô dieux !

ZÉNOBIE.

            Oui, Phénice, elle-même,
Fille de tant de rois, reste d'un sang fameux,
Illustre, mais hélas ! encor plus malheureux.
Après de longs débats, Mithridate mon père,
Dans le sein de la paix vivait avec son frère.

L'une et l'autre Arménie, asservie à nos loix,
Mettait cet heureux prince au rang des plus grands rois.
Trop heureux, en effet, si son frère perfide,
D'un sceptre si puissant eût été moins avide :
Mais le cruel, bien loin d'appuyer sa grandeur,
Le dévora bientôt dans le fond de son cœur.
Pour éblouir mon père, et pour mieux le surprendre,
Il lui remit son fils dès l'âge le plus tendre.
Mithridate charmé l'éleva parmi nous,
Comme un ami pour lui, pour moi comme un époux.
Je l'avoûrai, sensible à sa tendresse extrême,
Je me fis un devoir d'y répondre de même :
Ignorant qu'en effet sous des dehors heureux
On pût cacher au crime un penchant dangereux.

PHÉNICE.

Jamais roi cependant ne se fit dans l'Asie
Un nom plus glorieux, et plus digne d'envie.
Déjà des autres rois, devenu la terreur...

ZÉNOBIE.

Phénice, il n'a que trop signalé sa valeur.
A peine je touchais à mon troisième lustre,
Lorsque tout fut conclu pour cet hymen illustre.
Rhadamisthe déjà s'en croyait assuré,
Quand son père cruel, contre nous conjuré,
Entra dans nos états, suivi de Tiridate,
Qui brûlait de s'unir au sang de Mithridate;
Et ce Parthe, indigné qu'on lui ravît ma foi,
Sema partout l'horreur, le désordre et l'effroi.
Mithridate, accablé par son perfide frère,
Fit tomber sur le fils les cruautés du père;
Et, pour mieux se venger de ce frère inhumain,
Promit à Tiridate et son sceptre et ma main
Rhadamisthe, irrité d'un affront si funeste,
De l'état à son tour embrasa tout le reste,
En dépouilla mon père, en repoussa le sien :
Et, dans son désespoir ne ménageant plus rien,
Malgré Numidius, et la Syrie entière,
Il força Pollion de lui livrer mon père.
Je tentai, pour sauver un père malheureux,

Crébillon.   11

De fléchir un amant que je crus généreux.
Il promit d'oublier sa tendresse offensée,
S'il voyait de sa main ma foi récompensée;
Qu'au moment que l'hymen l'engagerait à moi,
Il remettrait l'état sous sa première loi.
Sur cet espoir charmant, aux autels entraînée,
Moi-même je hâtais ce fatal hyménée,
Et mon parjure amant osa bien l'achever,
Teint du sang qu'à ce prix je prétendais sauver.
Mais le ciel, irrité contre ces nœuds impies,
Eclaira notre hymen du flambeau des furies.
Quel hymen, justes dieux ! et quel barbare époux !

PHÉNICE.

Je sais que tout un peuple indigné contre vous,
Vous imputant du roi la triste destinée,
Ne vit qu'avec horreur ce coupable hyménée.

ZÉNOBIE.

Les cruels, sans savoir qu'on me cachait son sort,
Osèrent bien sur moi vouloir venger sa mort.
Troublé de ses forfaits, dans ce péril extrême,
Rhadamisthe en parut comme accablé lui-même.
Mais ce prince, bientôt rappelant sa fureur,
Remplit tout, à son tour, de carnage et d'horreur.
« Suivez-moi, me dit-il : ce peuple qui m'outrage,
» En vain à ma valeur croit fermer un passage :
» Suivez-moi. » Des autels s'éloignant à grands pas,
Terrible et furieux il me prit dans ses bras,
Fuyant parmi les siens à travers Artaxate,
Qui vengeait, mais trop tard, la mort de Mithridate.
Mon époux, cependant, pressé de toutes parts,
Tournant alors sur moi de funestes regards...
Mais loin de retracer une action si noire,
D'un époux malheureux respectons la mémoire;
Epargne à ma vertu cet odieux récit.
Contre un infortuné je n'en ai que trop dit.
Je ne puis rappeler un souvenir si triste,
Sans déplorer encor le sort de Rhadamisthe.
Qu'il te suffise enfin, Phénice, de savoir,
Victime d'un amour réduit au désespoir,

Que, par une main chère et de mon sang fumante,
L'Araxe dans ses eaux me vit plonger mourante.

PHÉNICE.

Quoi! ce fut votre époux.... Quel inhumain! grands
dieux!

ZÉNOBIE.

Les horreurs de la mort couvraient déjà mes yeux,
Quand le ciel, par les soins d'une main secourable,
Me sauva d'un trépas sans elle inévitable.
Mais à peine échappée à des périls affreux,
Il me fallut pleurer un époux malheureux.
J'appris, non sans frémir, que son barbare père,
Prétextant sa fureur sur la mort de son frère,
De la grandeur d'un fils en effet trop jaloux,
Lui seul avait armé nos peuples contre nous;
Qu'introduit en secret au sein de l'Arménie,
Lui-même de son fils avait tranché la vie.
A ma douleur alors laissant un libre cours,
Je détestais les soins qu'on prenait de mes jours;
Et, quittant sans regret mon rang et ma patrie,
Sous un nom déguisé j'errai dans la Médie.
Enfin, après dix ans d'esclavage, d'ennui,
Étrangère partout, sans secours, sans appui,
Quand j'espérais goûter un destin plus tranquille,
La guerre en un moment détruisit mon asile.
Arsame, conduisant la terreur sur ses pas,
Vint, la foudre à la main, ravager ces climats;
Arsame, né d'un sang à mes yeux si coupable,
Arsame cependant à mes yeux trop aimable,
Fils d'un père perfide, inhumain et jaloux,
Frère de Rhadamisthe, enfin de mon époux.

PHÉNICE.

Quel que soit le devoir du nœud qui vous engage,
Aux mânes d'un époux est-ce faire un outrage,
Que de céder aux soins d'un prince généreux,
Qui, par tant de bienfaits, a signalé ses feux?

ZÉNOBIE.

Encor si dans nos maux une cruelle absence
Ne nous ravissait point notre unique espérance...

Mais Arsame, éloigné par un triste devoir,
Dans mon cœur éperdu ne laisse plus d'espoir ;
Et, pour comble de maux, j'apprends que l'Arménie,
Qu'un droit si légitime accorde à Zénobie,
Va tomber au pouvoir du Parthe, ou des Romains,
Ou, peut-être, passer en de moins dignes mains.
Dans son barbare cœur flatté de sa conquête,
A quitter ces climats Pharasmane s'apprête.

PHÉNICE.

Hé bien, dérobez-vous à ses injustes lois.
N'avez-vous pas pour vous les Romains et vos droits ?
Par un ambassadeur parti de la Syrie,
Rome doit décider du sort de l'Arménie.
Reine de ces états, contre un prince inhumain
Faites agir pour vous l'ambassadeur romain :
On l'attend aujourd'hui dans les murs d'Artanisse.
Implorez de César le secours, la justice.
De son ambassadeur faites-vous un appui :
Forcez-le à vous défendre, ou fuyez avec lui.

ZÉNOBIE.

Comment briser les fers où je suis retenue ?
M'en croira-t-on, d'ailleurs, fugitive, inconnue ?
Comment...

SCÈNE II.

ZÉNOBIE, *sous le nom d'Isménie*, ARSAME,
PHÉNICE.

ZÉNOBIE.

Mais quel objet ? Arsame dans ces lieux !

ARSAME.

M'est-il encor permis de m'offrir à vos yeux ?

ZÉNOBIE.

C'est vous-même, seigneur ! Quoi ! déjà l'Albanie...

ARSAME.

Tout est soumis, madame ; et la belle Isménie,
Quand la gloire paraît me combler de faveurs,

Semble seule vouloir m'accabler de rigueurs.
Trop sûr que mon retour, d'un inflexible père,
Va sur un fils coupable attirer la colère;
Jaloux, désespéré, j'ose, pour vous revoir,
Abandonner des lieux commis à mon devoir.
Ah! madame, est-il vrai qu'un roi fier et terrible
Aux charmes de vos yeux soit devenu sensible;
Que l'hymen aujourd'hui doive combler ses vœux?
Pardonnez aux transports d'un amant malheureux.
Ma douleur vous aigrit : je vois qu'avec contrainte
D'un amour alarmé vous écoutez la plainte.
Ce n'est pas sans raison que vous la condamnez :
Le reproche ne sied qu'aux amans fortunés.
Mais moi, qui fus toujours à vos rigueurs en butte,
Qu'un amour sans espoir dévore et persécute;
Mais moi, qui fus toujours à vos lois si soumis,
Qu'ai-je à me plaindre? hélas! et que m'a-t-on promis?
Indigné cependant du sort qu'on vous prépare,
Je me plains et de vous et d'un rival barbare.
L'amour, le tendre amour qui m'anime pour vous,
Tout malheureux qu'il est n'en est pas moins jaloux.

ZÉNOBIE.

Seigneur, il est trop vrai qu'une flamme funeste
A fait parler ici des feux que je déteste :
Mais, quel que soit le rang et le pouvoir du roi,
C'est en vain qu'il prétend disposer de ma foi.
Ce n'est pas que, sensible à l'ardeur qui vous flatte,
J'approuve ces transports où votre amour éclate.

ARSAME.

Ah! malgré tout l'amour dont je brûle pour vous,
Faites-moi seul l'objet d'un injuste courroux.
Imposez à mes feux la loi la plus sévère,
Pourvu que votre main se refuse à mon père.
Si pour d'autres que moi votre cœur doit brûler,
Donnez-moi des rivaux que je puisse immoler,
Contre qui ma fureur agisse sans murmure.
L'amour n'a pas toujours respecté la nature :
Je ne le sens que trop à mes transports jaloux.
Que sais-je, si le roi devenait votre époux,

Jusqu'où m'emporterait sa cruelle injustice?
Ce n'est pas le seul bien que sa main me ravisse.
L'Arménie, attentive à se choisir un roi,
Par les soins d'Hiéron se déclare pour moi.
Ardent à terminer un honteux esclavage,
Je venais, à mon tour, vous en faire un hommage.
Mais un père jaloux, un rival inhumain,
Veut me ravir encor ce sceptre et votre main.
Qu'il m'enlève à son gré l'une et l'autre Arménie :
Mais qu'il laisse à mes vœux la charmante Isménie ;
Je faisais mon bonheur de plaire à ses beaux yeux ;
Et c'est l'unique bien que je demande aux dieux.

ZÉNOBIE.

Et pourquoi donc ici m'avez-vous amenée?
Quelle que fût ailleurs ma triste destinée,
Elle coulait du moins dans l'ombre du repos.
C'est vous, par trop de soins, qui comblez tous mes maux.
D'ailleurs, qu'espérez-vous d'une flamme si vive?
Tant d'amour convient-il au sort d'une captive ?
Vous ignorez encor jusqu'où vont mes malheurs.
Rien ne saurait tarir la source de mes pleurs.
Ah ! quand même l'amour unirait l'un et l'autre,
L'hymen n'unira point mon sort avec le vôtre ;
Malgré tout son pouvoir et son amour fatal,
Le roi n'est pas, seigneur, votre plus fier rival.
Un devoir rigoureux, dont rien ne me dispense,
Doit forcer pour jamais votre amour au silence.
J'entends du bruit. On ouvre. Ah ! seigneur, c'est le roi.
Que je crains son amour et pour vous et pour moi.

SCÈNE III.

PHARASMANE, ZÉNOBIE, *sous le nom d'Isménie;*
ARSAME, MITRANE, HIDASPE, PHÉNICE,
GARDES.

PHARASMANE.

QUE vois je? c'est mon fils! Dans Artanisse Arsame!
Quel dessein l'y conduit? Vous vous taisez, madame!
Arsame près de vous, Arsame dans ma cour;

Lorsque moi-même ici j'ignore son retour !
De ce trouble confus que faut-il que je pense ?
(*à Arsame.*)
Vous à qui j'ai remis le soin de ma vengeance ;
Que j'honorais enfin d'un choix si glorieux,
Parlez, prince ; quel soin vous ramène en ces lieux ?
Quel besoin, quel projet a pu vous y conduire,
Sans ordre de ma part, sans daigner m'en instruire ?

ARSAME.

Vos ennemis domptés, devrais-je présumer
Que mon retour, seigneur, pourrait vous alarmer ?
Ah ! vous connaissez trop et mon cœur et mon zèle,
Pour soupçonner le soin qui vers vous me rappelle.
Croyez, après l'emploi que vous m'avez commis,
Puisque vous me voyez, que tout vous est soumis.
Lorsqu'au prix de mon sang je vous couvre de gloire,
Lorsque tout retentit du bruit de ma victoire,
Je l'avoûrai, seigneur, pour prix de mes exploits,
Que je n'attendais pas l'accueil que je reçois.
J'apprends de toutes parts que Rome et la Syrie,
Que Corbulon armé menacent l'Ibérie ;
Votre fils se flattait, conduit par son devoir,
Qu'avec plaisir alors vous pourriez le revoir.
Je ne soupçonnais pas que mon impatience
Dût dans un cœur si grand jeter la défiance.
J'attendais qu'on ouvrît, pour m'offrir à vos yeux,
Quand j'ai trouvé, seigneur, Isménie en ces lieux.

PHARASMANE.

Je crains peu Corbulon, les Romains, la Syrie ;
Contre ces noms fameux mon ame est aguerrie ;
Et je n'approuve pas qu'un si généreux soin
Vous ait, sans mon aveu, ramené de si loin.
D'ailleurs, qu'a fait de plus, qu'a produit ce grand zèle,
Que le devoir d'un fils et d'un sujet fidèle ?
Doutez-vous, quels que soient vos services passés,
Qu'un retour criminel les ait tous effacés ?
Sachez que votre roi ne s'en souvient encore,
Que pour ne point punir des projets qu'il ignore.
Quoi qu'il en soit, partez avant la fin du jour,

Et courez à Colchos étouffer votre amour.
Je vous défends surtout de revoir Isménie.
Apprenez qu'à mon sort elle doit être unie ;
Que l'hymen dès ce jour doit couronner mes feux ;
Que cet unique objet de mes plus tendres vœux
N'a que trop mérité la grandeur souveraine ;
Votre esclave autrefois, aujourd'hui votre reine.
C'est vous instruire assez que mes transports jaloux
Ne veulent point ici de témoins tels que vous.
Sortez.

SCÈNE IV.

PHARASMANE, ZÉNOBIE, *sous le nom d'Isménie ;*
MITRANE, HIDASPE, PHÉNICE, GARDES.

ZÉNOBIE.

Et de quel droit votre jalouse flamme
Prétend-elle à ses vœux assujettir mon ame ?
Vous m'offrez vainement la suprême grandeur :
Ce n'est pas à ce prix qu'on obtiendra mon cœur.
D'ailleurs, que savez-vous, seigneur, si l'hymenée
N'aurait point à quelque autre uni ma destinée ?
Savez-vous si le sang à qui je dois le jour,
Me permets d'écouter vos vœux et votre amour ?

PHARASMANE.

Je ne sais en effet quel sang vous a fait naître :
Mais fût-il aussi beau qu'il mérite de l'être,
Le nom de Pharasmane est assez glorieux
Pour oser s'allier au sang même dieux.
En vain à vos rigueurs vous joignez l'artifice :
Vains détours, puisque enfin il faut qu'on m'obéisse.
Je n'ai rien oublié pour obtenir vos vœux.
Moins en roi qu'en amant, j'ai fait parler mes feux :
Mais mon cœur, irrité d'une fierté si vaine,
Fait agir à son tour la grandeur souveraine.
Et, puisqu'il faut en roi m'expliquer avec vous,
Redoutez mon pouvoir, ou du moins mon courroux ;
Et sachez que, malgré l'amour et sa puissance,

Les rois ne sont point faits à tant de résistance ;
Quoique de mes transports vous vous soyez promis,
Que tout, jusqu'à l'amour, doit leur être soumis.
J'entrevois vos refus : c'est au retour d'Arsame
Que je dois le mépris dont vous payez ma flamme :
Mais craignez que vos pleurs, avant la fin du jour,
D'un téméraire fils ne venge mon amour.

SCÈNE V.

ZÉNOBIE, PHÉNICE.

ZÉNOBIE.

Ah ! tyran, puisqu'il faut que ma tendresse agisse.
Et que de tes fureurs ma haine te punisse,
Crains que l'amour armé de mes faibles attraits,
Ne te rende bientôt tous les maux qu'il m'a faits.
Et qu'ai-je à ménager ? Mânes de Mithridate,
N'est-il'pas temps pour vous que ma vengeance éclate ?
Venez à mon secours, ombre de mon époux,
Et remplissez mon cœur de vos transports jaloux.
Vengez-vous par mes mains d'un ennemi funeste.
Vengeons-nous-en plutôt par le fils qui lui reste.
Le crime que sur vous, votre père a commis
Ne peut être expié que par son autre fils.
C'est à lui que les dieux réservent son supplice.
Armons son bras vengeur. Va le trouver, Phénice.
Dis-lui qu'à sa pitié, qu'à lui seul j'ai recours ?
Mais, sans me découvrir, implore son secours.
Dis-lui, pour me sauver d'une injuste puissance,
Qu'il intéresse Rome à prendre ma défense ;
De son ambassadeur qu'on attend aujourd'hui,
Dans ces lieux, s'il se peut, qu'il me fasse un appui.
Fais briller à ses yeux le trône d'Arménie ;
Retrace-lui les maux de la triste Isménie ;
Par l'intérêt d'un sceptre ébranle son devoir.
Pour l'attendrir, enfin, peins-lui mon désespoir.
Puisque l'amour a fait les malheurs de ma vie,
Quel autre que l'amour peut venger Zénobie ?

FIN DU PREMIER ACTE.

ACTE II.

SCÈNE Ire.

RHADAMISTHE , HIÉRON.

HIÉRON.

Est-ce vous que je vois ? en croirai-je mes yeux ?
Rhadamisthe vivant ! Rhadamisthe en ces lieux !
Se peut-il que le ciel vous redonne à nos larmes ,
Et rende à mes souhaits un jour si plein de charmes !
Est-ce bien vous, seigneur ? Et par quel heureux sort
Démentez-vous ici le bruit de votre mort ?

RHADAMISTHE.

Hiéron , plût aux dieux que la main ennemie
Qui me ravit le sceptre , eût terminé ma vie !
Mais le ciel m'a laissé , pour prix de ma fureur,
Des jours qu'il a tissus de tristesse et d'horreur.
Loin de faire éclater ton zèle ni ta joie,
Pour un roi malheureux que le sort te renvoie,
Ne me regarde plus que comme un furieux,
Trop digne du courroux des hommes et des dieux,
Qu'a proscrit dès long-temps la vengeance céleste ;
De crimes, de remords assemblage funeste ;
Indigne de la vie, et de ton amitié ;
Objet digne d'horreur, mais digne de pitié ;
Traître envers la nature, envers l'amour perfide ;
Usurpateur, ingrat, parjure, parricide.
Sans les remords affreux qui déchirent mon cœur ,
Hiéron, j'oublîrais qu'il est un ciel vengeur.

HIÉRON.

J'aime à voir ces regrets que la vertu fait naître :
Mais le devoir, seigneur, est-il toujours le maître ;
Mithridate lui-même, en vous manquant de foi,
Semblait de vous venger vous imposer la loi.

RHADAMISTHE.

Ah ! loin qu'en mes forfaits ton amitié me flatte,

Peins-moi toute l'horreur du sort de Mithridate.
Rappelle-toi ce jour et ces sermens affreux
Que je souillai du sang de tant de malheureux.
S'il te souvient encor du nombre des victimes,
Compte, si tu le peux, mes remords par mes crimes.
Je veux que Mithridate, en trahissant mes feux,
Fût digne même encor d'un sort plus rigoureux ;
Que je dusse son sang à ma flamme trahie :
Mais à ce même amour qu'avait fait Zénobie ?
Tu frémis, je le vois : ta main, ta propre main
Plongerait un poignard dans mon perfide sein,
Si tu pouvais savoir jusqu'où ma barbarie
De ma jalouse rage a porté la furie.
Apprends tous mes forfaits, ou plutôt mes malheurs :
Mais, sans les retracer, juges-en par mes pleurs.

HIÉRON.

Aussi touché que vous du sort qui vous accable,
Je n'examine point si vous êtes coupable.
On est peu criminel avec tant de remords ;
Et je plains seulement vos douleureux transports.
Calmez ce désespoir où votre ame se livre ;
Et m'apprenez...

RHADAMISTHE.

                Comment oserais-je poursuivre ?
Comment de mes fureurs oser t'entretenir,
Quand tout mon sang se glace à ce seul souvenir ?
Sans que mon désespoir ici le renouvelle,
Tu sais tout ce qu'à fait cette main criminelle,
Tu vis comme aux autels un peuple mutiné
Me ravit le bonheur qui m'était destiné :
Et, malgré les périls qui ménaçaient ma vie,
Tu sais comme à leurs yeux j'enlevai Zénobie.
Inutiles efforts ! je fuyais vainement.
Peins-toi mon désespoir dans ce fatal moment
Je voulus m'immoler : mais Zénobie en larmes,
Arrosant de ses pleurs mes parricides armes,
Vingt fois, pour me fléchir, embrassant mes genoux,
Me dit ce que l'amour inspire de plus doux.
Hiéron, quel objet pour mon ame éperdue !

Jamais rien de si beau ne s'offrit à ma vue.
Tant d'attraits, cependant, loin d'attendrir mon cœur,
Ne firent qu'augmenter ma jalouse fureur.
Quoi! dis-je en frémissant, la mort que je m'apprête
Va donc à Tiridate assurer sa conquête!
Les pleurs de Zénobie irritant ce transport,
Pour prix de tant d'amour je lui donnai la mort;
Et, n'écoutant plus rien que ma fureur extrême,
Dans l'Araxe aussitôt je la traînai moi-même.
Ce fut là que ma main lui choisit un tombeau,
Et que de notre hymen j'éteignis le flambeau.

HIÉRON.

Quel sort pour une reine à vos jours si sensible!

RHADAMISTHE.

Après ce coup affreux, devenu plus terrible,
Privé de tous les miens, poursuivi, sans secours,
A mon seul désespoir j'abandonnai mes jours.
Je me précipitai, trop indigne de vivre,
Parmi des furieux, ardens à me poursuivre,
Qu'un père, plus cruel que tous mes ennemis,
Excitait à la mort de son malheureux fils.
Enfin, percé de coups, j'allais perdre la vie,
Lorsqu'un gros de Romains, sorti de la Syrie;
Justement indigné contre ces inhumains,
M'arracha tout sanglant de leurs barbares mains.
Arrivé, mais trop tard, vers les murs d'Artaxate,
Dans le juste dessein de venger Mithridate,
Ce même Corbulon, armé pour m'accabler,
Conserva l'ennemi qu'il venait immoler.
De mon funeste sort touché sans me connaître,
Ou de quelque valeur que j'avais fait paraître,
Ce Romain, par des soins dignes de son grand cœur,
Me sauva malgré moi de ma propre fureur.
Sensible à sa vertu, mais sans reconnaissance,
Je lui cachai long-temps mon nom et ma naissance,
Traînant avec horreur mon destin malheureux,
Toujours persécuté d'un souvenir affreux;
Et, pour comble de maux, dans le fond de mon ame
Brûlant plus que jamais d'une funeste flamme,

Que l'amour outragé, dans mon barbare cœur,
Pour prix de mes forfaits, rallume avec fureur ;
Ranimant, sans espoir, pour d'insensibles cendres,
De la plus vive ardeur les transports les plus tendres.
Ainsi, dans les regrets, les remords et l'amour,
Craignant également et la nuit et le jour,
J'ai traîné dans l'Asie une vie importune.
Mais au seul Corbulon attachant ma fortune,
Avide de périls, et par un triste sort,
Trouvant toujours la gloire où j'ai cherché la mort,
L'esprit sans souvenir de ma grandeur passée,
Lorsque dix ans semblaient l'en avoir effacée,
J'apprends que l'Arménie, après différens choix,
Allait bientôt passer sous d'odieuses loix ;
Que mon père, en secret méditant sa conquête,
D'un nouveau diadème allait ceindre sa tête.
Je sentis, à ce bruit, ma gloire et mon courroux
Réveiller dans mon cœur des sentimens jaloux.
Enfin, à Corbulon je me fis reconnaître :
Contre un père inhumain, trop irrité peut-être,
A mon tour, en secret, jaloux de sa grandeur,
Je me fis des Romains nommer l'ambassadeur.

HIÉRON.

Seigneur, et, sous ce nom, quelle est votre espérance ?
Quel projet peut ici former votre vengeance ?
Avez-vous oublié dans quel affreux danger
Vous a précipité l'ardeur de vous venger ?
Gardez-vous d'écouter un transport téméraire.
Chargé de tant d'horreurs, que prétendez-vous faire ?

RHADAMISTHE.

Et que sais-je, Hiéron ? Furieux, incertain,
Criminel sans penchant, vertueux sans dessein,
Jouet infortuné de ma douleur extrême,
Dans l'état où je suis me connais-je moi-même ?
Mon cœur de soins divers sans cesse combattu,
Ennemi du forfait, sans aimer la vertu,
D'un amour malheureux déplorable victime,
S'abandonne aux remords, sans renoncer au crime.
Je cède au repentir, mais sans en profiter ;

Et je ne me connais que pour me détester.
Dans ce cruel séjour sais-je ce qui m'entraîne ?
Si c'est le désespoir, ou l'amour, où la haine ?
J'ai perdu Zénobie : après ce coup affreux,
Peux-tu me demander encor ce que je veux ?
Désespéré, proscrit, abhorrant la lumière,
Je voudrais me venger de la nature entière.
Je ne sais quel poison se répand dans mon cœur :
Mais, jusqu'à mes remords, tout y devient fureur.
Je viens ici chercher l'auteur de ma misère,
Et la nature en vain me dit que c'est mon père.
Mais c'est peut-être ici que le ciel irrité
Veut se justifier de trop d'impunité.
C'est ici que m'attend le trait inévitable,
Suspendu trop long-temps sur ma tête coupable.
Et plût aux dieux cruels que ce trait suspendu
Ne fût pas, en effet, plus long-temps attendu !

HIÉRON.

Fuyez, seigneur, fuyez de ce séjour funeste,
Loin d'attirer sur vous la colère céleste.
Que la nature au moins calme votre courroux :
Songez que dans ces lieux tout est sacré pour vous ;
Que s'il faut vous venger, c'est loin de l'Ibérie.
Reprenez avec moi le chemin d'Arménie.

RHADAMISTHE.

Non, non, il n'est plus temps : il faut remplir mon sort,
Me venger, servir Rome, ou courir à la mort.
Dans ses desseins toujours à mon père contraire,
Rome de tous ses droits m'a fait dépositaire ;
Sûre, pour rétablir son pouvoir et le mien,
Contre un roi qu'elle craint, que je n'oublirai rien.
Rome veut éviter une guerre douteuse,
Pour elle contre lui plus d'une fois honteuse ;
Conserver l'Arménie, ou, par des soins jaloux,
En faire un vrai flambeau de discorde entre nous.
Par un don de César je suis roi d'Arménie,
Parce qu'il croit par moi détruire l'Ibérie.
Les fureurs de mon père ont assez éclaté,
Pour que Rome entre nous ne craigne aucun traité.

Tels sont les hauts projets dont sa grandeur se pique :
Des Romains si vantés telle est la politique.
C'est ainsi qu'en perdant le père par le fils,
Rome devient fatale à tous ses ennemis.
Ainsi, pour affermir une injuste puissance,
Elle ose confier ses droits à ma vengeance,
Et sous un nom sacré, m'envoyer en ces lieux,
Moins comme ambassadeur, que comme un furieux,
Qui, sacrifiant tout au transport qui le guide,
Veut porter sa fureur jusques au parricide.
J'entrevois ses desseins : mais mon cœur irrité
Se livre au désespoir dont il est agité.
C'est ainsi qu'ennemi de Rome et des Ibères,
Je revois aujourd'hui le palais de mes pères.

HIÉRON.

Député comme vous, mais par un autre choix,
L'Arménie à mes soins a confié ses droits.
Je venais de sa part offrir à votre frère
Un trône où malgré nous veut monter votre père :
Et je viens annoncer à ce superbe roi
Qu'en vain à l'Arménie il veut donner la loi.
Mais ne craignez-vous pas que, malgré votre absence...

RHADAMISTHE.

Le roi ne m'a point vu dès ma plus tendre enfance ;
Et la nature en lui ne parle point assez,
Pour rappeler des traits dès long-temps effacés.
Je n'ai craint que tes yeux ; et, sans mes soins, peut-être,
Malgré ton amitié, tu m'allais méconnaître.
Le roi vient : que mon cœur, à ce fatal abord,
A de peine à dompter un funeste transport !
Surmontons cependant toute sa violence,
Et d'un ambassadeur employons la prudence.

SCÈNE II.

PHARASMANE, RADAMISTHE, HIÉRON, MI TRANE, HIDASPE, GARDES.

RHADAMISTHE, *à Pharasmane.*

Un peuple triomphant, maître de tant de rois,
Qui vers vous en ces lieux daigne emprunter ma voix,
De vos desseins secrets instruit comme vous-même,
Vous annonce aujourd'hui sa volonté suprême.
Ce n'est pas que Néron, de sa grandeur jaloux,
Ne sache ce qu'il doit à des rois tels que vous ;
Rome n'ignore pas à quel point la victoire
Parmi les noms fameux élève votre gloire ;
Ce peuple enfin si fier, et tant de fois vainqueur,
N'en admire pas moins votre haute valeur :
Mais vous savez aussi jusqu'où va sa puissance ;
Ainsi gardez-vous bien d'exciter sa vengeance.
Alliée, ou plutôt sujette des Romains,
De leur choix l'Arménie attend ses souverains.
Vous le savez, seigneur, et du pied du Caucase
Vos soldats cependant s'avancent vers le Phase ;
Le Cyrus, sur ses bords chargés de combattans,
Fait voir de toutes parts vos étendards flottans.
Rome, de tant d'apprêts qui s'indigne et se lasse,
N'a point accoutumé les rois à tant d'audace.
Quoique Rome, peut-être au mépris de ses droits,
N'ait point interrompu le cours de vos exploits,
Qu'elle ait abandonné Tigrane et la Médie,
Elle ne prétend point vous céder l'Arménie.
Je vous déclare donc que César ne veut pas
Que vers l'Araxe enfin vous adressiez vos pas.

PHARASMANE.

Quoique d'un vain discours je brave la menace,
Je l'avoûrai, je suis surpris de votre audace.
De quel front osez-vous, soldat de Corbulon,
M'apporter dans ma cour les ordres de Néron ?
Et depuis quand croit-il qu'au mépris de ma gloire,

A ne plus craindre Rome instruit par la victoire,
Oubliant désormais la suprême grandeur,
J'aurai plus de respect pour son ambassadeur;
Moi, qui formant au joug des peuples invincibles,
Ai tant de fois bravé ces Romains si terribles,
Qui fais trembler encor ces fameux souverains,
Ces Parthes aujourd'hui la terreur des Romains?
Ce peuple triomphant n'a point vu mes images
A la suite d'un char en but à ses outrages.
La honte que sur lui répandent mes exploits,
D'un airain orgueilleux a bien vengé les rois.
Mais quel soin vous conduit en ce pays barbare?
Est-ce la guerre enfin que Néron me déclare?
Qu'il ne s'y trompe pas; la pompe de ces lieux,
Vous le voyez assez, n'éblouit point les yeux.
Jusques aux courtisans qui me rendent hommage,
Mon palais, tout ici n'a qu'un faste sauvage :
La nature, marâtre en ces affreux climats,
Ne produit, au lieu d'or, que du fer, des soldats;
Son sein tout hérissé n'offre aux désirs de l'homme
Rien qui puisse tenter l'avarice de Rome.
Mais, pour trancher ici d'inutiles discours,
Rome de mes projets veut traverser le cours?
Et pourquoi, s'il est vrai qu'elle en soit informée,
N'a-t-elle pas encore assemblé son armée?
Que font vos légions? Ces superbes vainqueurs
Ne combattent-ils plus que par ambassadeurs?
C'est la flamme à la main qu'il faut dans l'Ibérie
Me distraire du soin d'entrer dans l'Arménie,
Non par de vains discours, indignes des Romains,
Quand je vais par le fer m'en ouvrir les chemins,
Et peut-être bien plus, dédaignant Artaxate,
Défier Corbulon jusqu'aux bords de l'Euphrate.

HIÉRON.

Quand même les Romains, attentifs à vos lois,
S'en remettraient à nous pour le choix de nos rois,
Seigneur, n'espérez pas au gré de votre envie,
Faire en votre faveur expliquer l'Arménie.
Les Parthes envieux, et les Romains jaloux,
De toutes parts bientôt armeraient contre vous.

Crébillon.   12

L'Arménie, occupée à pleurer sa misère,
Ne demande qu'un roi qui lui serve de père :
Nos peuples désolés n'ont besoin que de paix,
Et sous vos lois, seigneur, nous ne l'aurions jamais.
Vous avez des vertus qu'Artaxate respecte :
Mais votre ambition n'en est pas moins suspecte ;
Et nous ne soupirons qu'après des souverains,
Indifférens au Parthe, et soumis aux Romains.
Sous votre empire, enfin, prétendre nous réduire,
C'est moins nous conquérir, que vouloir nous détruire.

PHARASMANE.

Dans ce dicours rempli de prétextes si vains,
Dicté par la raison moins que par les Romains,
Je n'entrevois que trop l'intérêt qui vous guide.
Hé bien, puisqu'on le veut, que la guerre en décide.
Vous apprendrez bientôt qui de Rome ou de moi,
Dut prétendre, seigneur, à vous donner la loi ;
Et malgré vos frayeurs et vos fausses maximes,
Si quelque autre eut sur vous des droits plus légitimes.
Et qui doit succéder à mon frère, à mon fils ?
A qui des droits plus saints ont-ils été transmis ?

RHADAMISTHE.

Quoi ! vous, seigneur, qui seul causâtes leur ruine ?
Ah ! doit-on hériter de ceux qu'on assassine ?

PHARASMANE.

Qu'entends-je ! dans ma cour on ose m'insulter ?
Holà, gardes...

HIÉRON, *à Pharasmane.*

Seigneur, qu'osez-vous attenter ?

PHARASMANE, *à Rhadamisthe.*

Rendez graces au nom dont Néron vous honore.
Sans ce nom si sacré que je respecte encore,
En dussé-je périr, l'affront le plus sanglant
Me vengerait bientôt d'un ministre insolent.
Malgré la dignité de votre caractère,
Croyez-moi cependant, évitez ma colère.
Retournez dès ce jour apprendre à Corbulon
Comme on reçoit ici les ordres de Néron.

SCÈNE III.

RHADAMISTHE, HIÉRON.

HIÉRON.

Qu'avez-vous fait, seigneur? Quand vous devez tout
    craindre...

RHADAMISTHE.

Hiéron, que veux-tu? Je n'ai pu me contraindre.
D'ailleurs, en l'aigrissant, j'assure mes desseins.
Par un pareil éclat j'en impose aux Romains.
Pour remplir les projets que Rome me confie,
Il ne me reste plus qu'à troubler l'Ibérie,
Qu'à former un parti qui retienne en ces lieux
Un roi que ses exploits rendent trop orgueilleux.
Indociles au joug que Pharasmane impose,
Rebutés de la guerre où lui seul les expose,
Ses sujets en secret sont tous ses ennemis.
Achevons contre lui d'irriter les esprits;
Et, pour mieux me venger des fureurs de mon père,
Tâchons dans nos desseins d'intéresser mon frère.
Je sais un sûr moyen pour surprendre sa foi;
Dans le crime du moins engageons-le avec moi.
Un roi, père cruel, et tyran tout ensemble,
Ne mérite en effet qu'un sang qui lui ressemble.

FIN DU SECOND ACTE.

ACTE III.

SCÈNE Iʳᵉ.

RADAMISTHE , *seul.*

Mon frère me demande un secret entretien!
Dieux ! me connaîtrait-il? Quel dessein est le sien ?
N'importe, il faut le voir. Je sens que ma vengeance
Commence à se flatter d'une douce espérance.
Il ne peut en secret s'exposer à me voir,
Que réduit par un père à trahir son devoir.
On ouvre...

SCÈNE II.

ARSAME , RHADAMISTHE.

RADAMISTHE , *continuant.*

Je le vois. Malheureuse victime!
Je ne suis pas le seul qu'un roi cruel opprime.

ARSAME.

Si j'en crois le courroux qui se lit dans ses yeux ,
Peu content des Romains, le roi quitte ces lieux.
Je connais trop l'orgueil du sang qui m'a fait naître,
Pour croire qu'à son tour Rome ait sujet de l'être.
Seigneur , sans abuser de votre dignité ,
Puis-je sur ce soupçon parler en sûreté?
Puis je espérer que Rome exauce ma prière,
Et ne confonde point le fils avec le père?

RHADAMISTHE.

Quoiqu'il ait violé le respect qui m'est dû ,
Attendez tout de Rome et de votre vertu.
Ce n'est pas d'aujourd'hui que Rome la respecte.

ARSAME.

Ah ! que cette vertu va vous être suspecte!

Que je crains de détruire en ce même entretien
Tout ce que vous pensez d'un cœur comme le mien !
En effet, quel que soit le regret qui m'accable,
Je sens bien que ce cœur n'en est pas moins coupable ;
Et, de quelque remords que je sois combattu,
Qu'avec plus d'appareil c'est trahir ma vertu.
Dès qu'entre Rome et nous la guerre se déclare,
Que même avec éclat mon père s'y prépare,
Je sais que je ne puis vous parler ni vous voir,
Sans trahir à la fois mon père et mon devoir ;
Je le sais : cependant plus criminel encore,
C'est votre pitié seule aujourd'hui que j'implore.
Un père rigoureux, de mon bonheur jaloux,
Me force en ce moment d'avoir recours à vous.
Pour me justifier, lorsque tout me condamne,
Je ne veux point, seigneur, vous peignant Pharasmane,
Répandre sur sa vie un venin dangereux,
Non, quoiqu'il soit pour moi si fier, si rigoureux,
Quoique de son courroux je sois seul la victime,
Il n'en est pas pour moi moins grand, moins magnanime.
La nature, il est vrai, d'avec ses ennemis,
N'a jamais dans son cœur su distinguer ses fils.
Je ne suis pas le seul de ce sang invincible
Qu'ait proscrit en naissant sa rigueur inflexible.
J'eus un frère, seigneur, illustre et généreux,
Digne par sa valeur du sort le plus heureux.
Que je regrette encor sa triste destinée !
Et jamais il n'en fut de plus infortunée.
Un père, conjuré contre son propre sang,
Lui-même lui porta le couteau dans le flanc.
De ce jeune héros partageant la disgrace,
Peut-être qu'aujourd'hui même sort me menace :
Plus coupable en effet, n'en attends-je pas moins ;
Mais ce n'est pas seigneur, le plus grand de mes soins.
Non, la mort désormais n'a rien qui m'intimide.
Qu'un soin bien différent et m'agite et me guide !

RHADAMISTHE.

Quels que soient vos desseins, vous pouvez, sans effroi,
Sûr d'un appui sacré, vous confier à moi.
Plus indigné que vous contre un barbare père,

Je sens, à son nom seul, redoubler ma colère.
Touché de vos vertus, et tout entier à vous,
Sans savoir vos malheurs, je les partage tous.
Vous calmeriez bientôt la douleur qui vous presse,
Si vous saviez pour vous jusqu'où je m'intéresse.
Parlez, prince : faut-il contre un père inhumain
Armer avec éclat tout l'empire romain ?
Soyez sûr qu'avec vous mon cœur d'intelligence
Ne respire aujourd'hui qu'une même vengeance.
S'il ne faut qu'attirer Corbulon en ces lieux,
Quels que soient vos projets, j'ose attester les dieux
Que nous aurons bientôt satisfait votre envie,
Fallût-il pour vous seul conquérir l'Arménie.

ARSAME.

Que me proposez-vous ? quel conseil ! ah ! seigneur,
Que vous pénétrez mal dans le fond de mon cœur ?
Qui moi, que, trahissant mon père et ma patrie,
J'attire les Romains au sein de l'Ibérie ?
Ah ! si jusqu'à ce point il faut trahir ma foi,
Que Rome en ce moment n'attende rien de moi.
Je n'en exige rien, dès qu'il faut par un crime
Acheter un bienfait que j'ai cru légitime ;
Et je vois bien, seigneur, qu'il me faut aujourd'hui
Pour des infortunés chercher un autre appui.
Je croyais, ébloui de ses titres suprêmes,
Rome utile aux mortels autant que les dieux mêmes ;
Et, pour en obtenir un secours généreux,
J'ai cru qu'il suffisait que l'on fût malheureux.
J'ose le croire encor ; et, sur cette espérance,
Souffrez que des Romains j'implore l'assistance ;
C'est pour une captive asservie à nos lois,
Qui, pour vous attendrir, a recours à ma voix ;
C'est pour une captive, aimable, infortunée,
Digne par ses appas d'une autre destinée.
Enfin, par ses vertus à juger de son rang,
On ne sortit jamais d'un plus illustre sang.
C'est vous instruire assez de sa haute naissance
Que d'intéresser Rome à prendre sa défense.
Elle veut même ici vous parler sans témoins ;
Et jamais on ne fut plus digne de vos soins.

Pharasmane, entraîné par un amour funeste,
Veut me ravir, seigneur, ce seul bien qui me reste ;
Le seul où je faisais consister mon bonheur,
Et le seul que pouvait lui disputer mon cœur.
Ce n'est pas que, plus fier d'un secours que j'espère,
Je prétende à mon tour l'enlever à mon père.
Quand même il céderait sa captive à mes feux,
Mon sort n'en serait pas plus doux, ni plus heureux.
Je ne veux qu'éloigner cet objet que j'adore,
Et même sans espoir de le revoir encore.

RHADAMISTHE.

Suivi de peu des miens, sans pouvoir où je suis,
Vous offrir un asile, est tout ce que je puis.

ARSAME.

Et tout ce que je veux : mon ame est satisfaite.
Je vais tout disposer, seigneur, pour sa retraite.
Je ne sais : mais, pressé d'un mouvement secret,
J'abandonne Isménie avec moins de regret.
Pour calmer la douleur de mon ame inquiète,
Il suffit qu'en vos mains Arsame la remette.
Encor, si je pouvais, aux dépens de mes jours,
M'acquitter envers vous d'un généreux secours !
Mais je ne puis offrir, dans mon malheur extrême,
Pour prix d'un tel bienfait, que le bienfait lui-même.

RHADAMISTHE.

Je n'en demande pas, cher prince, un prix plus doux..
Il est digne de moi, s'il n'est digne de vous.
Souffrez que désormais je vous serve de frère.
Que je vous plains d'avoir un si barbare père !
Mais de ses vains transports pourquoi vous alarmer ?
Pourquoi quitter l'objet qui vous a su charmer ?
Daignez me confier et son sort et le vôtre ;
Dans un asile sûr suivez-moi l'un et l'autre.
Sensible à ses malheurs, je ne puis, sans effroi,
Abandonner Arsame aux fureurs de son roi.
Prince, vous dédaignez un conseil qui vous blesse :
Mais si vous connaissiez celui qui vous en presse...

ARSAME.

Donnez-moi des conseils qui soient plus généreux,

Dignes de mon devoir, et dignes de tous deux,
Le roi doit dès demain partir pour l'Arménie;
Il s'agit à ses vœux d'enlever Isménie.
Mon père en ce moment peut l'éloigner de nous;
Et sa captive en pleurs n'espère plus qu'en vous.
Déjà sur vos bontés pleine de confiance,
Elle attend votre vue avec impatience.
Adieu, seigneur, adieu : je craindrais de troubler
Des secrets qu'à vous seul elle veut révéler.

SCÈNE III.

RHADAMISTHE, *seul.*

Ainsi, père jaloux, père injuste et barbare,
C'est contre tout son sang que ton cœur se déclare!
Craint que ce même sang, tant de fois dédaigné,
Ne se soulève enfin de sa source indigné,
Puisque déjà l'amour, maître du cœur d'Arsame,
Y verse le poison d'une mortelle flamme.
Quel que soit le respect de ce vertueux fils,
Est-il quelques rivaux qui ne soient ennemis?
Non, il n'est point de cœur si grand, si magnanime,
Qu'un amour malheureux n'entraîne dans le crime.
Mais je prétends en vain l'armer contre son roi;
Mon frère n'est point fait au crime comme moi.
Méritais-tu, barbare, un fils aussi fidèle?
Ta rigueur semble encor en accroître le zèle.
Rien ne peut ébranler son devoir, ni sa foi,
Et toujours plus soumis... Quel exemple pour moi!
Dieux, de tant de vertus n'ornez-vous donc mon frère,
Que pour me rendre seul trop semblable à mon père?
Que prétend la fureur dont je suis combattu?
D'un fils respectueux séduire la vertu?
Imitons-là plutôt, cédons à la nature.
N'en ai-je pas assez étouffé le murmure?
Que dis-je? dans mon cœur moins rebelle à ses lois,
Dois-je plutôt qu'un père en écouter la voix?
Pères cruels, vos droits ne sont-ils pas les nôtres?

Et nos devoirs sont-ils plus sacrés que les vôtres ?
On vient : c'est Hiéron.

SCÈNE IV.

RHADAMISTHE, HIÉRON.

RHADAMISTHE.

CHER ami, c'en est fait.
Mes efforts redoublés ont été sans effet.
Tout malheureux qu'il est, le vertueux Arsame,
Presque sans murmurer, voit traverser sa flamme ;
Et qu'en attendre encor, quand l'amour n'y peut rien ?
Hiéron, que son cœur est différent du mien !
J'ai perdu tout espoir de troubler l'Ibérie,
Et le roi va bientôt partir pour l'Arménie.
Dévançons-y ses pas, et courons achever
Des forfaits que le sort semble me réserver.
Pour partir avec toi je n'attends qu'Isménie.
Tu sais qu'à Pharasmane elle doit être unie.

HIÉRON.

Quoi ! seigneur…

RHADAMISTHE.

Elle peut servir à mes desseins.
Elle est d'un sang, dit-on, allié des Romains.
Pourrais-je refuser à mon malheureux frère
Un secours qui commence à me la rendre chère ?
D'ailleurs, pour l'enlever ne me suffit-il pas
Que mon père cruel brûle pour ses appas ?
C'est un garant pour moi : je veux ici l'attendre.
Daigne observer des lieux où l'on peut nous surprendre
Adieu, je crois la voir, favorise mes soins,
Et me laisse avec elle un moment sans témoins.

SCÈNE V.

RHADAMISTHE, ZÉNOBIE.

ZÉNOBIE.

Seigneur, est-il permis à des infortunés,
Qu'au joug d'un fier tyran le sort tient enchaînés;
D'oser avoir recours, dans la honte des fers,
A ces mêmes Romains maîtres de l'univers?
En effet, quel emploi pour ces maîtres du monde,
Que le soin d'adoucir ma misère profonde !
Le ciel qui soumit tout à leurs augustes lois...

RHADAMISTHE, *à part.*

Que vois-je? Ah! malheureux, quels traits! quel son de
    voix!
Justes dieux! quel objet offrez-vous à ma vue?

ZÉNOBIE.

D'où vient à mon aspect que votre ame est émue,
Seigneur?

RHADAMISTHE, *à part.*

    Ah! si ma main n'eût pas privé du jour...

ZÉNOBIE.

Qu'entends-je? quels regrets ! et que vois-je à mon tour ?
Triste ressouvenir ! je frémis, je frissonne.
Où suis-je? et quel objet! la force m'abandonne.
Ah! seigneur, dissipez mon trouble et ma terreur.
Tout mon sang s'est glacé jusqu'au fond de mon cœur.

RHADAMISTHE, *à part.*

Ah ! je n'en doute plus au transport qui m'anime.
Ma main, n'as-tu commis que la moitié du crime !
    (*à Zénobie.*)
Victime d'un cruel contre vous conjuré,
Triste objet d'un amour jaloux, désespéré,
Que ma rage a poussé jusqu'à la barbarie,
Après tant de fureurs, est-ce vous Zénobie?

ZÉNOBIE.

Zénobie ! ah ! grands dieux ! cruel, mais cher époux !

Après tant de malheurs, Rhadamisthe, est-ce vous ?

RHADAMISTHE.

Se peut-il que vos yeux le puissent méconnaître ?
Oui, je suis ce cruel, cet inhumain, ce traître,
Cet époux meurtrier. Plût au ciel qu'aujourd'hui
Vous eussiez oublié ses crimes avec lui !
O dieux ! qui la rendez à ma douleur mortelle,
Que ne lui rendez-vous un époux digne d'elle ?
Par quel bonheur le ciel, touché de mes regrets,
Me permet-il encor de revoir tant d'attraits ?
Mais, hélas ! se peut-il qu'à la cour de mon père
Je trouve dans les fers une épouse si chère ?
Dieux ! n'ai-je pas assez gémi de mes forfaits,
Sans m'accabler encor de ces tristes objets ?
O de mon désespoir victime trop aimable !
Que tout ce que je vois rend votre époux coupable !
Quoi ! vous versez des pleurs !

ZÉNOBIE,

Malheureuse ! eh ! comment
N'en répandrais-je pas dans ce fatal moment ?
Ah, cruel ! plût aux dieux que ta main ennemie
N'eût jamais attenté qu'aux jours de Zénobie !
Le cœur, à ton aspect, désarmé de courroux,
Je ferais mon bonheur de revoir mon époux ;
Et l'amour, s'honorant de ta fureur jalouse,
Dans tes bras avec joie eût remis ton épouse.
Ne crois pas, cependant, que, pour toi sans pitié,
Je puisse te revoir avec inimitié.

RHADAMISTHE.

Quoi ! loin de m'accabler, grands dieux ! c'est Zénobie
Qui craint de me haïr, et qui s'en justifie !
Ah ! punis-moi plutôt ; ta funeste bonté,
Même en me pardonnant tient de ma cruauté.
N'épargne point mon sang, cher objet que j'adore ;
Prive-moi du bonheur de te revoir encore.

(il se jette à genoux.)

Faut-il, pour t'en presser, embrasser tes genoux !
Songe au prix de quel sang je devins ton époux.
Jusques à mon amour tout veut que je périsse.

Laisser le crime en paix c'est s'en rendre complice.
Frappe : mais souviens-toi que, malgré ma fureur,
Tu ne sortis jamais un moment de mon cœur ;
Que si le repentir tenait lieu d'innocence,
Je n'exciterais plus ni haine, ni vengeance ;
Que, malgré le courroux qui te doit animer,
Ma plus grande fureur fut celle de t'aimer.

ZÉNOBIE.

Lève-toi : c'en est trop. Puisque je te pardonne,
Que servent les regrets où ton cœur s'abandonne ?
Va, ce n'est pas à nous que les dieux ont remis
Le pouvoir de punir de si chers ennemis.
Nomme-moi les climats où tu souhaites vivre :
Parle, dès ce moment je suis prête à te suivre ;
Sûre que les remords qui saisissent ton cœur,
Naissent de ta vertu, plus que de ton malheur.
Heureuse, si pour toi les soins de Zénobie
Pouvaient un jour servir d'exemple à l'Arménie,
La rendre comme moi soumise à ton pouvoir,
Et l'instruire du moins à suivre son devoir !

RHADAMISTHE.

Juste ciel ! se peut-il que des nœuds légitimes
Avec tant de vertus unissent tant de crimes,
Que l'hymen associe au sort d'un furieux,
Ce que de plus parfait firent naître les dieux ?
Quoi ! tu peux me revoir sans que la mort d'un père,
Sans que mes cruautés, ni l'amour de mon frère,
Ce prince, cet amant si grand, si généreux,
Te fassent détester un époux malheureux ?
Et je puis me flatter qu'insensible à sa flamme,
Tu dédaignes les vœux du vertueux Arsame ?
Que dis-je ? trop heureux que pour moi dans ce jour,
Le devoir dans ton cœur me tienne lieu d'amour,

ZÉNOBIE.

Calme les vains soupçons dont ton ame est saisie ;
Ou cache-m'en du moins l'indigne jalousie :
Et souviens-toi qu'un cœur qui peut te pardonner,
Est un cœur que sans crime on ne peut soupçonner.

RHADAMISTHE.

Pardonne, chère épouse, à mon amour funeste,

Pardonne des soupçons que tout mon cœur déteste.
Plus ton barbare époux est indigne de toi,
Moins tu dois t'offenser de son injuste effroi.
Rends-moi ton cœur, la main, ma chère Zénobie,
Et daigne, dès ce jour me suivre en Arménie.
César m'en a fait roi : viens me voir désormais,
A force de vertu effacer mes forfaits.
Hiéron est ici : c'est un sujet fidèle ;
Nous pouvons confier notre fuite à son zèle.
Aussitôt que la nuit aura voilé les cieux,
Sûre de me revoir, viens m'attendre en ces lieux.
Adieu : n'attendons pas qu'un ennemi barbare,
Quand le ciel nous rejoint pour jamais nous sépare.
Dieux, qui me la rendez, pour combler mes souhaits,
Daignez me faire un cœur digne de vos bienfaits.

FIN DU TROISIÈME ACTE.

ACTE IV.

SCÈNE Ire.

ZÉNOBIE, PHÉNICE.

PHÉNICE.

Ah ! madame, arrêtez. Quoi ! ne pourrai-je apprendre
Qui fait couler les pleurs que je vous vois répandre ?
Après tant de secrets confiés à ma foi,
En avez-vous encor qui ne soient pas pour moi ?
Arsame va partir ; vous soupirez, madame !
Plaindriez-vous le sort du généreux Arsame ?
Fait-il couler les pleurs dont vos yeux sont baignés ?
Il part ; et, prévenu que vous le dédaignez,
Le prince malheureux, banni de l'Ibérie
Va pleurer à Colchos la perte d'Isménie.

ZÉNOBIE.

Loin de te confier mes coupables douleurs,

Que n'en puis-je effacer la honte par mes pleurs ?
Phénice, laisse-moi ; je ne veux plus t'entendre.
L'ambassadeur romain près de moi va se rendre.
Laisse-moi seule.

SCÈNE II.

ZÉNOBIE, *seule*.

Où vais-je ? et quel est mon espoir ?
Imprudente, où m'entraîne un aveugle devoir ?
Je devance la nuit ; pour qui ? Pour un parjure
Qu'a proscrit dans mon cœur la voix de la nature.
Ai-je donc oublié que sa barbare main
Fit tomber tous les miens sous un fer assassin ?
Que dis-je ? Le cœur plein de feux illégitimes,
Ai-je assez de vertu pour lui trouver des crimes ?
Et me paraîtrait-il si coupable en ce jour,
Si je ne brûlais pas d'un criminel amour ?
Etouffons sans regret une honteuse flamme ;
C'est à mon époux seul à régner sur mon ame.
Tout barbare qu'il est, c'est un présent des dieux,
Qu'il ne m'est pas permis de trouver odieux.
Hélas ! malgré mes maux, malgré sa barbarie,
Je n'ai pu le revoir sans en être attendrie.
Que l'hymen est puissant sur les cœurs vertueux !
On vient.

SCÈNE III.

ZÉNOBIE, ARSAME.

ZÉNOBIE.

Dieux ! quel objet offrez-vous à mes yeux !

ARSAME.

Et quoi ! je vous revois ! c'est vous-même, madame !
Quel dieu vous rend aux vœux du malheureux Arsame

ZÉNOBIE.

Ah ! fuyez-moi, seigneur, il y va de vos jours.

ARSAME.

Dût mon père cruel en terminer le cours,
Hélas ! quand je vous perds, adorable Isménie,
Voudrais-je prendre encor quelque part à la vie ?
Accablé de mes maux, je ne demande aux dieux
Que la triste douceur d'expirer à vos yeux.
Le cœur aussi touché de perdre ce que j'aime,
Que si vous répondiez à mon amour extrême,
Je ne veux que mourir. Je vois couler des pleurs :
Madame, seriez-vous sensible à mes malheurs ?
Le sort le plus affreux n'a plus rien qui m'étonne.

ZÉNOBIE.

Ah ! loin qu'à votre amour votre cœur s'abandonne,
Vous voyez et mon trouble, et l'état où je suis :
Seigneur, ayez pitié de mes mortels ennuis,
Fuyez ; n'irritez point le tourment qui m'accable.
Vous avez un rival, mais le plus redoutable.
Ah ! s'il vous surprenait dans ce funeste lieu,
J'en mourrais de douleur. Adieu, seigneur, adieu.
Si sur vous ma prière eut jamais quelque empire,
Loin d'en croire aux transports que l'amour vous ins
     pire...

ARSAME.

Quel est donc ce rival si terrible pour moi,
En ai-je à craindre encor quelque autre que le roi ?

ZÉNOBIE.

Sans vouloir pénétrer un si triste mystère,
N'en est-ce pas assez, seigneur, que votre père ?
Fuyez. prince, fuyez, rendez-vous à mes pleurs ;
Satisfait de me voir sensible à vos malheurs ;
Partez, éloignez-vous, trop généreux Arsame.

ARSAME.

Un infidèle ami trahirait-il ma flamme ?
Dieux ! quel trouble s'élève en mon cœur alarmé !
Quoi ! toujours des rivaux, et n'être point aimé !
Belle Isménie, en vain vous voulez que je fuie ;
Je ne le puis, dussé-je en perdre ici la vie.
Je vois couler des pleurs qui ne sont pas pour moi.

Quel est donc ce rival? dissipez mon effroi.
D'où vient qu'en ce palais je vous retrouve encore?
Me refuserait-on un secours que j'implore?
Les perfides Romains m'ont-ils manqué de foi?
Ah! daignez m'éclaircir du trouble où je vous voi.
Parlez, ne craignez pas de lasser ma constance.
Quoi! vous ne romprez point ce barbare silence?
Tout m'abandonne-t-il en ce funeste jour?
Dieux! est-on sans pitié, pour être sans amour?

ZÉNOBIE.

Hé bien, seigneur, hé bien, il faut vous satisfaire;
Je ne dois plus qu'à vous cet aveu nécessaire.
Ce serait mal répondre à vos soins généreux,
Que d'abuser encor votre amour malheureux.
Le sort a disposé de la main d'Isménie.

ARSAME.

Juste ciel!

ZÉNOBIE.

Et l'époux à qui l'hymen me lie,
Est-ce même Romain dont vos soins aujourd'hui
Ont imploré pour moi le secours et l'appui.

ARSAME.

Ah! dans mon désespoir, fût-ce César lui-même...

ZÉNOBIE.

Calmez de ce transport la violence extrême.
Mais c'est trop l'exposer à votre inimitié.
Moins digne de courroux, que digne de pitié,
C'est un rival, seigneur, quoique pour vous terrible
Qui n'éprouvera point votre cœur insensible,
Qui vous est attaché par les nœuds les plus doux,
Rhadamisthe, en un mot.

ARSAME.

Mon frère?

ZÉNOBIE.

Et mon époux.

ARSAME.

Vous, Zénobie? ô ciel, était-ce dans mon ame

Où devait s'allumer une coupable flamme?
Après ce que j'éprouve, ah! quel cœur, désormais,
Osera se flatter d'être exempt de forfaits?
Madame, quel secret venez-vous de m'apprendre!
Réserviez-vous ce prix à l'amour le plus tendre?

ZÉNOBIE.

J'ai résisté, seigneur, autant que je l'ai pu;
Mais puisque j'ai parlé, respectez ma vertu.
Mon nom seul vous apprend ce que vous devez faire;
Mon secret échappé, votre amour doit se taire.
Mon cœur de son devoir fut toujours trop jaloux...
Quelqu'un vient.

SCÈNE IV.

RHADAMISTHE, ZÉNOBIE, ARSAME, HIÉRON.

ZÉNOBIE, à *Arsame*.

Ah! fuyez, seigneur, c'est mon époux.

RHADAMISTHE, à *part*.

Que vois-je? Quoi! mon frère!... Hiéron, va m'attendre.

SCÈNE V.

RHADAMISTHE, ZÉNOBIE, ARSAME.

RHADAMISTHE, à *part*.

D'un trouble affreux mon cœur a peine à se défendre.
    (*haut.*)
Madame, tout est prêt; les ombres de la nuit
Effaceront bientôt la clarté qui nous luit.

ZÉNOBIE.

Seigneur, puisqu'à vos soins désormais je me livre;
Rien ne m'arrête ici, je suis prête à vous suivre.
Seul maître de mon sort, quels que soient les climats,

Où le ciel avec vous veuille guider mes pas.,
Vous pouvez ordonner, je vous suis.

RHADAMISTHE, *à part.*

Ah! perfide!

(*à Arsame.*)

Prince, je vous ai cru parti pour la Colchide.
Trop instruit des transports d'un père furieux,
Je ne m'attendais pas à vous voir en ces lieux :
Mais, si près de quitter pour jamais Isménie.,
Vous vous occupez peu du soin de votre vie ;
Et d'un père cruel quel que soit le courroux,
On s'oublie aisément en des momens si doux.

ARSAME.

Lorsqu'il faut au devoir immoler sa tendresse,
Un cœur s'alarme peu du péril qui le presse ;
Et ces momens si doux que vous me reprochez,
Coûtent bien cher aux cœurs que l'amour a touchés.
Je vois trop qu'il est temps que le mien y renonce ;
Quoi qu'il en soit, du moins votre cœur me l'annonce.
Mais avant que la nuit vous éloigne de nous,
Permettez-moi, seigneur, de me plaindre de vous.
A qui dois-je imputer un discours qui me glace !
Qui peut d'un tel accueil m'attirer la disgrace,
Ce jour même, ce jour, il me souvient qu'ici
Votre vive amitié ne parlait pas ainsi.
Ce rival, qu'avec soin on me peint inflexible
N'est pas de mes rivaux , seigneur, le plus terrible ;
Et, malgré son courroux, il en est aujourd'hui,
Pour mes feux et pour moi, de plus cruels que lui.
Ce discours vous surprend : il n'est plus temps de
    feindre ;
La nature en mon cœur ne peut plus se contraindre.
Ah ! seigneur plût aux dieux qu'avec la même ardeur
Elle eût pu s'expliquer au fond de votre cœur !
On ne m'eût point ravi, sous un cruel mystère,
La douceur de connaître et d'embrasser mon frère.
Ne vous dérobez point à mes embrassemens ;
Pourquoi troubler, seigneur, de si tendres momens :
Ah ! revenez à moi sous un front moins sévère,

Et ne m'accablez point d'une injuste colère.
Il est vrai, j'ai brûlé pour ses divins appas ;
Mais, seigneur, mais mon cœur ne la connaissait pas.

RHADAMISTHE.

Dieux! qu'est-ce que j'entends ? Quoi! prince, Zénobie
Vient de vous confier le secret de ma vie ?
Ce secret de lui-même est assez important,
Pour n'en point rendre ici l'aveu trop éclatant.
Vous connaissez le prix de ce qu'on vous confie,
Et je crois votre cœur exempt de perfidie.
Je ne puis cependant approuver qu'à regret.
Qu'on vous ait révélé cet important secret.
Du moins, sans mon aveu, l'on n'a point dû le faire ;
À mon exemple, enfin, on devait vous le taire ;
Et si j'avais voulu vous en voir éclairci,
Ma tendresse pour vous l'eût découvert ici.
Qui peut à mon secret devenir infidèle,
Ne peut, quoi qu'il en soit, n'être point criminelle.
Je connais, il est vrai, toute votre vertu ;
Mais mon cœur, de soupçons, n'est pas moins com-
    battu.

ARSAME.

Quoi ! la noire fureur de votre jalousie,
Seigneur, s'étend aussi jusques à Zénobie ?
Pouvez-vous offenser...

ZÉNOBIE.

                    Laissez agir, seigneur,
Des soupçons, en effet, si dignes de son cœur.
Vous ne connaissez pas l'époux de Zénobie,
Ni les divers transports dont son ame est saisie.
Pour oser cependant outrager ma vertu,
Réponds-moi, Rhadamisthe, et de quoi te plains-tu ?
De l'amour de ton frère ! Ah ! barbare, quand même
Mon cœur eût pu se rendre à son amour extrême,
Le bruit de ton trépas, confirmé tant de fois,
Ne me laissait-il pas maîtresse de mon choix ?
Que pouvaient te servir les droits d'un hymenée
Que vit rompre et former une même journée ?
Ose te prévaloir de ce funeste jour

Où tout mon sang coula pour prix de mon amour ;
Rappelle toi le sort de ma famille entière ;
Songe au sang qu'a versé ta fureur meurtrière ;
Et considère après sur quoi tu peux fonder
Et l'amour et la foi que j'ai dû te garder.
Il est vrai que, sensible aux malheurs de ton frère,
De ton sort et du mien j'ai trahi le mystère.
J'ignore si c'est là le trahir en effet ;
Mais sache que ta gloire en fut le seul objet.
Je voulais de ses feux éteindre l'espérance,
Et chasser de son cœur un amour qui m'offense.
Mais puisqu'à tes soupçons tu veux l'abandonner,
Connais donc tout ce cœur que tu peux soupçonner ;
Je vais, par un seul trait, te le faire connaître,
Et de mon sort après je te laisse le maître.
Ton frère me fut cher, je ne le puis nier,
Je ne cherche pas même à m'en justifier :
Mais malgré son amour, ce prince, qui l'ignore,
Sans tes lâches soupçons l'ignorerait encore.

(à Arsame.)

Prince, après cet aveu, je ne vous dis plus rien.
Vous connaissez assez un cœur comme le mien,
Pour croire que sur lui l'amour ait quelque empire,
Mon époux est vivant, ainsi ma flamme expire.
Cessez donc d'écouter un amour odieux,
Et, surtout, gardez-vous de paraître à mes yeux.

(à Rhadamisthe.)

Pour toi, dès que la nuit pourra me le permettre,
Dans tes mains, en ces lieux, je viendrai me remettre,
Je connais la fureur de tes soupçons jaloux ;
Mais j'ai trop de vertu pour craindre mon époux.

(elle sort.)

SCÈNE VI.

RHADAMISTHE, ARSAME.

RHADAMISTHE.

Barbare que je suis ! quoi ! ma fureur jalouse

Déshonore à la fois mon frère et mon épouse !
Adieu, prince, je cours, honteux de mon erreur,
Aux pieds de Zénobie expier ma fureur.

SCÈNE VII.

ARSAME, *seul.*

Cher objet de mes vœux, aimable Zénobie,
C'en est fait, pour jamais vous m'êtes donc ravie ?
Amour, cruel amour, pour irriter mes maux,
Devais-tu dans mon sang me choisir mes rivaux ?
Ah ! fuyons de ces lieux...

SCÈNE VIII.

ARSAME, MITRANE, GARDES.

ARSAME, *à part.*

Ciel ! que me veut Mitrane ?

MITRANE.

J'obéis à regret, seigneur : mais Pharasmane,
Dont en vain j'ai tenté de fléchir le courroux...

ARSAME.

Hé bien ?

MITRANE.

Veut qu'en ces lieux je m'assure de vous
Souffrez...

ARSAME.

Je vous entends. Et quel est donc mon crime ?

MITRANE.

J'en ignore la cause injuste ou légitime.
Mais je crains pour vos jours ; et les transports du roi
N'ont jamais dans mon cœur répandu plus d'effroi.
Furieux, inquiet, il s'agite, il vous nomme,
Il menace avec vous l'ambassadeur de Rome ;
On vous accuse, enfin, d'un entretien secret.

ARSAME.

C'en est assez , Mitrane , et je suis satisfait.
O destin ! à tes coups j'abandonne ma vie !
Mais sauve , s'il se peut, mon frère et Zénobie.

FIN DU QUATRIÈME ACTE.

ACTE V.

SCÈNE Ire.

PHARASMANE, HIDASPE, GARDES.

PHARASMANE.

HIDASPE , il est donc vrai que mon indigne fils,
Qu'Arsame est de concert avec mes ennemis ?
Quoi ! ce fils autrefois si soumis , si fidèle ,
Si digne d'être aimé , n'est qu'un traître un rebelle !
Quoi ! contre les Romains ce fils , tout mon espoir ,
A pu jusqu'à ce point oublier son devoir ?
Perfide , c'en est trop que d'aimer Isménie ,
Et que d'oser trahir ton père et l'Ibérie ,
Traverser à la fois et ma gloire et mes feux...
Pour de moindre forfaits ton frère malheureux...
Mais en vain tu séduis un prince téméraire ,
Rome , de mes desseins ne crois pas me distraire.
Ma défaite ou ma mort peut seule les troubler ;
Un ennemi de plus ne me fait pas trembler.
Dans la juste fureur qui contre toi m'anime ,
Rome , c'est ne m'offrir de plus qu'une victime.
C'est assez que mon fils s'intéresse pour toi ;
Dès qu'il faut me venger , tout est Romain pour moi
Mais que dit Hiéron ? T'es-tu bien fait entendre ?
Sait-il , enfin , de moi tout ce qu'il doit attendre ,

S'il veut dans l'Arménie appuyer mes projets ?

HIDASPE.

Peu touché de l'espoir des plus rares bienfaits,
A vos offres, seigneur, toujours plus inflexible,
Hiéron n'a fait voir qu'un cœur incorruptible ;
Soit qu'il veuille, en effet, signaler son devoir,
Ou soit qu'à plus haut prix il mette son pouvoir.
Trop instruit qu'il peut seul vous servir ou vous nuire,
Je n'ai rien onblié, seigneur, pour le séduire.

PHARASMANE.

Hé bien ! c'est donc en vain qu'on me parle de paix ;
Dussé-je sans honneur succomber sous le faix,
Jusques chez les Romains je veux porter la guerre,
Et de ces fiers tyrans venger toute la terre.
Que je hais les Romains ! je ne sais quelle horreur
Me saisit au seul nom de leur ambassadeur ;
Son aspect a jeté le trouble dans mon ame.
Ah ! c'est lui qui sans doute aura séduit Arsame,
Tous deux en même jour arrivés dans ces lieux...
Le traître ! C'en est trop, qu'il paraisse à mes yeux.
Mais je le vois ; il faut...

SCÈNE II.

PHARASMANE, ARSAME, HIDASPE, MITRANE, GARDES.

PHARASMANE.

                    Fils ingrat et perfide ;
Que dis-je ? au fond du cœur peut-être parricide,
Esclave de Néron, et quel est ton dessein ?
    (à Hidaspe.)
Qu'on m'amène en ces lieux l'ambassadeur romain.

SCÈNE III.

PHARASMANE, ARSAME, MITRANE, GARDES.

PHARASMANE, *à Arsame.*

TRAÎTRE, c'est devant lui que je veux te confondre.
Je veux savoir du moins ce que tu peux répondre ;
Je veux voir de quel œil tu pourras soutenir
Le témoin d'un complot que j'ai su prévenir ;
Et nous verrons après si ton lâche complice
Soutiendra sa fierté jusques dans le supplice.
Tu ne me vantes plus ton zèle, ni ta foi.

ARSAME.

Elle n'en est pas moins sincère pour mon roi.

PHARASMANE.

Fils indigne du jour, pour me le faire croire,
Fais que de tes projets je perde la mémoire.
Grands dieux, qui connaissez ma haine et mes desseins
Ai-je pu mettre au jour un ami des Romains !

ARSAME.

Ces reproches honteux, dont en vain l'on m'accable,
Ne rendront pas, seigneur, votre fils plus coupable.
Que sert de m'outrager avec indignité ?
Donnez-moi le trépas, si je l'ai mérité :
Mais ne vous flattez point que, tremblant pour ma vie
Jusqu'à la demander la crainte m'humilie.
Qui ne cherche en effet qu'à me faire périr,
En faveur d'un rival pourrait-il s'attendrir ?
Je sais que près de vous, injuste ou légitime,
Le plus léger soupçon tient toujours lieu de crime ;
Que c'est être proscrit que d'être soupçonné ;
Que votre cœur, enfin, n'a jamais pardonné.
De vos transports jaloux qui pourrait me défendre,
Vous, qui m'avez toujours condamné sans m'entendre

PHARASMANE.

Pour te justifier, eh ! que me diras-tu,

ARSAME.

Tout ce qu'à dû pour moi vous dire ma vertu ;
Que ce fils si suspect , pour trahir sa patrie ,
Ne vous fût pas venu chercher dans l'Ibérie.

PHARASMANE.

D'où vient donc aujourd'hui ce secret entretien ,
S'il est vrai qu'en ces lieux tu ne médites rien ?
Quand je voue aux Romains une haine immortelle ,
Voir leur ambassadeur , est-ce m'être fidèle ?
Est-ce pour le punir de m'avoir outragé ,
Qu'à lui parler ici mon fils s'est engagé ?
Car il n'a point dû voir l'ennemi qui m'offense ,
Que pour venger ma gloire , ou trahir ma vengeance.
Un de ces deux motifs a dû seul le guider ;
Et c'est sur l'un des deux que je dois décider.
Éclaircis-moi ce point , je suis prêt à t'entendre ,
Parle.

ARSAME.

Je n'ai plus rien , seigneur , à vous apprendre.
Ce n'est pas un secret qu'on puisse révéler ,
Un intérêt sacré me défend de parler.

SCÈNE IV.

PHARASMANE , ARSAME , MITRANE , HIDASPE , GARDES.

HIDASPE.

L'Ambassadeur de Rome et celui d'Arménie...

PHARASMANE.

Hé bien ?

HIDASPE.

De ce palais enlèvent Isménie.

PHARASMANE.

Dieux ! qu'est-ce que j'entends ? Ah traître ! en est-ce assez ?
Qu'on rassemble en ces lieux mes gardes dispersés ,
Allez ; dès ce moment qu'on soit prêt à me suivre.

Crébillon.   14

(*à Arsame.*)

Lâche, à cet attentat n'espère pas survivre.

HIDASPE.

Vos gardes rassemblés, mais par divers chemins,
Déjà de toutes parts poursuivent les Romains.

PHARASMANE.

Rome, que ne peux-tu, témoin de leurs supplices,
De ma fureur ici recevoir les prémices !
(*il veut sortir.*)

ARSAME.

Je ne vous quitte point, en dussé-je périr.
Hé bien, écoutez-moi, je vais tout découvrir.
Ce n'est pas un Romain que vous allez poursuivre.
Loin qu'à votre courroux sa naissance le livre,
Du plus illustre sang il a reçu le jour,
Et d'un sang respecté même dans cette cour ;
De vos propres regrets sa mort serait suivie ;
Ce ravisseur, enfin, est l'époux d'Isménie...
C'est...

PHARASMANE.

Achève, imposteur ; par de lâches détours
Crois-tu de ma fureur interrompre le cours ?

ARSAME.

Ah ! permettez du moins, seigneur, que je vous suive ;
Je m'engage à vous rendre ici votre captive.

PHARASMANE.

Retire-toi, perfide, et ne réplique pas.
(*à une partie de sa garde.*)
Mitrane, qu'on l'arrête. Et vous, suivez mes pas.

SCÈNE V.

ARSAME, MITRANE, GARDES.

ARSAME.

Dieux, témoins des fureurs que le cruel médite,
L'abandonnerez-vous au transport qui l'agite ?

Par quel destin faut-il que ce funeste jour
Charge de tant d'horreurs la nature et l'amour?
Mais je devais parler, le nom de fils peut-être.
Hélas! que m'eût servi de le faire connaître?
Loin que ce nom si doux eût fléchi le cruel,
Il n'eût fait que le rendre encor plus criminel.
Que dis-je, malheureux? que me sert de me plaindre?
Dans l'état où je suis, eh! qu'ai-je encor à craindre?
Mourons; mais que ma mort soit utile en ces lieux
A des infortunés qu'abandonnent les dieux.
Cher ami, s'il est vrai que mon père inflexible
Aux malheurs de son fils te laisse un cœur sensible,
Dans mes derniers momens à toi seul j'ai recours.
Je ne demande point que tu sauves mes jours.
Ne crains pas que pour eux j'ose rien entreprendre;
Mais si tu connaissais le sang qu'on va répandre,
Au prix de tout le tien tu voudrais le sauver.
Suis-moi, que ta pitié m'aide à le conserver.
Désarmé, sans secours, suis-je assez redoutable
Pour alarmer encor ton cœur inexorable?
Pour toute grace, enfin, je n'exige de toi
Que de guider mes pas sur les traces du roi.

MITRANE.

Je ne le nirai point, votre vertu m'est chère,
Mais je dois obéir, seigneur, à votre père.
Vous prétendez en vain séduire mon devoir.

ARSAME.

Hé bien, puisque pour moi rien ne peut t'émouvoir..
Mais hélas! c'en est fait, et je le vois paraître.
Justes dieux! de quel sang nous avez-vous fait naître?

SCÈNE VI.

PHARASMANE, ARSAME, MITRANE, HIDASPE, GARDES.

ARSAME.

(à part.)   (au roi.
Ah! mon frere n'est plus? Seigneur, qu'avez-vous fait?

PHARASMANE.

J'ai vengé mon injure, et je suis satisfait.
Aux portes du palais j'ai trouvé le perfide,
Que son malheur rendait encor plus intrépide.
Un long rempart des miens expirés sous ses coups,
Arrêtant les plus fiers, glaçait les cœurs de tous.
J'ai vu deux fois le traître, au mépris de sa vie,
Tenter, même à mes yeux, de reprendre Isménie.
L'ardeur de recouvrer un bien si précieux
L'avait déjà deux fois ramené dans ces lieux.
A la fin, indigné de son audace extrême,
Dans la foule des siens je l'ai cherché moi-même.
Ils en ont pâli tous; et, malgré sa valeur,
Ma main a dans son sein plongé ce fer vengeur.
Va le voir expirer dans les bras d'Isménie;
Va partager le prix de votre perfidie.

ARSAME.

Quoi! seigneur, il est mort? Après ce coup affreux
Frappez, n'épargnez plus votre fils malheureux.
    (à part.)
Dieux! ne me rendiez-vous mon déplorable frère,
Que pour le voir périr par les mains de mon père!
Mitrane, soutiens-moi.

PHARASMANE.

            D'où vient donc que son cœur
Est si touché du sort d'un cruel ravisseur?
Le Romain dont ce fer vient de trancher la vie,
Si j'en crois ses discours, fut l'époux d'Isménie;
Et cependant mon fils, charmé de ses appas,
Quand son rival périt, gémit de son trépas!
Qui peut lui rendre encor cette perte si chère?
Des larmes de mon fils quel est donc le mystère?
Mais moi-même, d'où vient qu'après tant de fureur
Je me sens malgré moi partager sa douleur?
Par quel charme, malgré le courroux qui m'enflamme,
La pitié s'ouvre-t-elle un chemin dans mon ame?
Quelle plaintive voix trouble en secret mes sens,
Et peut former en moi de si tristes accens?
D'où vient que je frissonne? Et quel est donc mon crime?

e serais-je mépris au choix de la victime ?
le sang des Romains est-il si précieux ,
'on n'en puisse verser sans offenser les dieux ?
mon ambition , d'illustres destinées ,
s pitié , sans regrets , ont été terminées ;
lorsque je punis qui m'avait outragé ,
n faible cœur craint-il de s'être trop vengé ?
où peut naître le trouble où son trépas me jette ?
ne sais , mais sa mort m'alarme et m'inquiète.
and j'ai versé le sang de ce fier ennemi ,
t le mien s'est ému , j'ai tremblé , j'ai frémi.
n'a même par ce que ce Romain terrible ,
venu tout à coup à sa perte insensible ,
are de mon sang quand je versais le sien ,
x dépens de ses jours s'est abstenu du mien.
rappelle en tremblant ce que m'a dit Arsame.
aircissez le trouble où vous jetez mon ame ;
outez-moi , mon fils , et reprenez vos sens.

ARSAME.

e vous servent , hélas ! ces regrets impuissans ?
ssiez-vous à jamais , ignorant ce mystère ,
blier avec lui de qui vous fûtes père !

PHARASMANE.

! c'est trop m'alarmer ; expliquez-vous , mon fils.
quel effroi nouveau frappez-vous mes esprits ?

SCÈNE VII.

ARASMANE , RHADAMISTHE, *porté par des
soldats*; ZÉNOBIE, ARSAME, HIÉRON , MI-
TRANE , HIDASPE , PHÉNICE , GARDES.

PHARASMANE; apercevant Rhadamisthe.

s pour le redoubler dans mon ame éperdue,
ux puissans , quel objet offrez-vous à ma vue ?
(*à Rhadamisthe.*)
lheureux , quel dessein te ramène en ces lieux ?
e cherches-tu ?

RHADAMISTHE.

Je viens expirer à vos yeux.

PHARASMANE.

Quel trouble me saisit!

RHADAMISTHE.

Quoique ma mort approche,
N'en craignez pas, seigneur, un injuste reproche.
J'ai reçu par vos mains le prix de mes forfaits;
Puissent les justes dieux en être satisfaits!
Je ne méritais pas de jouir de la vie.
        (à Zénobie.)
Sèche tes pleurs : adieu, ma chère Zénobie.
Mithridate est vengé.

PHARASMANE.

Grands dieux! qu'ai-je entendu?
Mithridate! Ah! quel sang ai-je donc répandu?
Malheureux que je suis, puis-je le méconnaître?
Au trouble que je sens, quel autre pourrait-ce être?
Mais, hélas! si c'est lui, quel crime ai-je commis!
Nature! ah! venge-toi, c'est le sang de mon fils.

RHADAMISTHE.

La soif que votre cœur avait de le répandre,
N'a-t-elle pas suffi, seigneur, pour vous l'apprendre?
Je vous l'ai vu poursuivre avec tant de courroux,
Que j'ai cru qu'en effet j'étais connu de vous.

PHARASMANE.

Pourquoi me le cacher? Ah! père déplorable!

RHADAMISTHE.

Vous vous êtes toujours rendu si redoutable,
Que jamais vos enfans, proscrits et malheureux,
N'ont pu vous regarder comme un père pour eux.
Heureux, quand votre main vous immolait un traître,
De n'avoir point versé le sang qui m'a fait naître,
Que la nature ait pu, trahissant ma fureur,
Dans ce moment affreux s'emparer de mon cœur;
Enfin, lorsque je perds une épouse si chère,
Heureux, quoiqu'en mourant, de retrouver mon père!

tre cœur s'attendrit, je vois couler vos pleurs.

(*à Arsame.*)

on frère , approchez-vous , embrassez-moi : je meurs.

ZÉNOBIE.

Il faut par des forfaits que 'ta justice éclate ,

l , pourquoi vengeais-tu la mort de Mithridate ?

(*elle sort.*)

PHARASMANE.

non fils ! ô Romains ! êtes-vous satisfaits ?

(*à Arsame.*)

us , que pour m'en venger j'implore désormais ,

urez vous emparer du trône d'Arménie.

ec mon amitié je vous rends Zénobie ;

dois ce sacrifice à mon fils malheureux.

ces lieux cependant éloignez-vous tous deux.

mes transports jaloux mon sang doit se défendre ;

yez , n'exposez plus un père à le répandre.

FIN DE RHADAMISTHE.

XERXÈS,

TRAGÉDIE EN CINQ ACTES,

DE

CREBILLON;

Représentée, pour la première fois, en 1714.

PERSONNAGES.

XERXÈS, roi de Perse.

DARIUS, fils aîné de Xerxès.

ARTAXERCE, frère de Darius, nommé à l'empire.

AMESTRIS, princesse du sang royal de Perse.

ARTABAN, capitaine des gardes, et ministre de Xerxès.

BARSINE, fille d'Artaban.

TISSAPHERNE, confident d'Artaban.

PHÉNICE, confidente d'Amestris.

CLÉONE, confidente de Barsine.

ARSACE, officier de l'armée de Darius.

MÉRODATE, confident de Darius.

SUITE DU ROI.

La scène est à Babylone, dans le palais des rois de Perse.

XERXÈS,

TRAGÉDIE.

ACTE PREMIER.

SCÈNE Ire.

ARTABAN, TISSAPHERNE.

TISSAPHERNE.

C'EN est donc fait, seigneur, et l'heureux Artaxerce
Va faire désormais le destin de la Perse,
Tandis que Darius, au mépris de nos lois,
Sera sujet d'un trône où l'appelaient ses droits ?
Xerxès peut, à son gré, disposer de l'empire ;
Quelque injuste qu'il soit, son choix doit me suffire :
Mais sans vouloir entrer dans le secret des rois,
Le grand cœur d'Artaban approuve-t-il ce choix ?
Verra-t-il, sans regret, priver du diadême…

ARTABAN.

Et si de son malheur j'étais auteur moi-même ?
Je suis près d'éclaircir tes doutes curieux :
Mais, avant que d'ouvrir cet abîme à tes yeux,
Dis-moi, d'un grand dessein te sens-tu bien capable ?
Ton ame au repentir est-elle inébranlable ?
Je connais ta valeur, j'ai besoin de ta foi ;
Tissapherne, en un mot, puis-je compter sur toi ?
Examine-toi bien, rien encor ne t'engage.

TISSAPHERNE.

D'où peut naître, seigneur, ce soupçon qui m'outrage
Tant de bienfaits, sur moi versés avec éclat,
Vous font-ils présumer que je sois un ingrat?

ARTABAN.

Je ne fais point pour toi ce que je voudrais faire,
Xerxès souvent lui-même a soin de m'en distraire ;
Il voit notre union avec quelque regret.
Je te dirai bien plus, il te hait en secret.

TISSAPHERNE.

Ah! seigneur, que Xerxès ou me haïsse ou m'aime,
Tissapherne pour vous sera toujours le même.
Vous pouvez disposer de mon cœur, de mon bras ;
J'affronterais pour vous le plus affreux trépas.

ARTABAN.

Ami, c'en est assez, ne crois pas que j'en doute.
Mais prends garde qu'ici quelqu'un ne nous écoute.

TISSAPHERNE.

Ces lieux furent toujours des Perses révérés,
Nul autel n'a pour eux des titres plus sacrés.
Xerxès par vos emplois vous en a rendu maître.
Quel mortel, sans votre ordre, oserait y paraître ?

ARTABAN.

N'importe, craignons tout d'un perfide séjour;
On n'observe que trop mes pareils à la cour.
Xerxès vient de nommer Artaxerce à l'empire,
C'est moi qui l'ai forcé, malgré lui, de l'élire.
J'ai fait craindre à ce roi, facile à s'alarmer,
Cent périls pour un fils qui l'a trop su charmer ;
Et, jaloux d'un héros qu'idolâtre la Perse,
J'ai fait, par mes conseils, couronner Artaxerce.
Pour mieux y réussir, j'ai pris soin d'éloigner
Celui que tant de droits destinaient à régner.
Tandis que Darius, chez des peuples barbares,
Nous force d'admirer les exploits les plus rares,
Je ne peins à Xerxès ce fils si vertueux,
Qu'avide de régner, cruel, impétueux.
Du bruit de sa valeur, du prix de ses services,

D'un père qui le craint je nourris les caprices ;
Enfin, tous mes projets étaient évanouis,
Si jamais sa prudence eût couronné ce fils.
Moins Artaxerce est cru digne du diadème,
Plus j'ai cru le devoir placer au rang suprême.
Avec tant de secret ce projet s'est conduit,
Qu'aucun en cette cour n'en est encor instruit ;
Et je ne prétends pas qu'elle en soit éclaircie,
Que lorsque ma fureur en instruira l'Asie.
Tu vois ce qu'aujourd'hui je confie à ta foi.
Garde bien un secret si dangereux pour toi ;
Va trouver cependant, ramène à Babylone
Ce prince à qui mes soins ont ravi la couronne ;
Offre-lui, de ma part, trésors, armes, soldats ;
De ma fille surtout vante-lui les appas ;
Dis-lui qu'avec plaisir mon respect lui destine,
Et le bras d'Artaban, et la main de Barsine.

TISSAPHERNE.

Darius, autrefois sensible à ses attraits,
M'a paru plein d'un feu qui flatte vos projets.

ARTABAN.

Non, je m'y connais mal, ou, moins ardent pour elle,
Ce prince brûle ailleurs d'une flamme infidèle.
Même avant son départ, malgré les soins du roi,
Son mépris pour Barsine a passé jusqu'à moi ;
De ma feinte amitié l'adroite vigilance
N'en pouvait plus surprendre accueil, ni confidence,
Trop heureux cependant de pouvoir aujourd'hui
D'un prétexte si vrai me parer envers lui.
Quoi qu'il en soit, pourvu qu'il soulève l'empire,
Il ne m'importe pas pour qui son cœur soupire.
Ce n'est qu'en le portant aux plus noirs attentats,
Que je puis à mes lois soumettre ces états.
Détruisons, pour remplir une place si chère,
Le père par les fils, et les fils par le père.
Je veux, à chacun d'eux me livrant à la fois,
Paraître les servir, mais les perdre tous trois.
Voilà ce que mon cœur dès-long-temps se propose.
Qu'en liberté le tien consulte ce qu'il ose.

TISSAPHERNE.

Seigneur, je l'avoûrai, ce dessein me surprend.
Le péril est certain, mais le projet est grand.
Cependant, sans compter ce qu'on appelle crime,
Craignez de vous creuser vous-même un noir abîme.
Darius est chéri, sage, plein de valeur;
Vous verrez l'univers partager son malheur.
Daignez de vos desseins peser la violence.
Non qu'à les soutenir mon amitié balance;
N'en attendez pour vous que d'éclatans efforts;
Je n'ai pas seulement écouté mes remords.
Cette foi des sermens parmi nous si sacrée,
Cette fidélité ce jour même jurée,
Tant de devoirs, enfin, deviennent superflus;
Vous n'avez qu'à parler, rien ne m'arrête plus.

ARTABAN.

Laisse ces vains devoirs à des ames vulgaires,
Laisse à de vils humains ces sermens mercenaires.
Malheur à qui l'ardeur de se faire obéir,
En nous les arrachant, nous force à les trahir!
Quoi! toujours enchaîné par une loi suprême,
Un cœur ne pourra donc disposer de lui-même?
Et du joug des sermens esclaves malheureux,
Notre honneur dépendra d'un vain respect pour eux!
Pour moi, que touche peu cet honneur chimérique,
J'appelle à ma raison d'un joug si tyrannique.
Me venger et régner, voilà mes souverains:
Tout le reste pour moi n'a que des titres vains.
Le soin de m'élever est le seul qui me guide,
Sans que rien, sur ce point, m'arrête ou m'intimide.
Il n'est lois ni sermens qui puissent retenir
Un cœur débarrassé du soin de l'avenir.
A peine eus-je connu le prix d'une couronne,
Que mes yeux éblouis dévorèrent le trône,
Et mon cœur, dépouillant toute autre passion,
Fit son premier serment à son ambition.
De froids remords voudraient en vain y mettre obstacle,
Je ne consulte plus que ce superbe oracle;
Un cœur comme le mien est au-dessus des lois.

La crainte fit les dieux , l'audace a fait les rois.
Le moment est venu qu'il faut que son courage
Affranchisse Artaban d'un indigne esclavage.
Ce Darius si grand , qui cause ta frayeur,
Deviendra le premier l'objet de ma fureur.
Je prétends que dans peu la Perse, qui l'adore,
Autant qu'il lui fut cher , le déteste et l'abhorre.
Mais Xerxès vient à nous : attends , pour me quitter,
Que je sache quels soins le peuvent agiter.

SCÈNE II.

XERXES, ARTABAN, TISSAPHERNE.

ARTABAN.

DANS un jour où Xerxès dispose de l'empire,
Où son choix donne un maître à tout ce qui respire ,
Quel malheur imprévu , quel déplaisir si prompt
De ce monarque heureux peut obscurcir le front?

XERXÈS.

Quel jour! quel triste jour! Et que viens-je de faire?
Pourquoi t'ai-je écouté sur un choix téméraire ?

ARTABAN.

Seigneur, qui peut causer ce repentir soudain ?

XERXÈS.

Juge toi-même , ami , si je m'alarme en vain.
Tu sais, par une loi des Perses révérée,
Que tant d'événemens n'ont que trop consacrée,
Qu'un prince désigné pour régner en ces lieux ,
Du moment qu'il obtient ce titre glorieux,
Peut du roi qui le nomme exiger une grace,
A laquelle , sans choix , il faut qu'il satisfasse.
Artaxerce, mon fils , trop instruit de ses droits,
Vient de m'en imposer les tyranniques lois.
Il prétend , dès ce jour , obtenir de son père,
Le seul bien que ma main réservait à son frère ;
Il exige , en un mot, la princesse Amestris,
Des exploits d'un héros unique et digne prix.

ARTABAN.

Quoi! seigneur, Darius oserait y prétendre?

XERXÈS.

Jamais; si je l'en crois, amour ne fut plus tendre.
Je vais te découvrir un funeste secret,
Qu'à ta fidélité je cachais à regret :
Darius, autrefois, soupira pour Barsine.

ARTABAN.

Pour ma fille!

XERXÈS.

          Je sais quelle est son origine,
Ami; mais je craignis, s'il s'alliait à toi,
Qu'il ne s'en fît un jour un appui contre moi,
Contre un fils qui m'est cher : enfin, dès leur naissance,
Je combattis ses feux de toute ma puissance.
Je priai, menaçai; je fis plus, je feignis
Que j'étais devenu le rival de mon fils;
A la fin, je forçai son amour à se taire,
Et le contraignis même à t'en faire un mystère.
Je fis venir alors la princesse Amestris :
A son aspect charmant mon fils parut surpris.
Soit qu'en effet son cœur brulât pour la princesse,
Ou qu'il crût à ce prix regagner ma tendresse,
Soit qu'il fût rebuté d'un amour malheureux,
Je crus voir Darius brûler de nouveaux feux;
D'un si juste penchant bien loin de le distraire,
J'offris à son amour la fille de mon frère :
Mais de Barsine encor respectant les attraits,
Ses feux furent toujours inconnus et secrets;
Artaxerce, lui-même, en ce moment ignore
Qu'Amestris soit l'objet que Darius adore.
Enfin, d'un prompt hymen je flattai son ardeur,
Si de nos ennemis il revenait vainqueur.
Il en triomphe; et moi, pour toute récompense,
Après l'avoir privé des droits de sa naissance,
Je lui ravis encor le prix de sa valeur!
Qui pourra triompher de sa juste fureur?
Tu vois de quels soucis mon ame est accablée;
Calme par tes conseils l'effroi qui l'a troublée.

          (*Tissapherne sort.*)

SCÈNE III.

XERXÈS, ARTABAN.

ARTABAN.

ⵏs conseils vous donner, seigneur, lorsque les lois
ⵏ le plus ferme appui de la grandeur des rois ?
ⵏectez un pouvoir au-dessus de tout autre,
ⵏus voulez, seigneur, qu'on respecte le vôtre.
ⵏarius se plaint, qu'il s'en prenne à la loi,
ⵏseule vous contraint à lui manquer de foi.

XERXÈS.

ⵏnd il pourrait céder à cette loi suprême,
ⵏstris voudra-t-elle y souscrire de même ?
ⵏ aimé Darius.

ARTABAN.

Hé bien, feignez, seigneur,
ⵏ Darius retourne à sa première ardeur,
ⵏpris plus que jamais il revient à ma fille.
ⵏos moindres desseins je livre ma famille ;
ⵏoosez-en, seigneur ; dût Barsine en ce jour
ⵏenir le jouet d'une envieuse cour.
ⵏr prévenir les maux qui vous glacent de crainte,
ⵏpeut sans s'abaisser, aller jusqu'à la feinte.
ⵏace est dans ces lieux, forcez-le à déclarer,
ⵏr ce nouvel hymen, qu'il vient tout préparer ;
ⵏ, sûr de votre aveu, Darius qui l'envoie
ⵏ'amour de Barsine est tout entier en proie.
ⵏ qu'Amestris croira qu'épris de nouveaux feux,
ⵏprince porte ailleurs ses desseins et ses vœux,
ⵏs le verrez bientôt, à vos lois moins rebelle,
ⵏvenir d'elle-même un amant infidèle.
ⵏfin, si ce projet ne peut vous réussir,
ⵏtre de vains remords il faut vous endurcir,
ⵏtruire ce rival de la grandeur suprême,
ⵏt-être dans ces lieux plus puissant que vous-même,
ⵏns le fond de son cœur de votre rang jaloux,
ⵏprendre à vos sujets à n'adorer que vous,

Sacrifier ce fils trop chéri de la Perse,
Et forcer son amante à l'hymen d'Artaxerce.

SCÈNE IV.

TISSAPHERNE, XERXES, ARTABAN.

TISSAPHERNE, *à Xerxès.*
MÉRODATE, seigneur, demande à vous parler.
XERXÈS.
Qu'il entre.

SCÈNE V.

XERXES, ARTABAN, TISSAPHERNE, MÉRODATE.

XERXÈS, *à part.*
A son aspect que je me sens troubler !
(*haut.*)
Mérodate, quel soin peut ici te conduire ?
MÉRODATE.
Du retour d'un héros chargé de vous instruire...
XERXÈS.
Quoi ! Darius...
MÉRODATE.
Seigneur, avant la fin du jour,
Ce fils victorieux va paraître à la cour.
Pour ne point retarder une si juste envie,
Permettez...
XERXÈS.
Non, demeure, il y va de ta vie.
Tissapherne, prends soin d'écarter du palais
Ce témoin qui pourrait traverser mes projets.

SCÈNE VI.

XERXÈS, ARTABAN.

XERXÈS.

Pour toi, cher Artaban, si ton devoir fidèle
Et jamais éclater ton respect et ton zèle,
Dans ce moment fatal ne m'abandonne pas;
Au-devant de mon fils précipite tes pas,
Offre-lui de ma part et l'Egypte et Barsine;
Fais lui valoir ce prix que son roi lui destine;
Mais, qu'il se garde bien de paraître à mes yeux.
Dis-lui qu'il est perdu s'il se montre en ces lieux;
A ce prince, surtout, fais un profond mystère
Du rang où mon amour vient d'élever son frère.
Va, cours, tandis qu'ici semant mille soupçons,
De tes sages conseils je suivrai les leçons.
Pour en hâter l'effet, qu'on cherche la princesse,

SCÈNE VII.

XERXÈS, seul.

O toi! dieu de la Perse, à qui seul je m'adresse,
Soleil! daigne éclairer mon cœur et mes desseins.
Et préserver ces lieux des malheurs que je crains!
Pardonne-moi, du moins, un honteux artifice
Dont mon cœur en secret déteste l'injustice.
Tu vois combien ce cœur de remords agité,
Regrette de descendre à cette indignité.
Mais Artaxerce vient.

SCÈNE VIII.

ARTAXERCE, XERXES.

XERXÈS, *à part.*

Ciel! dans mon trouble extrê
Ne pourrai-je jouir un moment de moi-même?
    (*haut.*)
Ah! mon fils, laisez-moi; pourquoi me cherchez-vou

ARTAXERCE.

Dût sur ce fils tremblant tomber votre courroux,
Je ne puis résister à mon impatience;
Chaque pas, chaque instant aigrit ma défiance.
A d'injustes soupçons Xerxès abandonné
Se repentirait-il de m'avoir couronné?
A peine ses bontés m'élevent à l'empire,
Que son cœur inquiet en gémit et soupire.
Privez-moi pour jamais d'un rang si glorieux,
Et me rendez, seigneur, un bien plus précieux;
Rendez-moi ces bontés et cet amour de père,
Qu'à tout autre bienfait Artaxerce préfère.
Mais quelle est mon erreur! Plût au ciel que mon roi
Ne fît que soupçonner mon respect et ma foi!
J'aurais bientôt calmé le souci qui m'accable.
Que je crains bien plutôt qu'Amestris trop aimable,
Avec une beauté qui l'égale à nos dieux,
N'ait peut-être trouvé grace devant vos yeux!
Car enfin, indigné de l'ardeur qui me presse,
Je vous ai vu frémir au nom de la princesse.
Seigneur, que ce silence irrite encor mes maux!

XERXÈS.

Sans vous inquiéter du nom de vos rivaux,
Ne vous suffit-il pas qu'à son devoir soumise
Amestris à vos vœux soit désormais acquise?
Elle ne dépend plus ni d'elle ni de moi;
Son sort est dans vos mains, je vous ai fait son roi.
Je vous crois cependant l'ame trop généreuse,
Pour vouloir abuser d'une loi rigoureuse.

Consultez Amestris ; elle mérite bien
Que votre cœur soumis attende tout du sien.
Si je l'aimais, du moins, j'en userais de même,
Et c'est ainsi qu'on doit disputer ce qu'on aime.
Voyez-là, j'y consens; c'est vous en dire assez.

ARTAXERCES

Non , seigneur....

XERXÈS.
C'en est trop : allez et me laissez.
(*Artaxerce sort.*)

SCÈNE IX.

XERXES, *seul.*

Que je viens à regret d'alarmer sa tendresse !
Que pour un fils si cher ma pitié s'intéresse !

SCÈNE X.

AMESTRIS , XERXES.

XERXÈS, *bas.*
La princesse paraît. Que de pleurs vont couler !
Qu'à son aspect mon cœur commence à se troubler!
(*haut.*)
Madame, quelque amour qui puisse vous séduire,
D'un secret sur ce point, j'ai voulu vous instruire.
L'orgueilleux Darius, dépouillé de ses droits,
N'a plus rien à prétendre au rang de roi des rois.
Artaxerce aujourd'hui, paré de ce grand titre,
Du sort de l'univers est devenu l'arbitre.
Je vois à ce discours votre cœur s'émouvoir:
Mais d'un profond respect écoutez le devoir ;
Et de quelque douleur que vous soyez atteinte,
J'interdis à vos feux le reproche et la plainte.
Surtout, si Darius vous est cher aujourd'hui,
Cachez-lui des secrets qui ne sont pas pour lui.

AMESTRIS.

Ah ! seigneur, pardonnez au transport qui m'agite.
En vain à mon amour la plainte est interdite ;
Après le coup affreux dont vous frappez mon cœur,
Rien ne peut plus ici contraindre ma douleur ;
Qu'elle éclate à vos yeux, cette douleur mortelle,
A qui vous imposez une loi si cruelle.
Juste ciel ! se peut-il qu'un fils victorieux,
Votre image, ou plutôt l'image de nos dieux,
Soit privé par vous seul de l'honneur de prétendre
A ces mêmes états qu'il sait si bien défendre ?
Pardonnez, je sais bien qu'il ne m'est pas permis
De prononcer, seigneur, entre vous et vos fils :
Mais, si jamais des dieux la majesté suprême
Prenant soin sur un front de s'empreindre elle-même,
Si l'éclat des vertus, la gloire des hauts faits,
Le besoin de l'empire et les vœux des sujets,
En un mot, si jamais la valeur, la naissance
Furent des droits, seigneur, pour la toute-puissance,
Qui mieux a mérité ce haut degré d'honneur
Que celui qu'on en prive avec tant de rigueur ?
Je vois de mes discours que votre cœur s'offense ;
Mais, seigneur, d'un héros j'entreprends la défense.
Il a tant fait pour vous, que Xerxès aujourd'hui
Ne doit pas s'offenser que je parle pour lui.
Heureuse si l'amour instruisait la nature
A le dédommager d'une cruelle injure !

XERXÈS.

D'un choix qui pour ce fils vous semble injurieux,
Madame, je ne dois rendre compte qu'aux dieux :
Quand je ne tiendrais pas de la grandeur suprême
Le droit de disposer du sacré diadême,
Ma volonté suffit pour établir des loix ;
Et la terre, en tremblant, doit souscrire à mon choix.
Et sur quoi jugez-vous que le prince Artaxerce
Soit si peu digne encor de régner sur la Perse ?
Darius, je l'avoue, a quelques faits de plus ;
Mais son frère a mon cœur, et n'est pas sans vertus.
Il sait aimer du moins ; et c'est vous qu'il adore.

AMESTRIS.

x ! Qu'est-ce que j'entends ?

XERXÈS.

Ce n'est pas tout encore,
n auguste hymen il faut vous préparer,
me suis chargé de vous le déclarer.

AMESTRIS.

, seigneur ?

XERXÈS.

Oui, madame, il vous a demandée ;
oi veut qu'à ses feux vous soyez accordée.
s savez ce qu'impose une si dure loi.

AMESTRIS.

si, sans mon aveu, l'on dipose de moi ;
dispense à son gré la grandeur souveraine.
parole des rois n'est plus qu'une ombre vaine.
in, par qui les tyrans sont même retenus,
mens sacrés des rois, qu'êtes-vous devenus ?
oi ! seigneur, Artaxerce à mon hymen aspire,
content de priver Darius de l'empire ;
'est vous qui, pour prix, de tant d'exploits fameux,
ablez de ces coups un fils si généreux ?
is, seigneur, c'est en vain qu'à vos ordres suprêmes
us joignez une loi qui commande aux rois mêmes.
'ai pas oublié qu'au plus grand des héros
us promîtes ma main pour prix de ses travaux.
us reçûtes ma foi pour le don de la sienne ;
mort, la seule mort peut lui ravir la mienne.
'est loi ni pouvoir que je craigne en ces lieux.
s promesses des rois sont des décrets des dieux.
nsi, dans quelque rang qu'Artaxerce puisse être,
arius de ma main sera toujours le maître,
ut malheureux qu'il est, dépouillé, sans apui,
mais de tant d'amour je ne brûlai pour lui.
er sur ses vertus il fondait sa victoire :
ais aujourd'hui, seigneur, il y va de ma gloire ;
plus vous ravissez d'états à ce vainqueur.
us l'amour indigné le couronne en mon cœur.

        XERXÈS.

Eh ! plût aux dieux, seigneur, lorsque tout l'aban
Pouvoir lui tenir lieu de père et de couronne !

XERXÈS.

Que sert de vous flatter sur ce que j'ai promis,
Quand la loi me dégage envers vous et mon fils !
Ainsi, sans vous parer d'une vaine constance,
Méritez mes bontés par votre obéissance,
Et craignez qu'Amestris, avant la fin du jour,
Ne déteste peut-être et l'amant et l'amour.
Quel que soit Darius, madame, je souhaite
Qu'il puisse mériter une ardeur si parfaite.
Je ne sais cependant si ce héros fameux,
Pour qui vous témoignez des soins si généreux,
Est si digne en effet des transports de votre ame.
Eh! quel garant si sûr avez-vous de sa flamme?
Pour fixer un amant, quels que soient vos attraits
Peut-être qu'en ces lieux il est d'autres objets
Qui pourraient bien encor partager sa tendresse.
Je ne dis rien de plus, madame, je vous laisse,
Sûr de vous voir bientôt m'obéir sans regret.

SCÈNE XI.

AMESTRIS, *seule*.

Juste ciel! quel est donc ce terrible secret ?
Quel orage nouveau contre moi se prépare ?
Quelle horreur tout à coup de mon ame s'empare
Je me sens accabler de trouble et de douleurs;
Et malgré ma fierté, je sens couler mes pleurs.
Quoi ! ce héros, l'objet d'une flamme si belle,
Ce Darius si cher serait un infidèle !
Malheureuse Amestris, voilà donc ce retour
Pour qui de tant de vœux j'importunais l'amour!
Quoi! tandis que pour lui ma folle ardeur éclate,
Une autre à ses attraits soumet son ame ingrate !
Lui que j'ai toujours cru si grand, si généreux,
Que l'amour me peignait au-dessus de mes vœux,
Que j'égalais aux dieux dans mon ame insensée,

Trahit donc tant d'amour! Ah! mortelle pensée!
Mais que dis-je, où mon cœur va-t-il s'abandonner?
Et sur la foi de qui l'osé-je soupçonner?
Sur la foi d'un cruel qui cherche à me surprendre;
Qu'à des détours plus bas on vit cent fois descendre.
Darius me trahir! Je ne le puis penser;
Le croire un seul moment, ce serait l'offenser.
Non, le ciel ne fit pas un cœur si magnanime,
Pour le laisser souiller de parjure et de crime.
Cependant Mérodate a paru dans ces lieux,
Sans nul empressement de s'offrir à mes yeux.
Tout parle du héros où mon cœur s'intéresse,
Mais rien ne m'entretient ici de sa tendresse.
D'où peut naître l'effroi dont je me sens saisir?
Ah! d'un mortel soupçon courons nous éclaircir;
Mourir pour Darius, si ma gloire l'ordonne,
Ou punir sans regret, l'ingrat s'il m'abandonne;
Et, quelque affreux tourment qu'il en coûte à mon cœur,
Mesurer ma vengeance au poids de ma douleur.

FIN DU PREMIER ACTE.

ACTE II.

SCÈNE Ire.

BARSINE, ARSACE, CLÉONE.

BARSINE.

Qu'un si rare bonheur, si j'osais vous en croire,
Aurait de quoi flatter mes désirs et ma gloire!
Mais je ne puis penser qu'une si vive ardeur
Puisse encore pour Barsine occuper ce grand cœur,
Ni que de tant d'exploits que l'univers admire,
Ma main soit le seul prix où Darius aspire.
Crébillon.   16

Et de ce même hymen, si doux à mes souhaits ,
Xerxès vient, dites-vous, d'ordonner les apprêts ?
Arsace, à tant d'honneurs aurais-je osé prétendre.

ARSACE.

C'est par ordre du roi que je viens vous l'apprendre :
Lui-même en un moment vous en instruira mieux ;
Ce prince va bientôt se montrer en ces lieux.

SCÈNE II.

BARSINE, CLÉONE.

BARSINE.

Qu'a cet espoir flatteur j'ai de peine à me rendre !

CLÉONE.

Madame, qu'a-t-il donc qui doive vous surprendre ?
A quels charmes plus grands un héros si fameux
Pouvait-il espérer d'offrir jamais ses vœux ?

BARSINE.

Cléone, la beauté , quelque amour qu'elle inspire,
Ne fait pas sur les cœurs notre plus sûr empire ;
Pour en fixer les vœux, il est d'autres attraits ;
Malgré tout son éclat, plus doux et plus parfaits.
C'est d'un amour constant la vertu qui décide,
Et non la beauté seule avec un cœur perfide.
Et tu veux que le mien, méprisé sur l'écueil
Où l'a précipité son téméraire orgueil,
Puisse croire un moment que Darius m'adore ?
Il faudrait que son cœur pût m'estimer encore,
Que le mien plus fidèle eût fait tout son bonheur
De l'honneur d'asservir cet illustre vainqueur :
Mais le frivole éclat qui sort du diadème
M'a fait porter mes vœux jusqu'à Xerxès lui-même ;
Sur quelques soins légers qu'il faisait éclater,
Mon cœur d'un vain espoir crut pouvoir se flatter.
En vain à ce désir, qui séduisait mon ame,
Darius opposait ses vertus et sa flamme ;
Tout aimable qu'il est , dans l'ardeur de régner ,

Ma folle ambition me le fit dédaigner.
Juge, après cet aveu, si son retour m'accable ;
Et plus il fait pour moi, plus je deviens coupable.
Prince trop généreux, quel malheur te poursuit !
Lorsque je puis t'aimer, d'un vain espoir séduit,
A de vaines grandeurs mon cœur te sacrifie ;
Quand je t'aime, en effet, tout veut que je te fuie.
Mais si je puis jamais disposer de ta foi...
J'entends du bruit. On vient.

SCÈNE III.

XERXES, BARSINE, TISSAPHERNE, CLÉONE.

BARSINE, *à part*.

JUSTE ciel ! c'est le roi.

XERXÈS.

Madame, en ce moment, Arsace a dû vous dire
Quel est l'heureux hymen où Darius aspire.
Mon cœur en fit long-temps ses désirs les plus doux ;
Mais les ans m'ont ravi le bonheur d'être à vous.
Plus digne de jouir d'un si rare avantage,
Souffrez que Darius répare cet outrage,
Et que par votre main Xerxès puisse aujourd'hui
Du prix de ses exploits s'acquitter envers lui.
Dans les murs de Memphis, où vous irez l'attendre,
Par mon ordre bientôt Darius doit se rendre.
Allez ; puisse le ciel, au gré de mes souhaits,
Vous y faire un bonheur digne de vos attraits !
Daignez-en quelquefois employer la puissance,
Pour retenir mon fils dans mon obéissance.
Fixez de ses désirs le cours ambitieux ;
Et s'il osait jamais...

SCÈNE IV.

XERXES, DARIUS, BARSINE, TISSAPHERNE, CLÉONE.

XERXÈS, *à part.*

Que vois-je ? justes dieux !

DARIUS.

Enfin, libre des soins que m'imposait la guerre,
Je puis à vos genoux, monarque de la terre,
Faire éclater d'un fils la joie et le respect.
Qu'il m'est doux...

XERXÈS.

Porte ailleurs ton hommage suspect
Et, loin de me vanter le respect qui te guide,
A ma juste fureur dérobe-toi, perfide.
Eh ! comment oses-tu te montrer à mes yeux ?
Quel ordre de ma part te rappelle en ces lieux ?

DARIUS.

Et depuis quand, seigneur, indigne d'y paraître...

XERXÈS.

Depuis qu'à mes regards tu n'offres plus qu'un traître,
Que mes ordres sacrés ne peuvent retenir,
Et que tout mon courroux ne peut assez punir.
Mais, malgré tes complots, et malgré ton audace,
Avant qu'ici du jour la lumière s'efface,
Malgré les soins de ceux qui m'ont osé trahir,
Je te forcerai bien, perfide, à m'obéir.

(il sort ; Tissapherne le suit.)

SCÈNE V.

DARIUS, BARSINE, CLÉONE.

DARIUS.

QUELS discours! quels transports! et que viens-je d'en-
tendre?
Ô ciel! à cet accueil aurais-je dû m'attendre?
Et depuis quand, chargé de noms injurieux,
Darius n'est-il plus qu'un objet odieux,
Madame; et quel est donc ce funeste mystère?
Déplorable jouet des caprices d'un père,
Oserais-je un moment, à l'objet de ses vœux,
Confier la douleur d'un prince malheureux?
Quel que soit mon destin, vous pouvez me l'apprendre.
Je ne veux que savoir, je ne crains point d'entendre.
Vous vous taisez! ô ciel, à l'exemple du roi,
Tous les cœurs aujourd'hui sont-ils glacés pour moi?
Hé quoi! Barsine aussi contre moi se déclare!

BARSINE.

Non; je sais mieux le prix d'une vertu si rare.
Croyez, si je régnais sur le cœur de Xerxès,
Que son amour pour vous irait jusqu'à l'excès:
Que du moins à mes yeux, d'un odieux caprice,
Vous n'auriez pas, seigneur, éprouvé l'injustice;
Et qu'enfin si son cœur se réglait sur le mien,
Darius même aux dieux pourrait n'envier rien.
Interdite et confuse encor plus que vous-même,
Je ne puis revenir de ma surprise extrême.
Tout confond à tel point mon esprit éperdu,
Que je ne sais, seigneur, si j'ai bien entendu;
Car enfin, ce Xerxès, si fier et si terrible,
Jamais à nos désirs n'a paru si sensible.
Hélas! si vous saviez de quel espoir flatteur
En ce même moment il remplissait mon cœur!
De la part d'un héros chéri de la victoire,
Aimable, généreux, et tout brillant de gloire,
Il venait m'assurer d'une constante foi.

Ah ! qu'un retour si tendre aurait d'attraits pour moi,
Si ce même héros, sensible à mes alarmes,
Touché de mes remords, attendri par mes larmes ;
Si Darius enfin, l'objet de tant d'ardeur,
De mes premiers dédains oubliant la rigueur,
Daignait en ce moment me confirmer lui-même,
Qu'on ne m'abuse point, quand on me dit qu'il m'aime !
Mon cœur, toujours tremblant sur un espoir si doux,
Ne veut tenir, seigneur, cet aveu que de vous,
Quoi ! vous baissez les yeux ! dieux, quel affreux silence,
Qu'ai-je dit ? où m'emporte une vaine espérance ?

DARIUS.

Quelle fureur nouvelle, agitant tous les cœurs,
A donc pu les remplir de si tristes erreurs ?
Ai-je bien entendu, Barsine ? Est-ce vous-même
Qui méprisez pour moi l'éclat du diadême ?
Vous qui de tant d'amour dédaignant les transports...

BARSINE.

Ah ! ne redoublez point ma honte et mes remords.
Cessez de rappeler des injures passées
Que mes larmes, seigneur, n'ont que trop effacées.
Mais vous, qui m'accablez d'un reproche odieux,
Sans daigner seulement tourner sur moi les yeux,
Parlez : méritez-vous mon amour ou ma haine ?
Le roi m'abuse-t-il d'une espérance vaine ?
Comme il me l'a promis, serez-vous mon époux ?
Dois-je enfin vous aimer, ou me venger de vous ?

DARIUS.

Grands dieux ! ce que j'ai vu, ce que je viens d'entendre,
Pouvait-il se prévoir, et peut-il se comprendre ?
Chaque mot, chaque instant redouble mon effroi.
Ah ! quel aveu, madame, exigez-vous de moi ?
Peu digne de vos feux et de votre vengeance,
Pourquoi me forcez-vous à vous faire une offense ?
Mais je fus trop long-temps soumis à vos attraits,
Pour vouloir vous tromper par d'indignes secrets ;
Darius, ennemi d'une injuste contrainte,
Ne sait point en esclave appuyer une feinte.
Contre un fils malheureux Xerxès peut éclater ;

Mais , si de notre hymen il a pu vous flatter,
Madame, il vous a fait une mortelle injure ;
Il ne peut nous unir sans devenir parjure.
Lui-même, à mon départ, confident d'autres feux,
Des sermens les plus saints a scellé tous mes vœux.
Enfin , c'est Amestris, pour qui mon cœur soupire,
Qui daigna m'accepter sortant de votre empire...

SCÈNE VI.

AMESTRIS, PHÉNICE, DARIUS, BARSINE, CLÉONE.

DARIUS.

Je la vois ; quel bonheur la présente à mes yeux ?

BARSINE ; *bas, à Darius.*

Ah ! c'en est trop, cruel : je te laisse en ces lieux
Signaler de tes soins l'inconstance fatale.
Cependant tremble, ingrat ; je connais ma rivale.

(*elle sort ; Cléone la suit.*)

SCÈNE VII.

DARIUS, AMESTRIS, PHÉNICE.

DARIUS.

Quoi ! madame, c'est vous ! et le ciel irrité
Me laisse encor jouir de ma félicité !
Que mon cœur est touché ! Qu'une si chère vue
Calme le désespoir de mon ame éperdue !
Malgré tous mes malheurs... Mais, qu'est-ce que je vois !

AMESTRIS.

On disait qu'en ces lieux je trouverais le roi !
Le dessein de l'y voir est le seul qui me guide,
Et non l'indigne soin d'y chercher un perfide.

DARIUS.

Moi, perfide ! qui ? moi ! dieux ! qu'est-ce que j'entends ?

AMESTRIS.

Cesse de feindre, ingrat; tes vœux seront contens:
Mais n'attends pas ici que j'éclate en injures;
Je laisse aux dieux le soin de punir les parjures.
Vas, cours où te rappelle un plus doux entretien,
Et songe pour jamais à renoncer au mien.

SCÈNE VIII.

DARIUS, *seul.*

O MORT! des malheureux triste et chère espérance,
J'implore désormais ta funeste assistance.
J'éprouve en ces momens, si douloureux pour moi,
Des tourmens plus cruels et plus affreux que toi.
Dieux, qui semblez vous faire une loi rigoureuse
De rendre la vertu pesante et malheureuse;
Qui, la foudre à la main, l'effrayez parmi nous,
Pour ne nous rien laisser qui nous égale à vous,
Contentez-vous d'avoir presque ébranlé la mienne;
Souffrez qu'un saint respect dans mon cœur la retienne;
Que je puisse du moins, malgré tout mon courroux,
D'un reste de vertu vous rendre encor jaloux.

SCÈNE IX.

DARIUS, ARTAXERCE.

ARTAXERCE.

ENFIN le ciel, sensible aux souhaits d'Artaxerce,
Nous ramène un héros adoré de la Perse,
Le plus grand des mortels et le plus généreux.

DARIUS.

Mais de tous les mortels, ciel! le plus malheureux.
O mon cher Artaxerce! est-ce vous que j'embrasse?
Venez-vous partager mes maux et ma disgrace?
Si vous saviez quel prix on gardait à ma foi!

ARTAXERCE.

De vos regrets, seigneur, confident malgré moi,
J'en ai le cœur frappé des plus rudes atteintes.
Que je crains d'avoir part à de si justes plaintes !

DARIUS.

Vous, mon frère ? Eh ! pourquoi vous confondrais-je hélas !
Avec tant de vertus, parmi des cœurs ingrats ?
J'éprouverai long-temps une injuste colère,
Avant que je me plaigne un moment de mon frère ;
Trop heureux que le sort m'ait laissé la douceur
De pouvoir dans son sein déposer ma douleur.
Quelque amour que pour vous fasse éclater mon père
Il ne m'en rendra pas notre amitié moins chère.
Si je jouis jamais du pouvoir souverain,
Vous verrez si mon cœur vous la jurait en vain.

ARTAXERCE.

Ah ! seigneur, je vois bien que Darius ignore
Toute l'horreur des maux qui l'attendent encore.
Je me reprocherais de laisser son grand cœur
Plus long-temps le jouet d'une funeste erreur.
C'est trop de vos bontés vous-même être victime,
Il faut vous découvrir la main qui vous opprime.
Et quelle main, grands dieux ! mais qui sans le vouloir,
De toutes vos vertus vous a ravi l'espoir.
Coupable seulement par mon obéissance,
Ne me soupçonnez pas d'avoir part à l'offense ;
Croyez que, malgré moi, l'on vous prive d'un rang
Où vous plaçaient mes vœux encor plus que le sang ;
Croyez qu'en me parant de la grandeur suprême,
Xerxès n'a sur son choix consulté que lui-même,
Et qu'enfin je ne veux souscrire aux dons du roi
Qu'autant que vous voudrez en jouir avec moi.

DARIUS.

Content, par ma valeur d'en être jugé digne,
Je renonce sans peine à cet honneur insigne ;
Et si je suis touché de quelque déplaisir,
C'est de voir que mon frère ait osé s'en saisir,
Souffrir que l'on me fît une mortelle injure.

Crébillon.   17

Et vous ne voulez pas que mon cœur en murmure?
Malheureux que je suis! faut-il, en même jour,
Voir s'armer contre moi la nature et l'amour;
Et me voir, par des mains qui me furent si chères,
Arracher sans honneur du trône de mes pères?
O sort! pour m'accabler te reste-t-il des traits?

ARTAXERCE.

Ah! daignez par pitié, m'épargner ces regrets.

DARIUS.

Eh! pourquoi voulez-vous que je m'en prive encore,
Lorsque tout me trahit, quand on me déshonore?
Lorsqu'au lieu des bienfaits que j'avais mérités,
Je me vois accabler de mille indignités;
Lorsqu'un père cruel ose, avec perfidie,
Sous des prétextes vains m'éloigner de l'Asie,
Troubler des nations qui ne l'offensaient pas,
Bien moins dans le dessein d'agrandir ses états,
Que pour me dépouiller avec plus d'assurance
D'un sceptre dont mon bras est l'unique défense;
D'autant plus irrité qu'à tout autre que vous
J'aurais déjà ravi l'espoir d'un bien si doux;
Mais d'autant plus contraint dans ma fureur extrême,
Que je ne puis frapper sans me percer moi-même.
Je ne m'étonne plus de voir de toutes parts
Mes amis éviter jusques à mes regards;
Une amante en courroux me traiter d'infidèle:
Un prince sans états n'était plus digne d'elle.
Pour vous, je l'avoûrai, que parmi mes ingrats,
Après ce que je sens, je ne vous comptais pas.
Cruel! en dépouillant mon front du diadême,
Il ne vous reste plus qu'à m'ôter ce que j'aime.
Libre de l'obtenir d'une superbe loi,
Que ne m'arrachez-vous et son cœur et sa foi!

ARTAXERCE.

Eh! comment voulez-vous que je vous la ravisse?
Voyez de vos soupçons jusqu'où va l'injustice,
Je vous l'ai déjà dit, croyez que malgré moi
Je souscris aux bontés dont m'honore le roi,
Que par mon malheur seul je vous ravis l'empire.

Ah! seigneur, ce n'est pas au trône que j'aspire,
Mais ce n'est pas non plus à l'objet de vos vœux;
Je sais trop respecter vos désirs et vos feux.
Je sais que votre cœur soupire pour Barsine,
Qu'avec l'Egypte encor le roi vous la destine.
Ce n'est pas que l'objet dont mon cœur est charmé
Mérite moins, seigneur, la gloire d'être aimé.
Ce jour doit éclairer notre auguste hyménée;
Daignez ne point troubler cette heureuse journée.
Sans offenser l'ardeur dont vous êtes épris,
Je crois, seigneur, pouvoir vous nommer Amestris.

DARIUS.

Cieux cruels, jouissez du transport qui m'anime!
C'en est fait, je sens bien que j'ai besoin d'un crime.
Perfide, plus que tous contre moi conjuré,
Je puis donc désormais vous haïr à mon gré!
A ciel! lorsque je crois, dans mon malheur extrême,
Pouvoir du moins compter sur un frère que j'aime,
Je viens, en imprudent, confier ma douleur
Au fatal ennemi qui me perce le cœur!

ARTAXERCE.

Ah! c'est trop m'alarmer : expliquez-vous, de grace.
D'un si dur entretien mon amitié se lasse.
Ou calmez les transports d'un injuste courroux,
Ou, si vous vous plaignez, du moins expliquez-vous.

DARIUS.

Avec ce fer, qui fait le destin de la Perse,
Je suis prêt, s'il le veut, d'éclaircir Artaxerce,
S'il est, autant que moi, blessé de vains discours,
Voilà le sûr moyen d'en terminer le cours,
De l'amour outragé c'est l'interprète unique.
Entre rivaux, du moins, c'est ainsi qu'on s'explique
Tant que vous oserez vous déclarer le mien,
N'attendez pas de moi de plus doux entretien.

ARTAXERCE.

Vous, mon rival? O ciel!

DARIUS.

              Mais un rival à craindre.

ARTAXERCE.

Hélas ! que je vous plains !

DARIUS.

         Je ne suis point à plaindre.
Plaindre un amant trahi , c'est s'avouer heureux.
La pitié d'un rival n'est pas ce que je veux ;
Ainsi que mon amour , ma fierté la dédaigne ;
Qui ne veut que haïr ne veut pas qu'on le plaigne.
Ce serait sans danger faire des malheureux,
Dès qu'il leur suffirait qu'on s'attendrît pour eux.
Pour moi, qui vois le but d'une pitié si vaine ,
Je ne veux plus de vous que fureur et que haine.
L'amour, qui vous attache à l'objet de mes vœux
Du sang qui nous unit a rompu tous les nœuds.
Dans l'état où je suis, opprimé par un père,
Méprisé d'un amante , et trahi par un frère,
Plus de leur amitié les soins me furent doux,
Et plus leur perfidie excite mon courroux.

ARTAXERCE.

Je pardonne aux malheurs dont le sort vous accable
Un transport que l'amour rend encor moins coupable ;
Et, plus vous m'outragez , plus je sens ma pitié
D'un oubli généreux flatter mon amitié.
Qu'à mon exemple ici Darius se souvienne
Qu'Artaxerce n'est pas indigne de la sienne ;
Mais , s'il veut l'oublier , en s'adressant à moi,
Qu'il apprenne du moins qu'il s'adresse à son roi !

DARIUS.

Vous, ingrat ! vous , mon roi ! Quelle audace est la vôtre !
Songez...

SCÈNE X.

DARIUS, ARTAXERCE, ARTABAN, TISSAPHERNE.

ARTABAN.

Seigneurs, Xerxès vous mande l'un et l'autre.

ARTAXERCE.

Adieu, prince, bientôt nous verrons, à ses yeux...

DARIUS.

Qui de nous méritait de régner en ces lieux.

(*Artaxerce sort.*)

SCÈNE XI.

DARIUS, ARTABAN, TISSAPHERNE.

DARIUS, *à Artaban.*

Pour vous, qui désormais, soigneux de me déplaire,
N'offrez à mes regards qu'un sujet téméraire ;
Qui dans un faible cœur, par vos conseils séduit,
M'avez de mes exploits enlevé tout le fruit ;
Enfin, qui, n'écoutant qu'un orgueil qui me brave,
De roi que j'étais né n'avez fait qu'un esclave ;
Si les dieux et les lois ne vous retiennent pas,
Indigne favori, craignez du moins mon bras.

(*il sort.*)

SCÈNE XII.

ARTABAN, TISSAPHERNE.

ARTABAN.

D'une vaine fureur je crains peu la menace :
Va, je saurai bientôt réprimer ton audace.

TISSAPHERNE.

Ah ! seigneur, que pour vous aujourd'hui j'ai tremblé !
Du courroux de Xerxès je suis encor troublé.

ARTABAN.

Peux-tu craindre pour moi la colère d'un maître
Tremblant d'avoir parlé dès qu'il me voit paraître ;
Je n'ai pas dit un mot, que d'un si vain transport
J'ai fait sur son fils seul retomber tout l'effort.
Du chemin qu'il tenait instruit par Mérodate,
Je me suis, à sa vue, écarté de l'Euphrate ;
Résolu d'attirer ce prince dans ces lieux,
J'ai fait croire à Xerxès que cet ambitieux
Avec tant de secret n'avait caché sa route,
Qu'avec quelque dessein de le trahir, sans doute.
Rien n'est moins apparent : cependant, sans raison,
Il a d'un vain rapport saisi tout le poison.
Darius est perdu, si pour sauver sa vie,
Il n'arme en sa faveur la moitié de l'Asie,
J'achèverai bientôt d'ébranler la vertu
D'un cœur de ses malheurs plus aigri qu'abbattu.
Tu vois comme il me hait ; mais, malgré sa colère,
Je prétends, dès ce jour, le voir, contre son père,
Revenir de lui-même implorer mon secours,
A ceux qu'il outrageait avoir enfin recours.
Artaxerce le craint, son père le déteste ;
C'est où je les voulais, je me charge du reste.
Viens, Tisssapherne, viens, le moment est venu :
Laissons agir un cœur qui n'est plus retenu ;
Courons où nous entraîne un espoir magnanime ;
Viens, je réponds de tout : il ne faut plus qu'un crime.

FIN DU SECOND ACTE.

ACTE III.

SCÈNE Ire.

AMESTRIS, PHÉNICE.

AMESTRIS.

Non, je veux voir Xerxès, tu m'arrêtes en vain.
Rien ne peut plus troubler un si juste dessein.

PHÉNICE

Et quel soin si pressant à le voir vous invite ?

AMESTRIS.

Le soin de contenter le transport qui m'agite ;
De me venger, du moins, Phénice, avec éclat,
D'un amant odieux, d'un traître, d'un ingrat.

PHÉNICE.

Sur quelques vains apprêts, madame, osez-vous croire
Qu'un cœur qui fut toujours si sensible à la gloire,
Après tant de sermens, ait pu sacrifier...

AMESTRIS.

Vois son empressement à se justifier,
Le perfide, enchanté d'une flamme nouvelle,
Pense-t-il seulement à ma douleur mortelle ?
Sait-il qu'il est d'ailleurs des cœurs infortunés,
Aux plus affreux tourmens par lui seul condamnés ?
Hélas, tandis qu'ici ma douleur se signale,
Peut-être que l'ingrat, aux pieds de ma rivale,
Aux dépens de ma gloire accréditant sa foi,
Rougit d'être accusé d'avoir brûlé pour moi.
Pour mieux persuader, peut-être qu'à Barsine
Il offre en ce moment la main qui m'assassine.
Si son cœur à ce soin n'était abandonné,
Ne suffirait-il pas qu'il en fût soupçonné,
Pour venir à mes pieds dissiper mes alarmes,
Et m'offrir cette main pour essuyer mes larmes ?
Qu'un soin bien différent le soustrait à mes yeux !

Le perfide, occupé d'un amour odieux,
Ne songe qu'aux apprêts d'un funeste hyménée,
Qui peut-être sera ma dernière journée.
Que dis-je? Où ma douleur me va-t-elle engager?

SCÈNE II.

ARTAXERCE, AMESTRIS, PHÉNICE.

AMESTRIS.

ARTAXERCE paraît, songeons à nous venger.
Puisqu'avec lui les lois ordonnent que je règne,
Offrons-lui cette main qu'un parjure dédaigne,
Profitons du moment; peut-être que demain,
Malgré tout mon courroux, je le voudrais en vain.

ARTAXERCE.

Le rival d'un héros si digne de vous plaire,
Un prince que séduit un amour téméraire,
Qui vient, sans votre aveu, de le faire éclater,
Malgré le peu d'espoir dont il doit se flatter,
Sans crainte d'offenser les charmes qu'il adore,
Peut-il à vos regards se présenter encore,
Madame? Pardonnez; non; je n'ignore pas
Tout le devoir d'un cœur épris de vos appas;
Mais aurais-je voulu, sans vous offrir l'empire,
Apprendre à l'univers que pour vous je soupire?
N'osant vous faire entendre une timide voix,
J'ai fait parler pour moi l'autorité des lois;
Non que, fier du haut rang dont on me favorise,
A contraindre vos vœux mon amour s'autorise.
Je ne voulais régner que pour me faire honneur,
D'en être plus soumis au choix de votre cœur;
D'autant plus résolu de ne le pas contraindre,
Que mon amour tremblant semble avoir tout à craindre;
Que je vous vois déjà détourner, malgré vous,
Des yeux accoutumés à des objets plus doux;
Qu'enfin je ne vois rien qui ne me désespère.
Que de maux, sans compter les vertus de mon frère!

AMESTRIS.

gneur, il me fut cher ; je ne veux point nier
feu que tant de gloire a dû justifier.
t que l'ingrat n'a point trahi sa renommée,
fait tout mon bonheur, seigneur, d'en être aimée ;
le ferais encor, si lui-même aujourd'hui
vait forcé ma gloire à se venger de lui.
achez-moi, seigneur, à ce penchant funeste,
consens, vos vertus vous répondent du reste.
s ne me verrez point opposer à vos feux
triste souvenir d'un amour malheureux ;
retour vers l'ingrat ne vous sera contraire,
i-même j'instruirai votre amour à me plaire.
nnez-vous tout entier à ce généreux soin ;
dons de notre hymen un parjure témoin.
s pouvez assurer de mon obéissance
roi dont aujourd'hui j'ai bravé la puissance.
ez tout préparer, je vous donne ma foi
ne pas résister un moment à la loi,

ARTAXERCE.

n, je ne reçois point ce serment téméraire.
vain vous me flattez du bonheur de vous plaire,
vain votre dépit me nomme votre époux ;
rsque l'amour, d'un autre, a fait le choix pour vous.
vous aime, Amestris ; et jamais dans une ame
vertu ne fit naître une plus belle flamme.
rais de tout mon sang acheté la douceur
pouvoir un moment régner sur votre cœur ;
is, quoique en obtenant le seul bien où j'aspire,
n bonheur, quel qu'il soit, dût ici me suffire,
stime trop ce cœur pour vouloir aujourd'hui
tenir notre hymen d'un autre que de lui.
t le funeste soin d'éclaircir ma princesse
llumer dans son cœur sa première tendresse.
ssé-je enfin la perdre, et voir évanouir
bonheur si charmant dont je pouvais jouir,
ne puis, sans remords, abandonner mon frère
ux coupables transports d'une injuste colère.
l y va de mes feux à le sacrifier,

Il y va de ma gloire à le justifier.
Je vous ai vu traiter Darius d'infidèle,
Je conçois d'où vous vient une erreur si cruelle.
Mais, si vous aviez vu ses transports comme moi,
Vous ne soupçonneriez ni son cœur, ni sa foi.
Adieu, madame, adieu : quelque soin qui le guide,
Darius n'est ingrat, parjure, ni perfide.
Croyez-en un rival charmé de vos appas.
Il me haïrait moins, s'il ne vous aimait pas.

SCÈNE III.

AMESTRIS, PHÉNICE.

AMESTRIS.

Je demeure interdite ; et mon ame abattue
Succombe au coup mortel dont ce discours me tue.
Quoi ! Darius m'aimait, et par un sort fatal
Il faut que je l'apprenne encor de son rival,
D'un rival qui le plaint, et qui le justifie,
Tandis qu'à de faux bruits mon cœur le sacrifie !
Ai-je bien pu revoir ce prince si chéri,
Sans que de ses malheurs mon cœur fût attendri ;
D'un mensonge odieux sans percer le nuage ?
Le crime et la vertu n'ont-ils donc qu'un langage ?
Et des cœurs, par l'amour unis si tendrement,
Se doivent-ils, hélas ! méconnaître un moment ?
A sa vertu du moins j'aurais dû reconnaître
Le mortel le plus grand que le ciel ait fait naître ;
Et cependant, pour prix de sa fidélité,
Je l'outrage moi-même avec indignité !
Je me joins au cruel dont la fureur l'opprime,
Je pare de mes mains l'autel et la victime !
J'achève d'accabler, au mépris de ma foi,
Un cœur qui n'espérait peut-être plus qu'en moi !
Ah ! j'en mourrai, Phénice ; et ma douleur extrême...
On ouvre...

SCÈNE IV.

DARIUS, AMESTRIS, PHÉNICE.

AMESTRIS.

Quel objet ! c'est Darius lui-même,
Fuyons, dérobons-nous de ces funestes lieux,
Je ne mérite plus de paraître à ses yeux.

DARIUS.

Demeurez, Amestris, et d'une ame adoucie
Contemplez les horreurs dont mon ame est saisie ;
Non que ce triste objet de votre inimitié
Ose encore implorer un reste de pitié.
Ce n'était pas assez qu'on m'eût ravi l'empire,
On me ravit encor le seul bien où j'aspire.
J'ai beau porter par-tout mes funestes regards,
Je ne vois qu'ennemis, qu'horreurs de toutes parts.
Je ne veux point ici justifier ma flamme,
Je sais par quels détours on a surpris votre ame ;
J'aimerais mieux mourir encor plus malheureux,
Que de vous accabler d'un repentir affreux.
Pourvu que, dans l'éclat de la grandeur suprême,
Vous ne méprisiez plus un prince qui vous aime ;
Qui, né pour commander un jour à l'univers,
S'honorait cependant de vivre dans vos fers ;
J'irai, sans murmurer de mon sort déplorable,
Terminer loin de vous les jours d'un misérable.
Adieu, chère Amestris. Quoi ! vous versez des pleurs !
Qu'une pitié si tendre adoucit mes malheurs !

AMESTRIS.

Ah ! prince infortuné, le destin qui t'accable,
De tes persécuteurs n'est pas le plus coupable.
Pour prix de tant de soins, pour prix de tant d'ardeur,
C'est donc ton Amestris qui te perce le cœur !
Qu'ai-je fait, malheureuse ? Et par quel artifice
A-t-on de tant d'horreurs rendu mon cœur complice !
Ce cœur, à tes désirs si charmé de s'offrir,

A tes moindres discours si prêt à s'attendrir,
Ce cœur, qui, tout ingrat qu'il eut lieu de te croire,
Te gardait cependant la plus tendre mémoire ;
Mais, hélas! aujourd'hui plus coupable à tes yeux
Qu'un ministre insolent, un roi faible, et les dieux,
C'est en vain que ton cœur absout le mien du crime,
Avec mon repentir ma fierté se ranime.
Ce n'est plus par des pleurs et par de vains transports.
Que je puis contenter mon cœur et mes remords.
Viens me voir tout en proie à ma juste colère,
Braver la cruauté de ton barbare père,
Te jurer à ses yeux les transports les plus doux,
Malgré tout son pouvoir t'accepter pour époux,
T'offrir de mon amour les plus précieux gages,
Ou du moins par ma mort expier mes outrages.

DARIUS.

Arrêtez, ma princesse ; ah! c'en est trop pour moi
Je ne crains plus le sort, mon frère, ni le roi.
Laissez-moi seul ici conjurer la tempête ;
Je vais à mon rival disputer sa conquête.
Ce cœur qui m'est rendu, décide de son sort ;
Son hymen désormais est moins sûr que sa mort.

AMESTRIS.

Garde-toi sur ses jours d'aller rien entreprendre ;
Souffre, sans t'alarmer, que j'ose le défendre.
Si les rivaux étaient tous aussi généreux,
On ne verrait pas tant de criminels entre eux.
C'est lui qui, dans l'aveu qu'il m'a fait de sa flamme,
Sur de cruels soupçons vient d'éclaircir mon ame ;
Qui, sensible à tes maux, bien loin d'en abuser,
A l'offre de ma main vient de se refuser.
Je crains trop les transports où ton amour se livre ;
Partons, si tu le veux ; je suis prête à te suivre.
Fuyons loin de Xerxès : mais, en quittant ces lieux,
Sortons-en, s'il se peut, encor plus vertueux.
Laissons à l'univers plaindre des misérables,
Qu'il abandonnerait, s'il les croyait coupables.
J'aime mieux que Xerxès plaigne un jour nos malheurs,
Que de voir ses états en proie à nos fureurs.

Les dieux protégeront des amours légitimes,
Qui ne seront souillés ni d'horreurs, ni de crimes.
Contente pour tout bien de l'honneur d'être à toi,
Je ne demande plus que ton cœur et ta foi
Xerxès vient ; garde-toi d'un seul mot qui l'offense,
D'armer contre tes jours une injuste vengeance ;
Il sera moins aigri d'entendre ici ma voix.
Feignons....

SCÈNE V.

XERXÈS, DARIUS, AMESTRIS, ARTABAN, TISSAPHERNE, PHÉNICE.

XERXÈS, *à Darius.*

C'EST donc ainsi que, respectant mes loix,
Vous osez d'Amestris chercher ici la vue ?

AMESTRIS, *à Xerxès.*

Depuis quand à ses feux est-elle défendue ?
Ah ! seigneur, se peut-il que ce fils malheureux
Vous éprouve toujours si contraire à ses vœux ?
Ne peut-il d'un adieu soulager sa misère ?
Et ses moindres regrets offensent-ils son père ?
Ne craignez point que, prêt à vous désobéir,
Il apprenne avec moi, seigneur, à vous trahir ;
D'un héros si soumis vous n'avez rien à craindre,
Et vous ne l'entendrez vous braver, ni se plaindre.
De vos cruels détours moi seule je gémis ;
Mais mes larmes n'ont point corrompu votre fils.
De la foi des sermens l'autorité blessée,
Des droits les plus sacrés la justice offensée,
De vos détours enfin l'exemple dangereux
N'ébranlera jamais un cœur si généreux.

XERXÈS.

Pour son propre intérêt je veux bien vous en croire,
Je n'en soupçonne rien de honteux à sa gloire.
Qu'il parte cependant, et que la fin du jour
Le trouve, s'il se peut, déjà loin de ma cour.

Vous, suivez-moi, madame; où vous attend son frère.

AMESTRIS.

Où, seigneur?

XERXÈS.

Aux autels.

AMESTRIS.

C'est en vain qu'il l'espère;
Un autre hymen plus doux m'engage sous ses loix.
Regardez ce héros, et jugez de mon choix.
Adieu, cher Darius; je mourrai ton épouse,
Crois-en de ses sermens une amante jalouse;
On j'apprendrai du moins aux malheureux amans
Le moyen de braver la fureur des tyrans.

SCÈNE VI.

XERXES, DARIUS, ARTABAN, TISSA-
PHERNE.

XERXÈS.

Ou suis-je? De quel nom l'orgueilleuse m'outrage?
Quoi! dans ces mêmes lieux où tout me rend hommage,
Où je tiens dans mes mains le sort de tant de rois,
On m'ose faire entendre une insolente voix!

DARIUS.

Seigneur, qu'attendiez-vous d'une amante irritée,
De ses premiers transports encor toute agitée?
Vous étiez-vous flatté de désunir deux cœurs
Qu'à s'aimer encor plus invitent leurs malheurs?
Du moins, pour m'accabler avec quelque justice,
Nommez-moi des forfaits dignes de mon supplice.
Si je suis criminel, et que n'immolez-vous
Ce fils infortuné qui se livre à vos coups?
Oui, seigneur (car, enfin, il n'est plus temps de feindre,
Mon cœur au désespoir ne peut plus se contraindre);
Avant que de m'ôter l'objet de mon amour,
Il faudra me priver de la clarté du jour.

que d'un seul soupir j'aurai part à la vie,
stris à mes vœux ne peut être ravie;
disputerai de ce reste de sang
mes derniers exploits ont laissé dans mon flanc;
ins que votre bras, plus cruel que la guerre,
e malheureux sang n'arrose ici la terre;
e sang toujours prêt à couler pour son roi,
de fois hasardé pour lui prouver ma foi.
qui de vos sujets, plus soumis, plus fidèle,
mis par plus de soins sut signaler son zèle?
qu'a donc fait, seigneur, ce rival si chéri,
du bruit de la guerre et des tentes nourri,
-être sans vertus que l'honneur de vous plaire,
être de mes droits l'heureux dépositaire?
faire à vos soldats approuver votre choix,
nomme les états conquis par ses exploits;
montre sur son sein ces nobles cicatrices,
ts que pour régner m'ont acquis mes services.
du sang, zèle, exploits, seigneur, j'ai tout pour
oi;
pendant c'est lui que vous faites mon roi.

XERXÈS.

us eussiez moins fait, vous le seriez peut-être;
je n'ai pas voulu m'associer un maître.
us, pour régner, comptant pour rien ma voix,
u qu'il suffisait que mon peuple en fît choix.
e vous voit jamais traverser Babylone,
ussitôt à grands flots il ne vous environne.
semblez ne courir à de nouveaux exploits,
pour venir après nous imposer des lois.
rxerce, d'ailleurs, est issu d'une mère
un tendre souvenir me rendra toujours chère;
ôtre, de concert avec mes ennemis,
mon sceptre, en naissant, déshérita son fils.
que de mon courroux la constance inhumaine
ait fait après elle hériter de ma haine.
ux bien avouer qu'après tant de hauts faits
s ne méritiez pas le sort que je vous fais.
rce, quoi qu'il en soit, je veux qu'on m'obéisse;
ge encor de vous ce second sacrifice.

Partez.

DARIUS.

Qui ? moi, seigneur !

XERXÈS.

Oui, vous, audacieux.
Avant que le soleil disparaisse à nos yeux,
Si vous n'êtes parti, c'est fait de votre vie.
Artaban, c'est à toi que ton roi le confie ;
De son sort désormais je te laisse le soin.

DARIUS.

Roi cruel, père injuste. il n'en est pas besoin ;
Mon sort est dans mes mains.

(*il porte la main sur son épée.*)

SCÈNE VII.

DARIUS, ARTABAN, TISSAPHERNE.

ARTABAN.

Que prétendez-vous faire ?
Gardez-vous d'écouter un transport téméraire :
Le roi n'est pas encore éloigné de ces lieux.

DARIUS.

Porte ailleurs tes conseils et tes soins odieux ;
Remplis, sans discourir, les ordres de mon père,
Si tu ne veux toi-même éprouver ma colère.

ARTABAN.

Seigneur, écoutez-moi, le cœur moins prévenu.
Je vois bien que le mien ne vous est pas connu.
De vos cruels soupçons l'injuste défiance,
Vos mépris pour Barsine et pour mon alliance,
Un roi que je pourrais nommer votre tyran,
N'ont point changé pour vous le respect d'Artaban.
Touché de vos vertus plus que de vos outrages,
Mon cœur à vos mépris répond par des hommages.
Heureux, si, dans l'ardeur de me venger de vous ;
Ce cœur d'un vain honneur eût été moins-jaloux !

C'est moi qui, par mes soins, ai porté votre père
À parer de vos droits un fils qu'il vous préfère :
Mais, hélas! qu'ai-je fait en y forçant son choix,
Que priver l'univers du plus grand de ses rois?
Je sens que contre vous un dessein si perfide
Est moins un attentat qu'un affreux parricide,
Que ne saurait jamais réparer ma douleur,
Qu'en signalant pour vous une juste fureur.
Ce discours, je le vois, a de quoi vous surprendre,
Et ce n'est pas de moi que vous deviez l'attendre :
Mais votre père en vain me comble de bienfaits,
Lorsqu'il s'agit, seigneur, d'expier mes forfaits.
Dans la nécessité de me donner un maître,
J'en veux du moins prendre un qui soit digne de l'être,
Qui de nos ennemis sache percer le flanc,
Et qui sache juger du prix de notre sang;
Non de ces faibles rois, dont la grandeur captive
S'entoure de flatteurs dans une cour oisive;
Mais un roi vertueux, connu par ses hauts faits,
Tel enfin que le ciel vous offre à nos souhaits.
Artaban désormais n'en reconnaît point d'autre,
Et ne tiendra qu'à vous d'être bientôt le nôtre.
Il vous offre, seigneur, mes trésors et mon bras.
Faisons sur votre choix prononcer les soldats;
Vous verrez quel secours vous en pouvez attendre.

DARIUS.

Quel étrange discours m'ose-t-on faire entendre!
Je n'ai que trop souffert ce coupable entretien.
Artaban juge-t-il de mon cœur par le sien?
S'il est assez ingrat, assez lâche, assez traître,
Pour oublier sitôt tous les bienfaits d'un maître.
Lui l'a de tant d'honneurs comblé jusqu'aujourd'hui,
On peut chercher ailleurs des ingrats tels que lui.
Pour moi, soumis aux lois qu'impose la nature,
On me reproche même un frivole murmure;
Je respecte en mon roi le maître des humains;
J'adore en lui du ciel les décrets souverains,
Dont les rois sont ici les seuls dépositaires,
Et non pas des sujets faibles et téméraires.
Lui! moi trahir Xerxès, moi troubler ses états!

 XERXES.
Ah ! ne me parlez plus de pareils attentats.

ARTABAN.

C'est mal interpréter le zèle qui me guide.

DARIUS.

Ce zèle, quel qu'il soit, ne peut qu'être perfide.

ARTABAN.

Seigneur, dès que le ciel vous fit naître mon roi...

DARIUS.

Laissons-là ce vain titre ; il n'est plus fait pour moi.
Ce zèle est trop outré pour être exempt de piége ;
Je ne puis estimer qui me veut sacrilége.

ARTABAN.

Et moi, seigneur, et moi, charmé de vos vertus,
J'admire Darius, et l'en aime encor plus.
Je suis touché de voir un cœur si magnanime,
Avec tant de raisons de recourir au crime,
Conserver cependant pour son père et son roi,
Malgré son injustice, une si tendre foi.
Que je plains l'univers de perdre un si grand maître !
Ah ! seigneur, c'est ainsi qu'on est digne de l'être ;
C'est par des sentimens si grands, si généreux,
Qu'on mérite, en effet, notre encens et nos vœux.
Il n'est que Darius, seul semblable à lui-même,
Qui puisse renoncer à la grandeur suprême,
A l'éclat, aux honneurs d'une pompeuse cour,
Et peut-être immoler jusques à son amour.

DARIUS.

Ah ! cruel Artaban ! quelle fureur vous guide !
Et que prétend de moi votre adresse perfide ?
Laissez-moi mon respect, laissez-moi mes remords !
N'excitez point contre eux de dangereux transports ;
Je sens qu'au souvenir de ma chère princesse,
Toute ma vertu cède à l'ardeur qui me presse.
Pour conserver un bien qui fait tout mon bonheur,
Il n'est rien qu'en ces lieux ne tente ma fureur.
S'il est vrai que mon sort vous intéresse encore,
Sur ce point seulement Darius vous implore.

ARTABAN.

Hé bien, seigneur, hé bien, pour vous la conserver,
De ces lieux, s'il le faut, je la vais enlever.
Je vous puis cependant offrir une retraite
Contre vos ennemis, sûre autant que secrète.

DARIUS.

En quels lieux ?

ARTABAN.

                C'est ici, dans ce même palais,
Dont Xerxès prétendait vous exclure à jamais.
Pour mieux vous y cacher, j'écarterai la garde,
Le droit d'en disposer seul ici me regarde.
Du moment que la nuit aura voilé les cieux,
Nous pourrons enlever Amestris de ces lieux.
Quoi ! Darius balance ! Et quelle est son attente ?
Qu'on lui vienne ravir le jour et son amante ?
Acceptez le secours que j'ose vous offrir ;
A vos ordres, seigneur, ce palais va s'ouvrir.

DARIUS.

Moi, dans ces lieux sacrés que j'ose m'introduire !

ARTABAN.

Quel remords sur ce point peut encor vous séduire ?
Et dans quels lieux, seigneur, puis-je mieux vous cacher ?
Quel mortel osera jamais vous y chercher ?

DARIUS.

C'en est fait, à vos soins Darius se confie.
Je ne hasarde rien en hasardant ma vie ;
Et, pour toutes faveurs, je ne demande aux dieux
Que de pouvoir sortir innocent de ces lieux.

FIN DU TROISIÈME ACTE.

ACTE IV.

SCÈNE Ire.

ARTABAN, TISSAPHERNE.

ARTABAN.

Tout succède à mes vœux ; la nuit la plus obscure,
Au gré de mes désirs, a voilé la nature.
Du sort de Darius je puis donc disposer.
La nuit s'avance, ami, nous pouvons tout oser.
C'est ici que bientôt Amestris doit se rendre,
Le prince impatient se lasse de l'attendre.
Cours informer de tout son rival avec soin :
D'un si rare entretien je veux qu'il soit témoin.
Dis-lui ce que j'ai fait pour trahir sa tendresse,
Nos desseins concertés d'enlever la princesse ;
Parle comme un ami peu satisfait de moi,
Indigné de me voir tromper ainsi son roi.
Cette précaution, étrange en apparence,
Plus que le reste encor importe à ma vengeance.
Le temps est précieux, ne perds pas un moment ;
J'attendrai ton retour dans cet appartement.

SCÈNE II.

ARTABAN, *seul.*

Amour d'un vain renom, faiblesse scrupuleuse,
Cessez de tourmenter une ame généreuse,
Digne de s'affranchir de vos soins odieux.
Chacun a ses vertus, ainsi qu'il a ses dieux.
Dès que le sort nous garde un succès favorable
Le sceptre absout toujours la main la plus coupable
Il fait du parricide un homme généreux.
Le crime n'est forfait que pour les malheureux.
Pâles divinités, qui tourmentez les ombres,

répandez l'effroi dans les royaumes sombres,
nez voir un mortel plus terrible que vous,
passer vos fureurs par de plus nobles coups.
plus illustre sang ma main bientôt fumante.
tout remplir ici d'horreur et d'épouvante;
t va trembler, frémir; et moi, je vais régner.
tu, c'est à ce prix qu'on peut te dédaigner.

SCÈNE III.

DARIUS, ARTABAN.

ARTABAN, *à part.*

PERÇOIS Darius : une affreuse tristesse
ble occuper son cœur.

DARIUS.

Où donc est la princesse ?
viendra-t-elle point ?

ARTABAN.

Dissipez ce souci.
ais dans le moment vous l'envoyer ici.
ur vous livrer, seigneur, une amante si chère,
tendais de la nuit le sombre ministère.
moi-même avec soin fait le choix des soldats
doivent en Egypte accompagner nos pas.
ne crains qu'Amestris : soit crainte ou prévoyance,
n'ai trouvé qu'un cœur armé de défiance;
hésite à vous voir, je lui parais suspect.
nez-moi ce poignard, seigneur; à son aspect,
t-être qu'Amestris, qui doutait de mon zèle,
sera soupçonner un témoin si fidèle.

(*Darius lui remet son poignard.*)

ARTABAN.

eu : je vais presser un si doux entretien ;
sse-il vous unir d'un éternel lien !

DARIUS.

z, le temps est cher; mon ame impatiente
mence à se lasser d'une si longue attente.

SCÈNE IV.

DARIUS, *seul.*

Où vais-je, malheureux! et quel est mon espoir?
Qu'est devenu ce cœur si plein de son devoir?
Quoi j'ose violer le palais de mon père.
Moi qui me reprochais une plainte légère,
Qui m'énorgueillissais d'une austère vertu,
Je me rends sans avoir seulement combattu!
D'amant infortuné, devenu fils perfide,
J'abandonne mon cœur au transport qui le guide!
C'est ainsi que, de nous disposant à son gré,
L'amour sait de nos cœurs s'emparer par degré;
Et d'appas en appas conduisant la victime,
Il la fait à la fin passer de crime en crime.
Lieux où je prétendais un jour entrer en roi,
Où j'entre en malheureux qui viole sa foi;
Puissent les soins cruels où mon amour m'engage
Vous épargner encor un plus sanglant outrage!
Je ne sais quel effroi vient ici me troubler:
Mais je sens qu'un grand cœur peut quelquefois trembl
Je combats vainement un trouble si funeste:
En vain je vais revoir le seul bien qui me reste.
Loin de pouvoir goûter un espoir si charmant,
Je ne ressens qu'horreur et que saisissement.
Ce cœur, dans les hasards, fameux par son audace,
S'alarme sans savoir quel péril le menace,
On vient....

SCÈNE V.

AMESTRIS, DARIUS.

DARIUS.

C'est Amestris. Que, dans son désespoir
Mon triste cœur avait besoin de la revoir!

Je vous revois enfin, mon aimable princesse ;
A votre aspect charmant toute ma crainte cesse.
Je me plaignais de vous, et mon cœur éperdu,
Impatient, troublé d'avoir tant attendu,
Vous accusait déjà...

AMESTRIS.

Si je m'en étais crue,
Vous ne jouiriez pas de ma funeste vue.
Quel affreux confident vous êtes-vous choisi !
Avec un tel secours que cherchez-vous ici ?
A quoi destinez-vous des mains si criminelles ?
De tant d'amis, pour vous autrefois si fidèles,
Ne vous reste-t-il plus que le seul Artaban,
Ce ministre odieux des fureurs d'un tyran,
De tous vos ennemis le plus cruel peut-être,
Caché sous des écueils familiers à ce traître ?
Contre de vains détours ce grand cœur affermi,
Qui sait avec tant d'art surprendre un ennemi,
Avec tant de valeur, si plein de prévoyance,
A des amis de cour se livre sans prudence !
Je frémis ; chaque instant, chaque pas que je fais,
Jusqu'au silence affreux qui règne en ce palais,
Tout me remplit d'effroi ; mille tristes présages
Semblent m'offrir la mort sous d'horribles images.
Vous ne la voyez pas, seigneur ; votre grand cœur
S'est fait un soin cruel d'en mépriser l'horreur.
Mais moi, de vos mépris instruite par les larmes
Qu'arrachent de mon cœur mes secrètes alarmes ;
Je crois déjà vous voir, le couteau dans le flanc,
Expirer à mes pieds, noyé dans votre sang.
Fuyez, épargnez-moi le terrible spectacle
De vous voir dans mes bras égorger sans obstacle.
Fuyez, ne souillez point d'un plus long attentat
Ces lieux où vous devez n'entrer qu'avec éclat.
Je vous dirai bien plus, quoique je la respecte,
Votre vertu commence à m'être ici suspecte.
Allez m'attendre ailleurs ; laissez à mon amour
Le soin de vous rejoindre, et de fuir de la cour.
Surtout, n'exposez plus une si chère vie,

DARIUS.

Ma princesse, eh! comment voulez-vous que je fuie?
De ce palais sacré j'ignore les détours;
Et, quand je les saurais, quel odieux recours!
Dût le ciel irrité lancer sur moi la foudre,
A vous abandonner rien ne peut me résoudre.
C'est pour vous enlever de ces funestes lieux,
Qu'à mille affreux périls je ferme ici les yeux.
Dussé-je contre moi voir s'armer ma princesse,
J'attendrai qu'Artaban me tienne sa promesse.
Après ce qu'il a fait, et ce qu'il m'a promis,
Nul soupçon de sa foi ne peut m'être permis.

AMESTRIS,

Malheureux! à l'objet que vous voyez paraître,
Reconnaissez les soins que vous gardait le traître.

SCÈNE VI.

ARTAXERCE, DARIUS, AMESTRIS.

ARTAXERCE.

Sur des avis secrets, peu suspects à ma foi,
En vain je m'attendais à voir ce que je voi.
Au milieu de la nuit, une telle entrevue,
En des lieux si sacrés, était si peu prévue,
Que, malgré le courroux dont mon cœur est saisi,
J'ai peine à croire encor ce que je vois ici.
Depuis quand aux humains ces lieux inaccessibles
Prêtent-ils aux amans des retraites paisibles!
Ignore-t-on encor que ce lieu redouté
Est le séjour du trône et de la majesté?
C'est pousser un peu loin l'audace et l'imprudence,
Que d'oser de vos feux lui faire confidence.
Qui jamais eût pensé qu'un prince vertueux,
Devenu moins soumis et moins respectueux,
N'écoutant désormais qu'un désespoir injuste,
Eût osé violer une retraite auguste,
Braver son père, avoir un odieux recours

ceux qu'il a chargés de veiller sur ses jours?
Avec un tel appui que prétendez-vous faire?
Qui vous fait en ces lieux mettre un pied téméraire?

DARIUS.

Cesse de t'informer où tendent mes projets.
Et ne pénètre point jusques dans mes secrets.
Crois-moi, loin d'abuser d'une injuste puissance,
Ingrat, ressouviens-toi des droits de ma naissance,
Qu'à moi seul appartient celui de commander.

ARTAXERCE.

Je crains bien qu'en effet l'espoir d'y succéder,
Déguisant dans ton cœur la fureur qui te guide,
Bi moins qu'un amant, n'ait conduit un perfide.
Si tu n'avais cherché qu'à revoir Amestris,
Ce n'est pas dans ces lieux que je t'aurais surpris.
L'amour ne cherche pas un si terrible asile.
D'ailleurs à ce mystère Artaban inutile
N'eût pas été choisi pour servir tes amours.
On a bien d'autres soins avec un tel secours.
D'où vient que ce palais, devenu solitaire,
Et trouve dépouillé de sa garde ordinaire?
Je n'entrevois ici que projets pleins d'horreur.

DARIUS.

Ah! c'est trop m'outrager, il faut qu'à ma fureur...

AMESTRIS.

Arrêtez; gardez-vous d'oser rien entreprendre;
Je ne sais quelle voix vient de se faire entendre :
Mais d'effroyables cris sont venus jusqu'à moi,
Et tout mon sang dans mon cœur s'en est glacé d'effroi.

ARTAXERCE.

Je tremble; c'est à ce bruit qui t'annonce mon père,
Et qu'il faut... Va, malheureux, évite sa colère.

SCÈNE VII.

ARTAXERCE, DARIUS, AMESTRIS, ARTABAN

ARTAXERCE.

Que vois-je! quel objet se présente à mes yeux?
Artaban est-ce vous?

ARTABAN.

O dieux! injustes dieux!

ARTAXERCE.

Quel horrible transport! Expliquez-vous, de grace;
Dans ces augustes lieux qu'est-ce donc qui se passe?

ARTABAN.

Grands dieux, qui connaissez les forfaits des humains,
A quoi sert désormais la foudre dans vos mains?
Souverain protecteur de ce superbe empire,
Ame de l'univers, par qui seul tout respire,
Ne dissipe jamais les ombres de la nuit,
Si tu ne veux souiller la clarté qui te suit.
Dès que de tels forfaits les mortels sont capables,
Ils ne méritent plus tes regards favorables.

ARTAXERCE.

D'où naît ce désespoir? Quel étrange malheur...

ARTABAN.

Ah! seigneur, est-ce vous? ô comble de douleur!
Hélas! mon roi n'est plus.

ARTAXERCE.

Il n'est plus!

DARIUS.

O mon père!

AMESTRIS.

Qu'un trépas si soudain m'annonce un noir mystère!

ARTABAN.

Seigneur, Xercès est mort; une barbare main
De trois coups de poignard vient de percer son sein.

ARTAXERCE.

Ah! qu'est-ce que j'entends, Darius?

DARIUS.

　　　　　　　　Artaxerce!

ARTABAN.

Grands dieux! réserviez-vous ce forfait à la Perse?

DARIUS.

Laissez de ces transports le vain emportement,
Ou donnez-leur du moins plus d'éclaircissement.
Est-ce ainsi que, chargé d'une tête si chère,
Artaban veille ici sur les jours de mon père?
De ce dépôt sacré qu'avez-vous fait? Parlez.

ARTABAN.

Moi, ce que j'en ai fait? Quelle audace! Tremblez.

DARIUS.

Parlez, expliquez-vous.

ARTABAN.

　　　　　　　Non, la même innocence
N'aurait pas un maintien plus rempli d'assurance.
Il faut avoir un cœur au crime bien formé,
Pour m'entendre sans trouble, et sans être alarmé.

DARIUS.

Je ne puis plus souffrir cette insolence extrême.
A qui s'adresse donc ce discours;

ARTABAN.

　　　　　　　　A vous-même.

DARIUS.

A moi? perfide! A moi?

ARTABAN.

　　　　　　Barbare, à qui de nous,
Puisque ce coup affreux n'est parti que de vous?

DARIUS.

Ah! monstre, imposteur!

ARTABAN.

　　　　　　Frappe, immole encor ton frère,

Joins notre sang au sang de ton malheureux père.

DARIUS.

Quoi! prince, vous souffrez qu'il ose m'accuser?

ARTAXERCE.

Darius, c'est à toi de m'en désabuser.

DARIUS.

Quoi! d'un esclave indigne appuyant l'imposture,
Vous-même à votre sang vous feriez cette injure?
J'avais cru que ce cœur qu'Artaxerce connaît...

ARTABAN.

Traître, on n'est pas toujours tout ce que l'on paraît.
Mais d'un crime si noir il est plus d'un complice,
Le cruel n'a pas seul mérité le supplice.
Seigneur, apprenez tout; c'est moi qui cette nuit
L'ai, dans ces lieux sacrés, en secret introduit.
Comme il ne demandait qu'à revoir la princesse,
Touché de ses malheurs j'ai cru qu'à sa tendresse
Je pouvais accorder ce généreux secours;
Mais, tandis qu'à servir ses funestes amours
Loin de ces tristes lieux m'occupait le perfide,
Sa main les a souillés du plus noir parricide.
De mes soins pour l'ingrat j'allais voir le succès,
Quand, passant près des lieux, retraite de Xerxès,
Dont une lueur faible écartait les ténèbres,
Votre nom, prononcé parmi des cris funèbres,
M'a rempli tout à coup et d'horreur et d'effroi.
J'entre: jugez, seigneur, quel spectacle pour moi,
Quand ce prince, autrefois si grand, si redoutable,
Des pères malheureux exemple déplorable,
S'est offert à mes yeux sur son lit étendu,
Tout baigné dans son sang lâchement répandu,
Qui de ce même sang, mais d'une main tremblante,
Nous traçait de sa mort une histoire sanglante;
Puisant, dans les ruisseaux qui coulaient de son flanc,
Le sang accusateur des crimes de son sang.
Monument effroyable à la race future!
Caractères affreux dont frémit la nature!
Ce prince, à mon aspect, rappelant ses esprits,

S'est fait voir dans l'état où ce traître l'a mis.
Tu frémis, m'a-t-il dit, à cet objet funeste ;
Tu frémiras bien plus, quand tu sauras le reste.
Quelle barbare main a commis tant d'horreurs!
Cher Artaban, approche, et lis par qui je meurs.
Le fils cruel que j'ai dépouillé de l'empire,
Dans le sein paternel... » A ces mots il expire.
Traître, d'aucun remords si ton cœur n'est pressé,
Viens voir ces traits de sang où ton crime est tracé.

DARIUS.

Où tend de ce trépas la funeste peinture ?
Crois-tu par ce récit prouver ton imposture ?
Je crois pas ébranler un cœur comme le mien,
Je confondrai bientôt l'artifice du tien.
Dis-moi traître, dis-moi, puisque mon innocence
Est contre un tel témoin réduite à la défense,
Qui peut m'avoir conduit jusqu'à ce lit sacré,
Du reste des mortels, hors toi seul, ignoré,
Dont n'aurait pu m'instruire une faible lumière ?

ARTABAN.

Que sais-je ? Le destin ennemi de ton père.

AMESTRIS, à Artaxerce.

Ah! seigneur, c'en est trop, et mon cœur irrité
Ne peut sans murmurer de cette indignité,
Voir le vôtre souffrir qu'avec tant d'insolence
Un traître ose à mes yeux opprimer l'innocence ;
Que, la main teinte encor du sang qu'il fit couler,
De sa fausse douleur prêt à vous aveugler,
Et ose de son crime accabler votre frère,
Sans exciter en vous une juste colère.
Ne vous reste plus, crédule et soupçonneux,
Que de nous partager un crime si honteux.

DARIUS.

Ah! madame, souffrez que ma seule innocence
Se charge contre lui du soin de ma défense.
Pour convaincre de crime un prince tel que moi,
Malheureux, il faut bien d'autres témoins que toi.
Tu n'es que trop connu.

ARTABAN.

        J'ai voulu voir, barbare,
Jusqu'où pourrait aller une audace si rare ;
Mais sous tes propres coups il te faut accabler.
Regarde, si tu peux, ce témoin sans trembler.
        (*il lui montre son poignard.*)

DARIUS.

Grands dieux !

ARTABAN.

        Voyez, seigneur, voyez ce fer perfide,
Que du sang de son père a teint le parricide,
Encor tout dégoutant de ce sang précieux,
Dont l'aspect fait frémir la nature et les dieux:
Roi des rois, c'est à toi que ma douleur l'adresse,
Armes-en désormais une main vengeresse ;
Efface, en le plongeant dans son perfide sein,
Ce qui reste dessus du crime de sa main.

DARIUS.

Je demeure interdit. Dieux puissans ! Quoi ! la foudre
Ne sort pas de vos mains pour le réduire en poudre ?
Ah, traître ! ose-tu bien employer contre moi
Ce fer que l'amour seul a commis à ta foi ?
Barbare, c'était donc à ce funeste usage
Que ta main réservait un si précieux gage !
Prince, je n'ai besoin, pour me justifier,
Que de ce même fer qu'il s'est fait confier.
Il a feint qu'Amestris...

ARTAXERCE.

        Ah ! misérable frère,
Malheureux assassin de ton malheureux père,
Que peux-tu m'opposer qui puisse dans mon cœur
Balancer ce témoin de ta noire fureur ?
Juste ciel ! se peut-il que de tels sacrifices
De mon règne naissant consacrent les prémices ?

DARIUS.

C'en est fait, je succombe, et mon cœur abattu,
Contre tant de malheurs, se trouve sans vertu.

AMESTRIS.

Défends-toi, Darius ; que ton cœur se rassure ;
L'innocence a toujours confondu l'imposture ;
C'est un droit qu'en naissant elle a reçu des dieux,
Qui partagent l'affront qu'on te fait en ces lieux.

DARIUS.

Je n'en ai que trop dit ; et la fière innocence
Souffre mal-aisément une longue défense.
Quoi ! vous voulez, madame, encor m'humilier
Au point de me forcer à me justifier !
De quel droit mon sujet, paré d'un plus haut titre,
Du destin de son roi deviendra-t-il l'arbitre ?
Né le premier d'un sang souverain en ces lieux,
Je ne connais ici de juges que les dieux.

ARTAXERCE.

Ne crains point qu'abusant du pouvoir arbitraire,
Ton frère de ton sort décide en téméraire ;
Du sang de tes pareils on ne doit disposer,
Qu'au poids de la justice on ne l'ait su peser.
Tout parle contre toi ; mais telle est la victime,
Qu'il faut aux yeux de tous la convaincre de crime.
Pour en décider seul mon cœur est trop troublé.
    (à *Artaban.*)
Allez ; que par vos soins le conseil rassemblé
Se joigne en ce moment aux mages de la Perse ;
C'est sur leurs voix que doit prononcer Artaxerce ;
Consultons sur ce point les hommes et le dieux.
    (*aux personnes de sa suite.*)
Vous, observez le prince, et gardez-le en ces lieux.
Adieu ; puisse le ciel s'armer pour l'innocence,
Ou de ton crime affreux m'épargner la vengeance.

SCÈNE VIII.

DARIUS, AMESTRIS.

DARIUS.

Ce n'est donc plus qu'à vous, grands dieux, que j'ai recours !

Non pas dans le dessein de conserver mes jours;
Sauvez-moi seulement d'une indigne mémoire;
Que du moins ces lauriers fameux par tant de gloire
Des honneurs souverains par le sort dépouillés,
D'un opprobre éternel ne soient jamais souillés,
Ah! ma chère Amestris! quelle horreur m'environne!
Quel sceptre! quels honneurs! quels titres pour le trône!
Faut-il que tant de gloire, et que des feux si beaux
Se trouvent terminés par la main des bourreaux?

AMESTRIS.

Non, mon cher Darius, ne crains rien de funeste;
Les dieux seront pour toi, puisque Amestris te reste.
Je n'offre point de pleurs à ton sort malheureux;
L'amour attend de moi des soins plus généreux.
Je vais, dans tous les cœurs enchantés de ta gloire,
Te laver du soupçon d'une action si noire.
Tu verras ton triomphe éclater en ce jour,
Crois-en le ciel vengeur, tes vertus, mon amour.
J'armerai tant de bras, que ton barbare frère
Me rendra mon amant, ou rejoindra ton père.

FIN DU QUATRIÈME ACTE.

ACTE V.

SCÈNE Ire.

ARTABAN, *seul.*

Le soleil va bientôt d'ici chasser la nuit,
Et de mon crime heureux éclairer tout le fruit.
Darius est perdu, sa tête infortunée
Sous le couteau mortel va tomber comdamnée.
De ma fureur sur lui rejetant les horreurs,

De la soif de son sang j'ai rempli tous les cœurs.
De leur amour pour lui je ne crains plus l'obstacle ;
Sa tête, à ses sujets, triste et nouveau spectacle,
Va me servir enfin, dans ce jour éclatant,
De degré pour monter au trône qui m'attend.
Il ne me reste plus qu'à frapper Artaxerce ;
Il est si peu fameux, si peu cher à la Perse,
Que, parmi les frayeurs d'un peuple épouvanté,
A peine ce forfait me sera-t-il compté.
A travers tant de joie un seul souci me reste ;
C'est de mes attentats le complice funeste,
Le lâche Tissapherne, indigne d'être admis
A l'honneur du forfait que ma main a commis.
Je l'ai vu, dans le temps que mon cœur magnanime
S'immolait sans frémir une illustre victime.
Pâlir d'effroi, m'offrir d'une tremblante main
Le secours égaré d'un vulgaire assassin.
On eût dit, à le voir, dans ce moment terrible
Où le sang et les cris me rendaient inflexible,
Considérer l'autel, la victime et le lieu,
Que sa main sacrilége allait frapper un dieu.
Dès qu'à de tels forfaits l'ambition nous livre,
Tout complice un moment n'y doit jamais survivre ;
C'est vouloir qu'un secret soit bientôt révélé.
Ou complice, ou témoin, tout doit être immolé.
Tandis qu'ici la nuit répand encor ses ombres,
Précipitons le mien dans les royaumes sombres.
Il faut que de ce fer, teint d'un si noble sang,
Pour prix de sa pitié, je lui perce le flanc.
Allons...

SCÈNE II.

ARTABAN, BARSINE.

ARTABAN.

MAIS quel objet à mes yeux se présente ?

BARSINE.

Seigneur, vous me voyez éperdue et tremblante ;

Je vous cherche, le cœur plein d'horreur et d'effroi.
Quelle affreuse nouvelle a passé jusqu'à moi!
Tout se remplit ici de troubles et d'alarmes;
Vos gardes désolés versent partout des larmes.
On dit…

ARTABAN.

  Et que dit-on?

BARSINE.

                  Qu'une perfide main
Du malheureux Xerxès vient de percer le sein.

ARTABAN.

Que peut vous importer cette affreuse nouvelle?
Et quel soin si pressant près de moi vous appelle?

BARSINE.

On dit que Darius, de ces barbares coups,
Peut-être injustement, est accusé par vous.
Je vois qu'ici pour lui tous les cœurs s'intéressent.

ARTABAN.

Je vois, en sa faveur, que trop de soins vous pressent;
C'est vous inquiéter du sort d'un malheureux,
Plus que vous ne devez, et plus que je ne veux.

BARSINE.

Je vois qu'ici l'envie attaque votre gloire;
Pour moi, je sais, seigneur, tout ce que j'en dois croire:
Mais si, malgré l'horreur d'un si noir attentat,
Vous pouviez conserver Darius à l'état,
Les Perses, enchantés de sa valeur suprême,
Croiraient ne le devoir désormais qu'à vous-même;
En les satisfaisant, vous pourriez aujourd'hui
De ce prince, d'ailleurs, vous faire un sûr appui.
Rendez à l'univers ce héros magnanime,
Que, malgré vous, le peuple absout déjà du crime.

ARTABAN.

C'est-à-dire qu'il faut, pour contenter vos vœux,
Que je mette aujourd'hui le crime entre nous deux;
Et peut-être bien plus, pour sauver le perfide,
Que je me charge ici moi seul du parricide?

Fille indigne de moi, qui crois m'en imposer,
Ce n'est pas à mes yeux qu'il faut se déguiser.
Les cœurs me sont ouverts; rien ne te sert de feindre;
Des faiblesses du tien parle sans te contraindre,
Dis-moi que pour l'ingrat ton lâche cœur épris,
Des transports les plus doux paye tous ses mépris;
Que, ce cœur démentant et sa gloire et ma haine,
Le soin de le sauver est le seul qui t'amène :
Et je te répondrai ce qu'un cœur généreux
Doit répondre, indigné d'un amour si honteux.
Lâche, pour ton amant n'attends aucune grace,
La pitié dans mon cœur n'a jamais trouvé place;
Pour peu qu'à l'émouvoir elle ose avoir recours,
Barsine peut compter que c'est fait de ses jours.

BARSINE.

C'en est donc fait, seigneur, vous n'avez plus de fille.

ARTABAN.

Opprobre désormais d'une illustre famille,
Et qu'importe à ton père ou ta vie ou ta mort?
Va, fuis loin de mes yeux, crains un juste transport.
On vient; éloigne toi, si tu ne veux d'un père
Éprouver ce que peut une juste colère.

SCÈNE III.

ARTABAN, seul.

Ce n'est point par des pleurs que l'on peut émouvoir
Un cœur qui ne connaît amour, lois, ni devoir.
Artaxerce paraît, achevons notre ouvrage :
Mais, avant que ce coup signale mon courage,
Je veux que par mes soins Darius immolé
Soulève contre lui le peuple désolé;
Faisons-en sur lui seul tomber toute la haine.

SCÈNE IV.

ARTAXERCE, ARTABAN.

ARTABAN.

Vous soupirez, seigneur; un soin secret vous gêne;
Mais de votre pitié reconnaissez le fruit.
Par les pleurs d'Amestris tout le peuple est séduit.
L'ingrate, n'écoutant que l'amour qui la guide,
Rejette sur vous seul un affreux parricide.
On l'a vue en fureur s'échapper de ces lieux,
Porter de toutes parts ses pleurs séditieux.
A sauver Darius Babylone s'apprête,
A moins que par sa mort votre main ne l'arrête.
De ses fausses vertus un vain peuple abusé,
Malgré le crime affreux dont il est accusé
Non-seulement, seigneur, le plaint et lui pardonne,
Mais va jusqu'à vouloir le placer sur le trône.
Si jamais Darius échappe de vos mains,
Pour vous le conserver nos efforts seront vains;
Les soldats éblonis, plus touchés de sa gloire
Qu'indignés d'un forfait si difficile à croire,
Ardens à le servir, viendront de toutes parts,
A flots impétueux grossir ses étendards.
Jugez alors, jugez si, bourreau de son père,
Sa main balancera pour immoler un frère,
Qui retient, en faveur d'un lâche meurtrier,
Ce bras qui l'aurait dû déjà sacrifier:
Signalez, par les soins d'une prompte vengeance,
Votre justice ainsi que votre prévoyance;
Songez que vous avez plus à le prévenir,
Que vous n'avez encor, seigneur, à le punir,

ARTAXERCE.

Vous ignorez, hélas! combien je suis à plaindre,
Non point par les périls que vous me faites craindre,
Mais par le souvenir d'un frère trop chéri,
Que je ne puis frapper sans en être attendri.
On l'a jugé coupable, et c'est fait de sa vie;

Mais, avant qu'à Xerxès mon cœur le sacrifie,
Je veux le voir encor dans ses derniers momens ;
Je n'en saurais vouloir trop d'éclaircissemens.

ARTABAN.

Sur quoi prétendez-vous que l'on vous éclaircisse ?
Pourriez-vous de ma part craindre quelque artifice ?

ARTAXCE.

Non ; mais je veux enfin, quoiqu'il soit condamné,
Voir encor un moment ce prince infortuné.
Qu'on se garde, surtout, de hâter son supplice.

SCÈNE V.

ARTAXERCE, *seul.*

Toi, qui de ma douleur attend ce sacrifice,
Ombre du plus grand roi qui fut dans l'univers,
Qu'une barbare main fit descendre aux enfers,
Dissipe les horreurs d'un doute qui m'accable.
Ce vengeur est tout prêt, montre moi le coupable.
N'expose point un cœur qu'irrite ton trépas,
A des crimes certains, pour un qui ne l'est pas.
Prends pitié de ton sang ; fais que ma main funeste,
En croyant le venger, n'en verse pas le reste.
Je ne sais quelle voix me parle en sa faveur ;
Mais jamais la pitié n'attendrit tant un cœur.
Dieux vengeurs des forfaits, appuis de l'innocence,
Vous sur qui nous osons usurper la vengeance,
Grands dieux, épargnez-moi le reproche fatal
De n'avoir immolé peut-être qu'un rival.

SCÈNE VI.

ARTAXERCE, AMESTRIS.

AMESTRIS.

C'EN est donc fait, cruel, sans que rien vous arrête,
Et le sacrifier votre fureur s'apprête !

Barbare, pouvez-vous, sans mourir de douleur,
Prononcer un arrêt qui fait frémir d'horreur ?
Quoi ! d'aucune pitié votre ame n'est émue!
Quel funeste appareil vient de frapper ma vue !
Ah ! seigneur, se peut-il qu'un cœur si généreux,
Altéré désormais du sang d'un malheureux,
Sur la foi d'un cruel, bourreau de votre père,
De ses propres forfaits puisse punir un frère ?
Et quel frère, grands dieux ! le plus grand des mortels
Moins digne de soupçons, que d'encens et d'autels.
Est-ce à moi de venir dans votre ame attendrie,
De cet infortuné solliciter la vie?
Si rien en sa faveur ne peut vous émouvoir,
Craignez du moins, craignez mon juste désespoir ;
Et ne présumez pas qu'au sein de Babylone,
A de lâches complots le peuple l'abandonne.
O désir de régner ! que ne peut ta fureur,
Puisqu'elle a pu sitôt corrompre un si grand cœur ?
Car ne vous flattez pas que d'un tel sacrifice
On puisse à d'autres soins imputer l'injustice.
Dites du moins, cruel, à quel prix, en ces lieux,
Vous prétendez donc mettre un sang si précieux.
Est-ce au prix de ma main? est-ce au prix de ma vie?
Barbare, vous pouvez contenter votre envie.
Prononcez : j'en attends l'arrêt à vos genoux ;
Et l'attends sans trembler, s'il est digne de vous.

SCÈNE VII.

ARTAXERCE, DARIUS, AMESTRIS.

DARIUS.

Ah ! madame, cessez de prendre ma défense,
Laissez aux dieux le soin d'appuyer l'innocence.
C'est rendre en ce moment mon rival trop heureux,
Que de vous abaisser à des soins si honteux.
Solliciter pour moi, c'est m'avouer coupable.
Laissez, sans le flétrir, périr un misérable ;
Quand vous triompheriez de son inimitié,

Ma vertu ne veut rien devoir à sa pitié.
Puisqu'on m'a prononcé ma sentence mortelle,
Parle, d'où vient qu'ici ta cruauté m'appelle ?
Que prétends-tu de moi dans ces momens affreux ?
Est-ce pour insulter au sort d'un malheureux ?
Va, cruel, sois content : le ciel impitoyable
Ne peut rien ajouter au destin qui m'accable.
Jouis d'un sceptre acquis au mépris de mes droits ;
Soumets, si tu le peux, Amestris à tes lois.
Pour combler de ton cœur tonte la barbarie,
Achève de m'ôter et l'honneur et la vie ;
Mais laisse-moi mourir, sans m'offrir des objets
Qui ne font qu'irriter mes maux et mes regrets.
Je ne veux point, ingrat, dans ton ame cruelle,
Te rappeler pour toi mon amitié fidèle ;
Rien ne me servirait de t'en entretenir,
Puisqu'il t'en reste à peine un triste souvenir.
Rappelle seulement mes premières années,
Glorieuses pour moi, quoique peu fortunées ;
Cet amour scrupuleux et des dieux et des lois,
Cet austère devoir signalé tant de fois,
Ces transports de vertu ; cette ardeur pour la gloire,
Dont nul autre penchant n'a flétri la mémoire ;
Ce respect pour mon roi, que rien n'a pu m'ôter :
C'est avec ces témoins qu'il me faut confronter ;
Non avec Artaban, souillé de trop de crimes
Pour donner de sa foi des garans légitimes ;
Qui, pour t'en imposer, ne produit contre moi
Qu'un poignard désormais peu digne de ta foi.
« Amestris (m'a-t-il dit) doute encor de mon zéle ;
« Ce fer peut me servir de garant auprès d'elle,
» Un moment à mes soins daignez le confier. »
Mais c'est trop m'abaisser à me justifier.
Tout est prêt, m'a-t-on dit : adieu, barbare frère,
Plus injuste pour moi que ne le fut mon père ;
Les dieux te puniront un jour de mes malheurs.
Tu détournes les yeux ! je vois couler tes pleurs !
Hélas ! et que me sert que ton cœur s'attendrisse,
Tandis que ta fureur me condamne au supplice ?
Quel opprobre, grands dieux ! et quelle indignité !

Au supplice ! Qui ? moi ! L'avais-je mérité ?
De tant de noms fameux, en ce moment funeste,
Le nom de parricide est le seul qui me reste !
Je me sens à ce nom agité de fureur.
Ah ! cruel ! s'il se peut, épargne-m'en l'horreur.

ARTAXERCE.

Ah ! frère infortuné, plus cruel que moi-même !
Eh ! que puis-je pour toi dans ce malheur extrême ?
Est-ce moi qui t'ai seul chargé d'un crime affreux ?
Ai-je prononcé seul un arrêt rigoureux ?
Que n'ai-je point ici tenté pour ta défense ?
J'aurais de tout mon sang payé ton innocence ;
Et, si je n'avais craint que d'un si noir forfait
Ma pitié ne m'eût fait soupçonner en secret,
J'aurais, pour conserver une tête si chère,
Trahi les lois, trahi jusqu'au sang de mon père.
Plains-toi, si tu le veux, d'un devoir trop fatal ;
Accuses-en le juge, et non pas le rival.
Quels que soient ses appas, quelque ardeur qui me presse,
Je te donne ma foi, que jamais la princesse,
Libre par ton trépas d'obéir à la loi,
Ne me verra tenter un cœur qui fut à toi.
L'instant fatal approche : adieu, malheureux frère,
Victime qu'à regret je dévoue à mon père ;
Dans ces momens affreux, si terribles pour toi,
Victime cependant moins à plaindre que moi.
Adieu ; malgré les coups dont le destin t'accable,
Va mourir en héros, et non pas en coupable.

DARIUS.

Va, je n'ai pas besoin de conseils pour mourir.
La mort, sans m'effrayer, à mes yeux peut s'offrir :
C'est le supplice, et non le trépas qui m'offense ;
C'est de te voir, cruel, braver mon innocence,
Te plaire en ton erreur, chercher à t'abuser.

ARTAXERCE.

Ingrat, qui veux-tu donc que je puisse accuser ?
Croirai-je qu'Artaban, qui perd tout en mon père,
Ait porté sur son prince une main meurtrière ?
Quel espoir sous mon règne aurait flatté son cœur,

Moi qui ne l'ai jamais pu voir qu'avec horreur ?
Rien ne peut désormais retarder ton supplice.

DARIUS.

Et le ciel peut souffrir cette horrible injustice !
Ah ! misérable honneur ! malheureuse vertu !
Hélas ! que m'a servi d'en être revêtu ?
Qnoi ! je meurs accusé du meurtre de mon père,
Et, pour comble d'horreurs, condamné par mon frère,
Allons, c'est trop se plaindre, il faut remplir mon sort,
Et subir, sans frémir, la honte de ma mort.
Adieu, chère Amestris ; ne versez plus de larmes ;
Contre cet inhumain ce sont de faibles armes.
Les cœurs ne sont plus faits ici pour s'attendrir ;
Il faut nous séparer, madame ; il faut mourir.

AMESTRIS.

Vous, mourir ! Ah ! seigneur, c'est en vain qu'un bar-
    bare...

ARTAXERCE.

Otez-moi ces objets ; gardes, qu'on les sépare.

SCÈNE VIII.

DARIUS, ARTAXERCE, AMESTRIS, BARSINE,
GARDES.

BARSINE.

Arrête, Darius, arrête, roi des rois,
Et sois, en frémissant, attentif à ma voix.
La justice du ciel, lente, mais toujours sûre,
S'est lassée, à la fin, d'appuyer l'imposture.
Apprends un crime affreux qui te fera trembler...
Mais ce n'est pas à moi de te le révéler ;
Tu n'apprendras que trop une action si noire.
C'est pour m'en épargner l'odieuse mémoire,
Pour n'en point partager et l'horreur et l'affront,
Que ma main a fait choix du poison le plus prompt.
Tout ce qu'en ce moment Barsine te peut dire,
C'est qu'elle est innocente, et qu'Artaban expire.

Crébillon.   20

Tissapherne qui vit, quoique prêt à mourir,
Complice du forfait, peut seul le découvrir.
   (*à Darius.*)
Adieu, prince; je meurs à plaindre, mais contente.
D'avoir pu conserver une tête innocente;
Heureuse d'effacer, dans ces tristes momens,
Ce qu'un père cruel t'a causé de tourmens.

SCÈNE IX.

DARIUS, ARTAXERCE, AMESTRIS, GARDES.

DARIUS,

Achevez, justes dieux, d'éclairer l'innocence;
Mais ne vous chargez point du soin de ma vengeance.

ARTAXERCE.

Qu'ai-je entendu, mon frère? Et que dois-je penser?

DARIUS.

A m'aimer, à me plaindre, et ne plus m'offenser.

SCÈNE X.

DARIUS, ARTAXERCE, AMESTRIS, TISSA-PHERNE, GARDES.

DARIUS.

Et si quelque soupçon peut encor te séduire,
Tissapherne paraît, qui pourra le détruire.
Daigne l'interroger.

TISSAPHERNE, *aux gardes.*

      Vos soins sont superflus :
Barbares, laissez-moi, je ne me connais plus.
Que vois-je? Darius! Ah! prince magnanime,
Que j'ai craint de vous voir succomber sous le crime!
Quoi! vous vivez encor! mes vœux sont satisfaits;
Le ciel, sans m'effrayer, peut frapper désormais.

Je ne craignais, seigneur, que de voir l'imposture
Triompher aujourd'hui d'une vertu si pure;
Mais, puisque vous vivez, quel que soit mon forfait,
Je vais en ce moment l'avouer sans regret.
C'est Artaban et moi, dont la fureur impie
Du malheureux Xerxès vient de trancher la vie.
Séduit par les projets d'un odieux ami,
Contre la majesté par l'ingrat affermi,
Sur quelque vain espoir aux forfaits enhardie,
Ma main a seule ici servi sa perfidie.
Il prétendait régner, et vous perdre tous deux :
Mais craignant de ma part des remords dangereux,
Il en a cru devoir prévenir l'injustice,
Et le traître n'a fait que hâter son supplice.
Je viens de l'immoler aux mânes de mon roi.

ARTAXERCE.

Penses-tu par sa mort t'acquitter envers moi ?

TISSAPHERNE.

Je ne sais si son sang pourra vous satisfaire;
Mais je puis sans péril braver votre colère.
Dans l'état où je suis je ne crains que les dieux.

(*on emporte Tissapherne.*)

SCÈNE XI.

DARIUS, ARTAXERCE, AMESTRIS, GARDES.

ARTAXERCE.

Que je dois désormais te paraître odieux !
Ah! mon cher Darius! par quels soins, quels hommages,
Pourrai-je dans ton cœur réparer tant d'outrages ?

DARIUS.

Seigneur, vous le pouvez; rendez-moi le seul bien
Qui puisse désarmer un cœur comme le mien.

ARTAXERCE.

Si, sur le moindre espoir je pouvais y prétendre,

Ce bien n'est pas celui que je voudrais te rendre.
J'en connais trop le prix ; mais, malgré mon ardeur,
Prince, je ne sais pas tyranniser un cœur.
Dès qu'on a pu porter l'amour de la justice
Jusqu'à vouloir livrer son sang même au supplice,
Tout doit dans notre cœur céder à l'équité.
Reçois-en donc ce prix de ta fidélité.
Afin qu'à mes bienfaits tout le reste réponde,
Je te rends la moitié de l'empire du monde.

FIN DE XERXES.

CATILINA,

TRAGÉDIE EN CINQ ACTES,

DE

CRÉBILLON;

Représentée, pour la première fois, en 1748.

PERSONNAGES.

CATILINA.
CICÉRON, consul.
CATON.
PROBUS, grand-prêtre du temple de Tellus.
TULLIE, fille de Cicéron.
FULVIE.
LENTULUS.
CRASSUS.
CÉTHÉGUS.
LUCIUS.
SUNNON, ambassadeur des Gaules.
GONTRAN.
LICTEURS.

La scène est dans le temple de Tellus.

CATILINA,

TRAGÉDIE.

—

ACTE PREMIER.

SCÈNE Ire.

CATILINA, LENTULUS.

CATILINA.

Cesse de t'effrayer du sort qui me menace.
Plus j'y vois de périls, plus je me sens d'audace ;
Et l'approche du coup qui vous fait tous trembler,
Loin de la ralentir, sert à la redoubler.
Crois-moi, sois sans détour pour un ami qui t'aime,
Dans le fond de ton cœur je lis mieux que toi-même,
Lentulus ; et le mien ne peut voir sans pitié
Ce qu'un ambitieux coûte à ton amitié.
Ce tyran des Romains, l'amour de la patrie,
Te trompe, et se déguise en frayeur pour ma vie.
Est-ce à moi d'abuser du penchant malheureux
Qui te fait une loi de tout ce que je veux ?
Issu des Scipions, tu crains qu'à ta mémoire
On ne refuse un jour place dans leur histoire ;
Et le rang de préteur, qui te lie au sénat,
Trouble en un conjuré le cœur du magistrat.
Tu crains pour Rome enfin ; voilà ce qui t'arrête,
Quand tu ne crois ici craindre que pour ma tête.
Va, de trop de remords je te vois combattu,
Pour te ravir l'honneur d'un retour de vertu.

LENTULUS.

Catilina, laissons un discours qui m'offense;
Tes soupçons sont toujours trop près de ta prudence.
A force de vouloir approfondir un cœur,
Un faux jour a souvent produit plus d'une erreur;
Et les plus éclairés ont peine à s'en défendre :
Mais un chef de parti ne doit point s'y méprendre.
D'entre les conjurés distingue tes amis,
Et qu'un discours sans fard leur soit du moins permis;
De toutes les grandeurs qui feront ton partage,
Je ne t'ai demandé que ce seul avantage;
Laisse-m'en donc jouir : mon amitié pour toi
N'a que trop signalé sa constance et sa foi.
Dis-moi, si ta fierté jusque-là peut descendre,
De tant d'excès affreux ce que tu peux prétendre.
Pourquoi faire égorger Nonius cette nuit?
Et de ce meurtre enfin quel peut être le fruit ?

CATILINA.

Celui d'épouvanter le premier téméraire
Qui, de mes volontés secret dépositaire,
Osera, comme lui, balancer un moment,
Et s'exposer aux traits de mon ressentiment.
Lentulus, dans le fond, doit assez me connaître
Pour croire que je n'ai sacrifié qu'un traître;
Et que ces cruautés, qui lui font tant d'horreur,
Sont de ma politique, et non pas de mon cœur.
Ce qui semble forfait dans un homme ordinaire,
En un chef de parti prend un aspect contraire.
Vertueux ou méchant, au gré de son projet,
Il doit tout rapporter à cet unique objet.
Qu'il soit cru fourbe, ingrat, parjure, impitoyable,
Il sera toujours grand, s'il est impénétrable
S'il est prompt à plier, ainsi qu'à tout oser,
Et qu'aux yeux du public il sache en imposer.
Il doit se conformer aux mœurs de ses complices,
Porter jusqu'à l'excès les vertus et les vices,
Laisser de son renom le soin à ses succès.
Tel on déteste avant, que l'on adore après.
Je ne vois sous mes lois qu'un parti redoutable;

A qui je dois me rendre encor plus formidable.
S'il ne se fût rempli que d'hommes vertueux,
Je n'aurais pas de peine à l'être encor plus qu'eux.
Hors Céthégus et toi, dignes de mon estime,
Le reste est un amas élevé dans le crime,
Qu'on ne peut contenir sans les faire trembler,
Et qui n'aiment qu'autant qu'on sait leur ressembler.
Un chef, autorisé d'une juste puissance,
Soumet tout, d'un coup d'œil, à son obéissance;
Mais, dès qu'il est armé pour troubler un état,
Il trouve un compagnon dans le moindre soldat;
Et l'art de le soumettre exige un art suprême,
Plus difficile encor que la victoire même.

LENTULUS.

Songe à les subjuguer sans te rendre odieux.
Mais, avant que le jour nous surprenne en ces lieux,
Au temple de Tellus dis-moi ce qui t'appelle.
Son grand-prêtre Probus te sera-t-il fidèle?
Quoique rien en ce lieu ne borne son pouvoir,
Je ne sais si Probus remplira notre espoir.
Il est vrai qu'à ses soins nous devons cet asile,
Dont il nous rend l'accès aussi sûr que facile;
Mais au nouveau consul le grand-prêtre est lié
Par l'intérêt, le sang, l'orgueil ou l'amitié.
Lorsqu'à des conjurés ses pareils s'associent,
C'est par des trahisons que tous se justifient.
Aujourd'hui le sénat doit s'assembler ici;
Ce n'est pas cependant mon plus cruel souci.
Je crains, je l'avoûrai, les fureurs de Fulvie,
Et je crains encor plus ton amour pour Tullie,
Fille d'un ennemi dangereux et jaloux,
De Cicéron enfin, l'objet de ton courroux.
Eh! comment, dans un cœur qu'un si grand soin en-
    traîne,
Peux-tu concilier tant d'amour et de haine?
L'amour pour tes pareils aurait-il des appas?

CATILINA.

Ah! si je le ressens, je n'y succombe pas.
Qu'un grand cœur soit épris d'une amoureuse flamme,

C'est l'ouvrage des sens, non le faible de l'ame ;
Mais, dès que par la gloire il peut être excité,
Cette ardeur n'a sur lui qu'un pouvoir limité.
C'est ainsi que le mien est épris de Tullie.
Ses graces, sa beauté, sa fière modestie,
Tout m'en plaît, Lentulus ; mais cette passion
Est moins amour en moi, qu'excès d'ambition.
Malgré tous les objets dont son orgueil se pare,
Tullie est ce que Rome eut jamais de plus rare.
Je vois à son aspect tout un peuple enchanté,
Et c'est de tant d'attraits le seul qui m'ait tenté.
Sans la foule des cœurs qui s'empresse pour elle,
Tullie à mes regards n'eût point paru si belle ;
Mais je n'ai pu souffrir que quelque audacieux
Vînt m'enlever un bien qu'on croit si précieux.
Enfin, je l'ai conquis ; et, sans cette victoire,
Je croirais aujourd'hui que tout manque à ma gloire.
Ce n'est pas que l'amour en soit le seul objet.
Loin que de mes desseins il suspende l'effet,
Cette flamme, où tu crois que tout mon cœur s'applique,
Est un fruit de ma haine, et de ma politique.
Si je rends Cicéron favorable à mes feux,
Rien ne peut désormais s'opposer à mes vœux.
Je tiendrai sous mes lois et la fille et le père,
Et j'y verrai bientôt la république entière.
Je sais que ce consul me hait au fond du cœur,
Sans oser d'un refus insulter ma faveur ;
Il craint en moi le peuple, et garde le silence :
Mais, tandis qu'entre nous Rome tient la balance,
J'ai cru devoir toujours poursuivre avec éclat
Un hymen qui le perd dans l'esprit du sénat.
Au temple de Tellus voilà ce qui m'appelle.
Probus, qu'à Cicéron je veux rendre infidèle,
M'y sert à ménager des traités captieux,
Où, sans rien terminer, je les trompe tous deux.
Mais, loin de confier nos desseins au grand-prêtre,
De ses propres secrets je suis déjà le maître.
J'ai flatté son orgueil par le pontificat ;
J'ai parlé pour lui seul en public au sénat,
Tandis que pour César, aidé de Servilie,

J'engageais Cicéron trompé par Césonie.
Enfin, Probus sait trop que, s'il m'osait trahir,
Il ne me faut qu'un mot pour le faire périr.
Même ici, par ses soins, je dois revoir Tullie.
Ne crains point cependant le courroux de Fulvie.
Son cœur fut trop à moi pour en redouter rien.

LENTULUS.

Elle a trop pénétré l'artifice du tien,
Pour ne se point venger de tant de perfidie.
Elle est femme, jalouse, imprudente, hardie,
Elle sait tout, bientôt nous serons découverts,
Et je n'entrevois plus que de tristes revers.
Que faisons-nous dans Rome? Et sur quelle espérance,
Parmi tant d'ennemis, avoir tant d'assurance?
Contre César et toi, les clameurs de Caton
Ne cessent d'irriter Antoine et Cicéron.
Ces deux consuls, tous deux amis de la patrie,
Brûlant de cet amour que tu nommes manie,
Peut-être trop instruits de nos desseins secrets,
Préviendront d'un seul coup ta haine et tes projets.
Déjà, de toutes parts, je vois grossir l'orage.
Crassus devient suspect, t'en faut-il davantage?
Et tu n'ignores pas que, depuis plus d'un jour,
Les lettres de Pompée annoncent son retour;
Que Prétréius, suivi de nombreuses cohortes,
Bientôt de Rome même occupera les portes.
César, dont le génie égale le grand cœur,
T'accuse d'imprudence, et de trop de lenteur.

CATILINA.

Oui, je sais que César désire ma retraite,
Pour briguer au sénat l'honneur de ma défaite,
Pour voir nos légions marcher sous ses drapeaux,
Et pour profiter seul du fruit de mes travaux:
Mais si le sort répond à l'espoir qui m'anime,
Je ferai de César ma première victime.
Il est trop jeune encor pour me donner la loi,
Et je n'en veux ici recevoir que de moi.
Qu'ai-je à craindre dans Rome, où le peuple m'adore,
Où je veux immoler ce sénat que j'abhorre?
Le péril est égal, ainsi que la fureur:

Et j'ai de plus, sur eux, ma gloire et ma valeur.
L'exemple de Sylla n'a que trop fait connaître
Combien il est aisé de leur donner un maître;
Et ce Pompée enfin, si fameux aujourd'hui,
Tremblera devant moi comme il fit devant lui.
Manlius, avec nous toujours d'intelligence,
Aussi prompt que toi-même à servir ma vengeance,
Avec sa légion doit joindre Célius,
Et Céson avec lui rejoindre Manlius.
Sunnon, des fiers Gaulois le ministre fidèle,
Qui les voit menacés d'une guerre nouvelle,
Habile à profiter de celle des Romains,
Doit de tout son pouvoir appuyer nos desseins.
Cesse de m'opposer une crainte frivole,
Dès demain je serai maître du capitole.
C'est du haut de ces lieux que, tenant Rome aux fers,
Je veux avec les dieux partager l'univers.
Rome, je n'ai que trop fléchi sous ta puissance;
Mais je te punirai de mon obéissance.
Pardonne ce courroux à la noble fierté
D'un cœur né pour l'empire, ou pour la liberté.

LENTULUS.

Ah! je te reconnais à ce noble langage;
Rome même est trop peu pour un si grand courage.
Remplis ton sort, fais voir à l'univers jaloux,
Qu'il ne devait avoir d'autres maîtres que nous.
Adieu Catilina. Probus vient : je te laisse.

CATILINA.

Va; dis à Céthégus qu'il tienne sa promesse.
L'un et l'autre en secret, daignez voir Manlius,
Et faites observer Fulvie et Curius.

SCÈNE II.

CATILINA, PROBUS.

PROBUS.

Eh quoi! seigneur, c'est vous que votre vigilance
A conduit le premier aux autels que j'encense!

Saviez-vous que Tullie y dût porter ses pas ?
CATILINA.

Je le sais, cependant je ne l'y cherche pas ;
Votre intérêt, Probus, est tout ce qui m'amène,
Et mon cœur à vous seul veut confier sa peine.
César, que Cicéron appuyait au sénat,
César est désormais sûr du pontificat,
Il l'emporte sur vous, et son audace extrême
Veut soumettre à ses lois la religion même.
J'ai cru, de Cicéron qui vous est allié,
Que mon parti pour vous serait fortifié,
Ou qu'il choisirait mieux du moins votre adversaire ;
Mais ses trésors ont fait ce que je n'ai pu faire.
C'est ainsi qu'aujourd'hui se gouvernent les lois.
Ce sénat, le modèle et le tuteur des rois,
Qui fit à l'univers admirer sa justice,
Qui punissait de mort un soupçon d'avarice,
Qui puisait ses décrets dans le conseil des dieux,
Vend ce qu'à la vertu réservaient nos aïeux.
Je vois avec douleur que cet affront vous blesse.

PROBUS.

Eh ! ce n'est pas moi seul, seigneur, qu'il intéresse ;
Il rejaillit sur vous encor plus que sur moi,
Vous, qu'un vil orateur fait plier sous sa loi ;
Vous, qui, jusqu'à ce jour, armé d'un front terrible,
Des cœurs audacieux fûtes le moins flexible ;
Qui d'un sénat tremblant à votre fier aspect
Forciez d'un seul regard l'insolence au respect :
A sa voix aujourd'hui plus soumis qu'un esclave,
Enfin, à votre tour, vous souffrez qu'on vous brave
Et vous abandonnez le soin de l'univers
A des hommes sans nom, qui mettent Rome aux fers.
Eh ! que m'importe à moi que le sénat m'outrage,
Que la corruption mette à prix son suffrage ?
L'univers ne perd rien à mon abaissement,
Mon nom ni mes vertus n'en font pas l'ornement.
Les dieux ne m'ont point fait pour le régir en maître ;
Vous seul... Mais désormais méritez-vous de l'être,
Avec une valeur qui n'oserait agir,

Et ce front outragé qui ne sait que rougir ?
Quoi ! pour vous engager à sauver la patrie,
Faudra-t-il qu'avec moi tout un peuple s'écrie:
« La mort nous a ravi Marius et Sylla ;
» Qu'ils revivent en toi ; règne Catilina ? »

CATILINA.

Probus, ne tentez point une indigne victoire.
Les crimes du sénat ne souillent point ma gloire.
Je frémis comme vous de tout ce que j'y vois,
De l'abus du pouvoir, et du mépris des lois.
J'admire en vous surtout cette ame bienfaisante,
Que l'approche des dieux rend si compatissante :
Mais, parmi tant d'objets cités pour m'émouvoir,
Vous en oubliez un.

PROBUS.
Quel est-il ?

CATILINA.

Mon devoir.

A combien de désirs il faut que l'on s'arrache,
Si l'on veut conserver une vertu sans tache !
L'outrage n'est suivi d'aucun ressentiment,
Dès que le bien public s'oppose au châtiment ;
Ses intérêts sacrés sont notre loi suprême,
Et s'immoler pour eux, c'est vivre pour soi-même.
Considérez ce temple orné de mes aïeux,
Que Rome a cru devoir placer parmi vos dieux.
Le sang qu'ils prodiguaient pour cette auguste mère
N'a laissé dans son sein qu'un fils qui la révère :
Et, tout muets qu'ils sont, ces marbres généreux
Ne m'en disent pas moins qu'il faut l'être autant qu'eux.
Rome ne me doit rien ; et je lui dois la vie.

PROBUS.

Ainsi vous souffrirez qu'elle soit asservie ;
Qu'un peuple qui vous a nommé son protecteur,
Soit réduit à chercher un autre défenseur.
En vain, fondant sur vous sa plus chère espérance,
Rome vous élevait à la toute-puissance.
J'entrevois dans le cœur d'un fier patricien
Les faiblesses de cœur d'un obscur plébéien ;

Et c'est Catilina qui seul ici protége
Un reste de sénat impur et sacrilége,
Un tas d'hommes nouveaux proscrits par cent décrets,
Que l'orgueilleux Sylla dédaigna pour sujets !
Disparu dans l'abîme où son orgueil le plonge,
Les grandeurs du sénat ont passé comme un songe.
Non, ce n'est plus ce corps digne de nos autels,
Où les dieux opinaient à côté des mortels ;
De ce corps avili Minerve s'est bannie,
A l'aspect de leur luxe et de leur tyrannie.
On ne voit que l'or seul présider au sénat,
Et de profanes voix fixer le consulat.
Enfin, Rome n'est plus, sans le secours d'un maître.
Et qui d'eux, plus que vous, serait digne de l'être ?
César semble promettre un heureux avenir,
Que peut-être moins jeune il osera tenir.
Lucullus n'est plus rien, et son rival Pompée
N'a pour lui qu'un bonheur où Rome s'est trompée.
Crassus, plein de désirs indignes d'un grand cœur,
Borne à de vils trésors les soins de sa grandeur.
Cicéron, ébloui du feu de son génie...
Mais je veux respecter le père de Tullie.
Pour Caton, je n'y vois qu'un courage insensé,
Un faste de vertu, qu'on a trop encensé.
Le reste n'est point fait pour prétendre à l'empire ;
C'est à vous seul, seigneur, que j'ose le prédire.
Quelle gloire pour vous, en domptant les Romains,
De pouvoir vous vanter au reste des humains,
Que, sans avoir des dieux emprunté le tonnerre,
Un seul homme a changé la face de la terre !

CATILINA.

Ministre des autels, que me proposez-vous ?

PROBUS.

La gloire de bien faire, et le salut de tous ;
Ce qu'un grand cœur, flatté de cet honneur suprême :
Aurait dû dès long-temps se proposer lui-même.

CATILINA.

Ah ! Probus, je l'avoue, une si noble ardeur,
Porte des traits de feu jusqu'au fond de mon cœur :

Je sens que, malgré moi, mes scrupules vous cèdent.

PROBUS.

Hé bien, qu'à ce remords de prompts effets succèdent.
D'armes et de soldats remplissons tous ces lieux,
Où le sénat impie ose troubler mes dieux.
Dans un sang ennemi...

SCÈNE III.

TULLIE, CATILINA, PROBUS.

PROBUS.

Mais j'aperçois Tullie.

CATILINA.

Ne vous éloignez point cher Probus, je vous prie.
J'ai besoin de conseil dans le trouble où je suis ;
Et je vous rejoindrai bientôt, si je le puis.

(*Probus se retire dans le fond du théâtre.*)

SCÈNE IV.

CATILINA, TULLIE.

CATILINA.

Quoi ! madame, aux autels vous devancez l'aurore !
Et quel soin si pressant vous y conduit encore ?
Qu'il m'est doux cependant de revoir vos beaux yeux,
Et de pouvoir ici rassembler tous mes dieux !

TULLIE.

Si ce sont là les dieux à qui tu sacrifies,
Apprends qu'ils ont toujours abhorré les impies,
Et que, si leur pouvoir égalait leur courroux,
La foudre deviendrait le moindre de leurs coups.

CATILINA.

Tullie, expliquez-moi ce que je viens d'entendre,
Ma gloire et mon amour craignent de s'y méprendre ;

Et si nous n'étions seuls, malgré ce que je voi,
Je ne croirais jamais que l'on s'adresse à moi.

TULLIE.

Ah! ce n'est qu'à vous seuls, grands dieux! que je m'a-
      dresse,
Et non à des cruels qu'aucun remords ne presse;
Monstres, dont la fureur brave les immortels,
Et que le crime suit jusqu'au pied des autels;
Qui, tout baignés d'un sang qui demande vengeance,
Osent des dieux vengeurs insulter la présence.
Le sang de Nonius, versé près de ces lieux,
Fume encor; et voilà l'encens qu'on offre aux dieux!
La sacrilège main qui vient de le répandre
N'attend plus qu'un flambeau pour mettre Rome en
      cendre.
Ce n'est point Mithridate, ennemi des Romains,
Ni le Gaulois altier qui forme ces desseins;
Grands dieux! c'est une main plus fatale et plus chère,
Qui menace à la fois la patrie et mon père.
Ces excès de fureur, inconnus à Sylla,
N'étaient fait que pour toi, traître Catilina.

CATILINA.

D'un reproche odieux réprimez la licence,
Madame, ou contraignez vos soupçons au silence.
Songez, pour violer le respect qui m'est dû,
Qu'il faut auparavant que je sois convaincu;
Qu'il faut l'être soi-même, avant que d'oser croire
La moindre lâcheté qui peut flétrir ma gloire;
Que l'amour est déchu de son autorité,
Dès qu'il veut de l'honneur blesser la dignité.
Souvenez-vous enfin qu'un généreux courage
Pardonne à qui le hait, mais point à qui l'outrage.

TULLIE.

Et qu'ai-je à redouter de ton inimitié?
Tu ne me verras point implorer ta pitié,
Cruel tu peux porter à la triste Tullie
Tous les coups que ta main réserve à la patrie.
Borne tes cruautés à déchirer un cœur
Qui s'est déshonoré par une lâche ardeur;

Ce cœur, que trop long-temps a souillé ton image,
N'est plus digne aujourd'hui que d'opprobre et d'outrage,
Rien ne peut expier la honte de mes feux :
Mais ne présume pas que ce cœur malheureux,
Que tes fausses vertus t'ont rendu favorable,
T'épargne un seul moment, dès qu'il te sait coupable.
Tu le verras plus prompt à s'armer contre toi,
Qu'il ne le fut jamais à t'engager sa foi.
Grands dieux ! n'ai-je brûlé d'une flamme si pure,
Que pour un assassin, un rebelle, un parjure !
Et le barbare encor insulte à ma douleur !
Il veut que mon devoir respecte sa fureur !
Mais, cruel ! mon amour n'en sera point complice ;
Dût-on charger ma main du soin de ton supplice,
Je n'hésiterai point à te sacrifier.
Tu n'as plus qu'un moment à te justifier.

CATILINA.

Et de quoi voulez-vous que je me justifie ?

TULLIE.

D'un complot qui bientôt te coûtera la vie.
Mais, puisque ton orgueil s'obstine à le nier,
Et que tu me réduis, traître, à t'humilier,
Esclave, paraissez.

SCÈNE V.

CATILINA, TULLIE, FULVIE, *déguisée en esclave.*

CATILINA, *à part.*

Que vois-je ? c'est Fulvie !

TULLIE, *à Fulvie.*

Parlez ; je vous l'ordonne au nom de la patrie.

FULVIE.

Qui ? moi, parler, madame ! A quel péril affreux
Exposez-vous ici les jours d'un malheureux !
D'un Romain, quels qu'en soient le rang et la naissance,

Je sais combien je dois respecter la présence.
De celui-ci, surtout, je redoute l'aspect.

TULLIE.

Parlez, et dépouillez ce frivole respect.
Un esclave enhardi par le salut de Rome,
Doit-il tant s'effrayer à l'aspect d'un seul homme ?
Connaissez-vous celui qui paraît à vos yeux ?
Répondez : quel est-il ?

FULVIE.

C'est un séditieux.
Je ne connais que trop ce mortel redoutable,
Lui, le plus grand de tous, s'il était moins coupable.
Lui, madame ; c'est lui, voilà le furieux
Qui veut souiller de sang sa patrie et ses dieux,
Égorger le sénat, immoler votre père,
Et, la flamme à la main, désoler Rome entière.

CATILINA, *feignant de ne pas reconnaître Fulvie.*

Quoi ! vous osez commettre un homme tel que moi
Avec des malheureux si peu dignes de foi !
Et vous me réduisez à souffrir qu'un esclave,
Au mépris de mon rang, me flétrisse et me brave !
Ah ! c'est pousser l'injure et l'audace trop loin.

TULLIE.

Ingrat, rougis du crime, et non pas du témoin :
Mais en vain ton orgueil s'attache à le confondre ;
Vanter ta dignité, ce n'est pas me répondre.
Adieu.

    (*à Fulvie.*)
Vous, suivez-moi.

CATILINA, *arrêtant Fulvie.*

       Non, non, il n'est plus temps :
Cet esclave est chargé d'avis trop importans.
D'ailleurs, dès qu'avec lui vous osez me commettre,
Souffrez qu'en d'autres mains je puisse le remettre.
Probus, venez à nous.

SCÈNE VI.

CATILINA, TULLIE, FULVIE, PROBUS.

TULLIE.

Quel est donc ton dessein?

CATILINA.

C'est au nom du sénat et du peuple romain,
Qui de ces lieux sacrés vous fit dépositaire,
Probus, qu'entre vos mains je mets ce téméraire.

TULLIE.

En vain par ce dépôt tu crois m'en imposer,
Je vois à quel dessein tu veux en disposer.

CATILINA.

Non; loin que ma fierté désormais le recuse,
C'est devant le sénat que je veux qu'il m'accuse.
Puisqu'il doit en ces lieux s'assembler aujourd'hui,
C'est à Probus, madame, à répondre de lui,

TULLIE.

Songe, Catilina, qu'il y va de ta vie.

CATILINA.

Allez, songez, madame, à sauver la patrie.
C'est des jours d'un ingrat prendre trop de souci;
Et l'amour n'a plus rien à démêler ici.

SCÈNE VII.

CATILINA, *seul.*

Qu'aurais-je à redouter d'une femme infidèle?
Où seront ses garans? Et, d'ailleurs, que sait-elle?
Quelques vagues projets dont l'imprudent Caton
Nourrit depuis long-temps la peur de Cicéron;
Projets abandonnés, mais dont ma politique,

r leur illusion, trompe la république,
t de ce vain fantôme occuper le sénat,
ffrayer d'un faux bruit, ou d'un assassinat,
ne lui laisser voir que des mains meurtrières,
ndis qu'un grand dessein échappe à ses lumières.
tre de mes secrets j'ai pénétré les siens ;
Lentulus lui-même ignore tous les miens.
cent mille Romains armés pour ma querelle,
cun ne se connaît, tous combattront pour elle.
l'un des deux consuls je me suis assuré ;
s que moi, contre l'autre Antoine est conjuré ;
ar ne doit qu'à moi sa dignité nouvelle,
e sais qu'à ce prix il me sera fidèle.
là comme un consul qui pense tout prévoir,
vent pour mes desseins agit sans le savoir.
fricain peu soumis, le Gaulois indomptable,
t l'univers enfin, las d'un joug qui l'accable,
ttend pour éclater que mes ordres secrets ;
Cicéron n'est point instruit de mes projets.
n'est pas dans les murs, Rome, que je m'arrête ;
cris du monde entier j'ai grossi la tempête.
n cœur n'était point fait pour un simple parti
e le premier revers eût bientôt ralenti.
séduit les vieillards, ainsi que ta jeunesse ;
ar, Sylla, Crassus, et toute ta noblesse.
is il faut retourner à Probus qui m'attend ;
nageons avec lui ce précieux instant,
ir rendre sans effet le courroux de Tullie,
pour mettre à profit les fureurs de Fulvie.
tiens, Catilina, tes glorieux desseins :
tre de l'univers, si tu l'es des Romains,
st aujourd'hui qu'il faut que ton sort s'accomplisse,
e Rome à tes genoux tombe, ou qu'elle périsse.

FIN DU PREMIER ACTE.

ACTE II.

SCÈNE Ire.

FULVIE, PROBUS.

FULVIE.

N'abusez point, Probus, de l'état où je suis ;
Je vous perdrai : du moins, songez que je le puis.
Vous croyez, à l'abri de votre caractère,
Pouvoir impunément défier ma colère,
Et que mon cœur, tremblant à l'aspect de ce lieu
Va mettre au même rang le ministre et le dieu.
Et quel ministre encor ! un sacrilége, un traître,
Qui, de Catilina devenu le grand-prêtre,
Des Tarquins, sur son front, veut ceindre le banc
Et du sang des Romains nourrir ce dieu nouveau ;
Lâche, qui se dévoue aux amours de Tullie,
Qui, de ses propres dieux profanateur impie,
Prête leur sanctuaire à des feux criminels,
Déshonore le prêtre, et souille les autels.

PROBUS.

Cédez moins au torrent de votre jalousie,
Et, loin de m'offenser, écoutez-moi, Fulvie.
Considérez l'abîme où va vous engager
Une folle habitude à ne rien ménager.
Vous croyez vous venger, vous vous perdez vous-même
Et, de plus, un amant qui peut-être vous aime.
Le dépit n'a jamais satisfait ses transports,
Qu'il n'ait livré notre ame à d'éternels remords.
L'amour le mieux vengé, quelle que soit l'offense
Est souvent le premier à pleurer sa vengeance.
On punit l'inconstant ; mais on perd en un jour
L'objet de sa tendresse, et l'espoir d'un retour.
Enfin, que savez-vous si l'on aime Tullie ?
A travers les fureurs dont votre ame saisie,
Croyez vous que l'amour éclaire assez vos yeux,

Pour percer les replis d'un cœur ambitieux ?
Vous savez les projets que votre amant médite.
En pénétrez-vous bien le détail et la suite ?
Un homme tel que lui doit-il à découvert
Se montrer sans prudence au grand jour qui le perd ;
Peut-il porter trop loin l'artifice et la feinte ?
Non ; il faut que son cœur ne soit qu'un labyrinthe,
Que l'amour même en vain y cherche des secrets
Que pour lui la raison et l'honneur n'ont point faits.
L'usage qu'aujourd'hui vous avez osé faire
Des secrets dont l'amour vous fit dépositaire,
Me prouve que trop, malgré votre dépit,
Pour peu qu'il ait parlé, qu'il n'en a que trop dit.
L'impétueux Caton murmure, tonne, éclate,
Trouble tout, pour servir un consul qui le flatte.
Devenu du sénat et l'idole et l'espoir,
Cicéron est armé du souverain pouvoir.
Le sénat qui sur lui redoute une entreprise,
Pour mettre son héros à couvert de surprise,
De l'ordre équestre entier le fait accompagner.
Puisqu'on ne peut le perdre, il faut donc le gagner.
Pour le faire périr, il faut la force ouverte ;
Mais ce serait sans fruit travailler à sa perte.
Un hymen prétendu peut calmer ses frayeurs ;
Et cet hymen devient l'objet de vos fureurs !
Plus de raison alors ; et la fière Fulvie
Expose un nom célèbre aux mépris de Tullie,
Se couvre sans rougir d'un vil déguisement !
Pourquoi ce déshonneur ? pour perdre son amant.
Ah ! madame ! ce cœur, dont j'ai plaint la tendresse,
De l'habit qui vous cache a-t-il pris la bassesse ?
Dans quel sein déposer des secrets dangereux,
Si le cœur d'une amante est un écueil pour eux ?
Vit-on jamais l'amour, dans sa plus noire ivresse,
Emprunter du dépit une langue traîtresse ?

FULVIE.

Qui donc ai-je trahi, ministre ambitieux ?
Et quelle foi doit-on à des séditieux ?
La garder aux méchans, c'est partager leurs crimes.

Mais je vois que Probus connaît peu ces maximes ;
Et je sais, quand la haine enflamme vos pareils,
Jusqu'où va la noirceur de leurs lâches conseils,
Surtout dès qu'il s'agit de venger leurs injures.
César est désigné souverain des augures ;
Cicéron a brigué pour ce rival heureux,
Et le place en un rang dont on flattait vos vœux ;
Catilina d'ailleurs vous était favorable.
Le moyen qu'à vos yeux je ne sois point coupable,
Moi, qui viens de sauver un consul odieux,
Qui s'est osé jouer d'un ministre des dieux ;
Qui, de sa dignité dépositaire habile,
Plein de faste aux autels, et près des grands servile,
Sur l'espoir de leurs dons mesure sa ferveur,
Et n'adore en effet que la seule faveur.
Mon devoir m'ordonnait de sauver la patrie.
Imitez-le, ou gardez vos conseils pour Tullie.
Croyez-moi, terminez d'imprudentes leçons,
Qui ne font qu'irriter ma haine et mes soupçons.
Cessez de me flatter qu'on peut m'aimer encore :
J'ai trop vu la beauté que l'infidèle adore ;
Mes yeux avant ce jour ne la connaissaient pas,
Mais vous me payerez ses funestes appas
C'est vous qui leur gagnez sur moi la préférence,
Moi, que déshonorait la seule concurrence.
Pourquoi de cet hymen m'a-t-on fait un secret ?
Et pourquoi, s'il est feint, m'en cacher le projet ?
Traître, ce n'est pas vous qui deviez me l'apprendre ;
Mais on croit n'avoir rien à craindre d'un cœur tendre
Sachez que d'un secret à demi confié,
Dès qu'on peut une fois percer l'autre moitié ;
On est toujours en droit d'en trahir le mystère
Et qu'on ne doit plus rien à qui nous l'ose faire.

PROBUS.

Hé bien, parlez, madame, un homme généreux
Qui veut briser les fers de tant de malheureux.
Vengez votre beauté d'un amant infidèle,
Et votre orgueil blessé des projets qu'il vous cèle ;
D'un long embrasement devenez le flambeau,

Et nous ouvrez à tous les portes du tombeau.
Mais Catilina vient, évitez sa présence,
Ou du moins, gardez-vous d'irriter sa vengeance.

SCÈNE II.

CATILINA, FULVIE, PROBUS.

CATILINA.

PROBUS, où sommes-nous? Et qu'est-ce que je voi?
Quel opprobre pour Rome; et quel affront pour moi!
C'est aux yeux du sénat, aux miens, qu'une Romaine,
Au mépris des devoirs où son sexe l'enchaîne,
Sous un déguisement fait pour de vils humains,
S'en va déshonorer le premier des Romains,
De ses folles erreurs le rendre la victime,
Sans daigner seulement s'éclaircir de son crime!
Et, lorsque tout conspire à me justifier,
Sa jalouse fureur veut me sacrifier!
Eh! quel était je but où ma valeur aspire?
Pour qui voulais-je ici conquérir un empire?
Est-ce pour Cicéron, l'objet de mon courroux,
Lui que je voudrais voir expirer sous mes coups;
Non; c'est pour une ingrate à qui je sacrifie
Ma gloire, mon devoir, et le soin de ma vie.

FULVIE.

Poursuis, Catilina : le reproche sied bien
A des cœurs innocens et purs comme le tien?
Mais dans l'art de tromper, ta science suprême,
Tu m'en as trop appris pour me tromper moi-même,
Va, cesse d'éclater sur mon déguisement,
Tout, jusqu'à ton courroux, est faux en ce moment.
Egorge Cicéron aux yeux de sa famille,
Je ne t'en croirai pas moins épris de sa fille.
Ce n'est pas d'aujourd'hui que tu sais allier
La vertu, les forfaits, l'amant, le meurtrier;
Et, Tullie à tes yeux fût elle encor plus chère,
Rien ne garantirait la tête de son père.

Crébillon.   22

Mais de quoi te plains-tu? Quel est mon attentat?
Est-ce moi qui prétends t'accuser au sénat?
De l'espoir d'être à toi ma tendresse enivrée,
A tes lâches complots ne m'a que trop livrée.
Songe que tu me dois et César, et Crassus;
Les enfans de Sylla, Cépion, Lentulus.
Cruel! j'aurais voulu que tout ce qui respire
Eût été, comme moi, soumis à ton empire.
Mais, tandis que pour toi je séduisais les cœurs,
Tu préparais au mien le comble des horreurs;
Et le tien, trop épris des charmes de Tullie,
A bientôt oublié ce qu'il doit à Fulvie.
Cependant, qui de nous s'arme ici contre toi?
C'est elle qui te perd, ingrat; ce n'est pas moi.
Il est vrai qu'en son cœur j'ai voulu te détruire,
Mais c'est là seulement qu'attachée à te nuire,
Contente de pouvoir vous désunir tous deux,
Je n'ai rien oublié pour te rendre odieux.
Eh! pouvais-je prévoir que l'honneur chimérique
De sauver les débris d'un nom de république,
Porterait une amante à perdre son amant?
Mais, pour t'en garantir, je ne veux qu'un moment.
Abandonne à mon cœur le soin de ta défense.
Je ne sais s'il te doit ou tendresse, ou vengeance;
Je ne veux sur ce point nul éclaircissement,
Qui puisse triompher d'un plus doux mouvement.
Mais, par un désaveu, souffre que j'humilie,
A l'aspect du sénat, l'orgueilleuse Tullie.
Son cœur est désormais indigne de ta foi.

CATILINA.

Tullie en me perdant, se rend digne de moi;
Et vous qui prétendez me sauver par un crime,
Vous ne méritez plus mes vœux, ni mon estime.
C'est au sénat qu'il faut m'accuser aujourd'hui;
Je ne redoute rien, ni de vous, ni de lui.
Si jamais vous osiez y démentir Tullie,
Un affront si sanglant vous coûterait la vie.
Ainsi déclarez tout, c'est l'unique moyen
De regagner un cœur qui ne vous doit plus rien.
Vos fureurs n'ont que trop épuisé ma constance.

SCÈNE III.

CATILINA, FULVIE, PROBUS, LES LICTEURS.

CATILINA.
Mais je vois les licteurs, et le consul s'avance ;
Éloignez-vous d'ici.

FULVIE.
Tu me braves, ingrat !
Adieu : tu me verras ce jour même au sénat.
(*elle sort.*)

SCÈNE IV.

CATILINA, PROBUS, LES LICTEURS.

CATILINA.
Probus, suivez ses pas : allez tous deux m'attendre ,
Et cachez Manlius qui doit ici se rendre.

SCÈNE V.

CICÉRON, CATILINA, LES LICTEURS.

CICÉRON , *fait signe aux licteurs de s'éloigner*
C'est vous, Catilina, que je cherche en ces lieux ,
Non comme un sénateur jaloux et furieux,
Mais comme un ennemi qui sait régler sa haine
Sur ce qu'en peut permettre une vertu romaine.
Enfin, depuis le jour que le sort des Romains,
Par le choix des tribuns, fut remis en mes mains,
Vous ne m'avez point vu, soigneux de vous déplaire ,
Braver l'inimitié d'un si noble adversaire.
Je remportai sur vous l'honneur du consulat,
Sans acheter les voix du peuple et du sénat ;
Et vous savez assez que cette préférence ,

Qui flattait vos désirs, passait mon espérance :
Mais le sénat, toujours en but à vos mépris,
Réunit en moi seul les vœux et les esprits.
Encor, si quelquefois vous daigniez vous contraindre ;
Que, fait pour être aimé, vous vous fissiez moins craindre;
Que, mettant à profit tant de dons précieux,
Vous affectassiez moins un orgueil odieux !
Mais, bravant le sénat et les consuls ensemble,
A vos moindres chagrins vous voulez que tout tremble.
Regardez ces autels, voyez parmi nos dieux
Ces marbres consacrés aux noms de vos aïeux.
Leurs grands cœurs ont toujours haï la tyrannie,
Et Rome n'a jamais tremblé que pour leur vie.
Si, moins ambitieux, votre haute valeur
Ne nous eût inspiré que la même terreur,
Qui d'entre nous pouvait refuser son suffrage
Aux vertus dont le ciel a fait votre partage ?
Politique, orateur, capitaine, soldat,
Vos défauts des vertus ont même encor l'éclat.
Quel citoyen pour nous, et le plus grand peut-être,
S'il nous menaçait moins de nous donner un maître !
On dit... mais je crois peu des bruits mal assurés,
Qui vous osent nommer parmi des conjurés.
Tout défiant qu'il est, Caton ne l'ose croire ;
Cependant le sénat, jaloux de votre gloire,
Pour étouffer des bruits qui dans un sénateur
Pourraient, en vous blessant, blesser son propre honneur,
Dès hier vous nomma gouverneur de l'Asie.
Pompée et Pétréius descendus vers Ostie,
L'un et l'autre chargés de vous y recevoir,
Remettront dans vos mains leur souverain pouvoir.
Partez donc ; et songez que votre obéissance
Peut seule être le prix de notre confiance.

CATILINA.

Ainsi donc le sénat veut, sans me consulter,
Me charger d'un emploi que je puis rejeter.
Je ne sais s'il a cru me forcer à le prendre,
Mais j'ignore comment vous osez me l'apprendre,
Et croire m'éblouir jusqu'à me déguiser

Tout l'affront d'un honneur que je dois mépriser.
On me hait, on me craint, on conspire dans Rome ;
Parmi des conjurés, c'est moi seul que l'on nomme :
Cependant le sénat, peu certain de ma foi,
Daigne, malgré ces bruits, m'honorer d'un emploi.
Le farouche Caton, devenu plus flexible,
D'aucun soupçon encor ne paraît susceptible ;
Et Cicéron ne vient armé que de bienfaits,
Lorsqu'il peut, par la foudre, arrêter mes projets.
Mais d'un consul jaloux la politique habile
Devrait mieux me cacher que c'est lui qui m'exile,
Et ne point abuser de la crédulité
D'un sénat trop jaloux de son autorité ;
Car enfin tous ces bruits, enfans de sa faiblesse,
N'ont d'autres fondemens qu'un soupçon qui vous blesse.

CICÉRON.

N'est-ce rien, selon vous, que d'être soupçonné ?
A votre ambition sans cesse abandonné,
Vous causez tant de trouble et tant d'inquiétude,
Que le moindre soupçon tient lieu de certitude.
Dès qu'on ose alarmer le pouvoir souverain,
On est toujours suspect d'un coupable dessein.
Peut-on trop sur ce point rassurer la patrie ?
Acceptez-vous l'emploi que Rome vous confie ?
C'est pour m'en éclaircir que je viens vous trouver.

CATILINA.

J'entends : c'est sur ce point que l'on veut m'éprouver.
Si j'accepte l'emploi, c'est à tort qu'on m'accuse ;
Et je suis criminel dès que je le refuse :
Mais, malgré l'appareil d'un frivole discours,
Je perce en ce moment à travers vos détours.
L'intérêt des Romains n'est pas ce qui vous guide :
C'est le seul mouvement d'une haine perfide,
Que le fiel de Caton sut toujours enflammer,
Et que mes soins en vain ont tenté de calmer.
J'ai fait plus : j'ai brigué jusqu'à votre alliance ;
Et, lorsque Rome attend avec impatience
Un hymen qui pourrait rassurer les esprits,
Vous osez le premier signaler des mépris !

Et depuis quand, seigneur, l'intérêt de ma gloire
Vous fait-il craindre un bruit que Caton n'ose croire,
Quand ce même Caton, citoyen furieux,
Répand seul contre moi ces bruits injurieux,
Que vous autorisez avec trop d'imprudence,
Vous qui, de son orgueil nourrissant l'insolence,
Consacrez chaque jour ses transports insensés?
Je vous connais tous deux mieux que vous ne pensez.
Timide, soupçonneux, et prodigue de plaintes,
Cicéron lit toujours l'avenir dans ses craintes;
Et Caton, d'un génie ardent, mais limité,
Ne connaît de vertu que la férocité.
Prompt à se courroucer, enclin à contredire,
La haine est le seul dieu qui le meut et l'inspire.
Mais c'est perdre le temps en discours superflus,
Et je reviens aux soins qui vous touchent le plus.
Alarmé d'un pouvoir dont la grandeur vous blesse,
L'ardeur d'en triompher vous occupe sans cesse :
Et comme il vous fallait le secours d'un emploi
Pour éloigner de Rome un homme tel que moi,
Vous m'avez fait nommer gouverneur de l'Asie,
Bienfait que je tiendrais de votre jalousie :
Mais, mon nom seul ici vous faisant tous trembler,
Vous vous flattez qu'ailleurs vous pourrez m'accabler.
Déjà par Manlius l'Italie occupée,
Va bientôt se remplir des troupes de Pompée ;
Et ce fameux vainqueur de tant de nations
Vous offre son épée avec ses légions.
Que d'inutiles soins, dans le temps que Tullie
Pourrait à votre gré disposer de ma vie!
Car de ces noirs complots qui causent tant d'effroi,
Elle a dû déclarer que le chef c'était moi.
Je ne présume pas qu'à son devoir soumise,
Elle ait pu vous céler le chef de l'entreprise.
Pourquoi donc au sénat ne pas me déférer ?
J'entrevois les raisons qui vous font différer :
C'est que mon rang demande une preuve plus grave
Que les rapports suspects d'un malheureux esclave :
Mais mon honneur m'engage à vous désabuser.
Avec ce seul témoin vous pouvez m'accuser ;

Son nom garantit tout. Cet esclave est Fulvie,
Qui, jalouse en secret des charmes de Tullie,
A cru devoir troubler quelques soins innocens,
Qu'exigeaient d'un grand cœur des charmes si touchans.
Qui croirait qu'un consul si prudent et si sage,
Eût été le jouet d'une femme volage?
Vous rougissez, seigneur ; mais c'est avec éclat
Que je veux aujourd'hui me venger au sénat :
Car c'est là qu'en consul vous devez me répondre,
Et c'est là qu'en héros je saurai vous confondre.
Adieu.

SCÈNE VI.

CICÉRON, *seul.*

Dans quel désordre il laisse mes esprits !
Quelle honte pour moi, si je m'étais mépris !
Catilina pourrait ne pas être coupable ;
Mais qu'il est dangereux, et qu'il est redoutable !
Quel ennemi le sort nous a-t-il suscité !
Que de courage ensemble, et de subtilité !
Son génie éclairé voit, pénètre ou devine.
Rome n'est plus, les dieux ont juré sa ruine.
Essayons cependant de calmer la fureur
Du perfide ennemi qui fait tout mon malheur.
S'il paraît au sénat, et qu'il s'y justifie,
Son triomphe bientôt me coûterait la vie.
Malgré tous ses détours j'entrevois ce qu'il veut ;
Mais nous serions perdus, s'il osait ce qu'il peut.
Employons sur son cœur le pouvoir de Tullie,
Puisqu'il faut que le mien jusque-là s'humilie.
Quel abîme pour toi, malheureux Cicéron !
Allons revoir ma fille, et consulter Caton.
C'est là que je pourrai, dans le cœur d'un seul homme,
Retrouver, à la fois, nos dieux, nos lois, et Rome.

FIN DU SECOND ACTE.

ACTE III.

SCÈNE Iʳᵉ.

SUNNON, GONTRAN.

SUNNON.

Arrêtons, cher Gontran : c'est dans ces lieux sacrés,
Décorés avec faste, au fond peu révérés,
Qu'à la face des dieux nous allons voir éclore
Un projet qui m'alarme et qui les déshonore.
C'est ici que bientôt Crassus, Catilina,
Antoine, Céthégus, les enfans de Sylla,
Mille autres dont les noms éclatent dans l'histoire,
Et qui de leurs aïeux flétrissent la mémoire,
Vont de leur sang impur sceller leur union,
Et livrer Rome entière à la proscription.
Heureux, si je pouvais, en ce désordre extrême,
D'un parti que je hais me dégager moi-même !
Entraîné dès long-temps, peut-être corrompu
Par un ambitieux qui séduit ma vertu,
Je me trouve forcé d'embrasser sa querelle,
D'être ennemi de Rome, ou ministre infidèle.

GONTRAN.

Quoi, des Gaules, ici, Sunnon ambassadeur,
De ce rang si sacré voudrait flétrir l'honneur ?

SUNNON.

Laissons l'honneur d'un rang qui n'est plus qu'un vain
  titre,
Lorsqu'un autre intérêt devient mon seul arbitre.
Les Gaules ont daigné m'envoyer en ces lieux ;
Mais où sont les Romains, leurs lois, même leurs dieux ?
Et quel devoir encor veux-tu que je trahisse
Parmi des furieux sans frein et sans justice ?
C'est aux événemens à disposer de moi.
D'ailleurs, dans ce chaos, à qui garder ma foi ?
A de vils sénateurs noyés dans la mollesse,

A deux consuls jaloux et désunis sans cesse ?
L'un des deux, sans honneur et sans fidélité,
Abuse chaque jour de son autorité ;
L'autre a mille vertus, mais n'ose en faire usage.
Caton, loin de calmer, irritera l'orage.
Formidable au-dehors, méprisable au-dedans,
Le sénat n'est enfin qu'un amas de brigands,
Unis pour le butin, divisés au partage,
Dont toute la vertu périt avec Carthage.
A peine il fut formé qu'il détruisit ses rois.
Il détruit aujourd'hui l'autorité des lois.
Après avoir détruit, et lois, et diadème,
Nous le verrons bientôt se détruire lui-même.
Allumons le flambeau de la sédition,
Rien ne peut nous sauver que leur division.
Tu ne sais pas encor quel péril nous menace.
Un Romain (tu connais sa valeur, son audace) ,
Et quel Romain encor ! César, depuis un an ,
Brigue en secret l'honneur d'être notre tyran ;
C'est à nous gouverner que ce héros aspire.
Si la Seine un moment coule sous son empire,
Nous sommes tous perdus ; et Gaulois et Germains
Vont tomber sous le fer ou le joug des Romains.
Ce que la Grèce, Rome, et l'univers ensemble
Eurent de plus parfait, dans César se rassemble.
Prudent, ambitieux ; l'homme de tous les temps,
De toutes les vertus, et de tous les talens ;
Intrépide, éclairé ; d'autant plus redoutable,
Que de tous les mortels il est le plus aimable.
Mais Catilina vient : cher Gontran, laisse-nous.

SCÈNE II.

CATILINA, SUNNON.

CATILINA.

Je vous cherche, Sunnon, et j'ai besoin de vous.
De nos desseins secrets la trame est découverte,
Et je ne m'en crois pas plus voisin de ma perte.

Le sénat éperdu, les chevaliers épars,
Appellent à grand bruit le peuple au champ de Mars.
De toutes parts enfin on murmure, on s'assemble :
Mais, objet de leurs cris, ce n'est pas moi qui tremble.
L'instant fatal approche ; et, loin d'en être ému,
Je me sens transporté d'un plaisir inconnu.
Je craignais les délais, ils sont toujours à craindre;
Le feu des factions est facile à s'éteindre.
Ainsi l'on ne peut trop hâter l'événement.
Sunnon, puis-je compter sur notre engagement?

SUNNON.

La foi de mes pareils ne fut jamais frivole.
Je suis Gaulois, ainsi fidèle à ma parole ;
L'honneur est parmi nous le premier de nos dieux.
Mais vous savez quel joug on m'impose en ces lieux,
Et d'un ambassadeur quel est le ministère ;
Que je suis retenu par une loi sévère,
Qui me défend d'armer de criminelles mains,
Et d'oser les tremper dans le sang des Romains.
D'ailleurs, de vos projets j'ignore le mystère ;
Je crains tout, sans savoir ce qu'il faut que j'espère.
Si vos desseins ne sont aussi justes que grands,
Et si ce n'est pour nous que changer de tyrans ;
Si nos traités ne sont fondés sur la justice,
Vous prétendez en vain qu'aucun nœud nous unisse.
Notre unique vertu n'est pas notre valeur.
Nous aimons la justice autant que la candeur.
Quoique enfant de la guerre, allaité sous les tentes,
Le Gaulois n'eut jamais que des mœurs innocentes.
Si vous nous surpassez par votre urbanité,
Nous l'emportons sur vous par notre intégrité.
C'est à tous nos desseins l'honneur seul qui préside,
Et de nos intérêts l'équité qui décide.
Nos dieux, nos souverains, l'autorité des lois,
La gloire, le devoir, notre épée et nos droits,
Aussi prompts que vaillans, francs et pleins de noblesse,
Obéissans par choix, et soumis sans bassesse.
Mais Rome cherche moins, dans ses vastes projets,
A faire des amis, qu'à faire des sujets.
Comme nous ne voulons que le simple héritage

Dont le temps et le sort firent notre partage,
Voyez si, du sénat réprimant la fureur,
Vous pouvez des Gaulois être le protecteur.
Peut-être en ce discours, ou trop fier, ou trop libre,
Ai-je peu ménager la liberté du Tibre :
Mais, dès que de mes soins notre sort dépendra,
Je parlerais aux dieux comme à Catilina.

CATILINA.

Je ne condamne point un discours magnanime,
Qu'un intérêt sacré doit rendre légitime ;
Mais je le blâmerais, Sunnon, si ma vertu
Ne vous inspirait pas un respect qui m'est dû.
Je ne suis point surpris qu'un ministre soupçonne
De trop d'ambition un projet qui l'étonne,
Et que, loin de vouloir soulager l'univers,
Je prétende au contraire appesantir ses fers.
Revenez cependant d'une erreur qui m'offense,
Et qui peut vous séduire à force de prudence.
Je suis chef, il est vrai, d'un parti dangereux :
Mais vous ne devez pas me confondre avec eux.
Souvent pour s'assurer de leur obéissance,
Il faut laisser régner le crime et la licence.
Le choix des conjurés est un choix hasardeux,
Qui ne veut pas toujours des hommes généreux.
Le projet le plus grand, l'action la plus belle,
A quelquefois besoin d'une main criminelle.
Si vous me regardez comme un ambitieux
Que la soif de régner a rendu furieux,
Et qui ne veut user du flambeau de la guerre,
Que pour subjuguer Rome, et désoler la terre,
Vous vous trompez, Sunnon. Considérez l'état
Du sénat et des lois, du peuple et du soldat ;
Trouvez enfin dans Rome un seul trait qui réponde
A son titre pompeux de maîtresse du monde.
Les pirates divers que Pompée a défaits
Cachaient dans leurs rochers cent fois moins de forfaits.
Mais je suis las de voir triompher l'injustice,
Il est temps que mon bras s'arme pour leur supplice ;
Que j'immole à nos lois ce sénat orgueilleux,

Pour rendre l'univers et les Romains heureux.
Voilà, mon cher Sunnon, le seul but où j'aspire,
Non au funeste honneur de conquérir l'empire;
Et comme j'ai toujours estimé les Gaulois,
Je mourrai, s'il le faut, pour défendre leurs droits.
Mais ne présumez pas que de votre courage
Dans ces murs malheureux je veuille faire usage.
Les conjurés et moi, quel que soit le danger,
Nous n'avons pas besoin d'un secours étranger :
Au contraire, je veux que, fuyant de la ville,
Au camp de Manlius vous cherchiez un asile :
Mais avant que la nuit vous éloigne de nous;
Je vais vous expliquer ce que j'attends de vous.
Tout semble me livrer une ville alarmée;
Mais loin de ses remparts Rome a plus d'une armée.
Que le sénat ici tombe sous mes efforts ;
Ce n'est point accabler ce redoutable corps
Qui renaît de lui-même, et qui se multiplie
Dans l'univers entier, comme dans l'Italie ;
Que je vaincrai souvent sans le rendre soumis,
Et qui me cherchera toujours des ennemis.
Je veux, si les destins me sont peu favorables,
Trouver dans les Gaulois des amis secourables ;
Quelque retraite, enfin, dans un jour malheureux :
De vous, de vos amis, c'est tout ce que je veux.

SUNNON.

Ah ! dès que votre bras s'arme pour la justice
Il n'est point de Gaulois qui ne vous obéisse.
Je vous réponds de tous..

CATILINA,

Quels seront vos garans

SUNNON, lui présentant la main.

Touchez dans cette main, ce sont là nos sermens.
Adieu, Catilina : quelqu'un vient : c'est Tullie.

SCÈNE III.

CATILINA, *seul.*

QUE sa triste vertu me pèse et m'humilie !
Fuyons ; n'exposons point tant de fois en un jour
Des cœurs nés pour la gloire aux attraits de l'amour.

SCÈNE IV.

TULLIE, CATILINA.

TULLIE.

ARRÊTEZ un moment, j'ai deux mots à vous dire
Cependant, à l'effroi que votre accueil m'inspire,
Je ne sais si je dois m'expliquer avec vous.
Victime tous les deux d'une amante en courroux ;
Si mes cruels soupçons vous ont fait une offense,
N'en accusez que vous, et votre fier silence ;
Car vous pouviez d'un mot désabuser mon cœur.
Pourquoi, loin d'éclaircir une funeste erreur,
Me cacher, aux dépens de toute mon estime,
Un témoin dont le nom vous eût absous du crime,
Et que rendait suspect son amour irrité ?
Vous savez de mes mœurs quelle est l'austérité ;
Qu'enchaînée aux devoirs d'une innocente vie,
Je n'ai jamais connu que le nom de Fulvie.
Que ne m'épargniez-vous la honte et le remords
D'avoir trop écouté ses coupables transports ?
Fallait-il exposer une ame vertueuse
A servir les fureurs d'une ame impétueuse ?

CATILINA.

Ah ! je n'étais déjà que trop humilié
De voir à vos mépris mon rang sacrifié,
Sans vous faire rougir d'une indigne rivale.

TULLIE.

Dût sa haine aujourd'hui m'être encor plus fatale,

Malgré votre courroux je veux vous engager
A respecter ses feux, même à la ménager.
D'un pareil ennemi vous n'avez rien à craindre ;
Et son sexe, et son nom, tout m'oblige à la plaindre.
Ainsi, loin d'insulter à son déguisement,
Faisons-la de ces lieux sortir secrètement.
Vous n'avez contre vous de témoin que Fulvie,
Et l'on n'en croira point sa folle jalousie.
Loin de vous présenser l'un et l'autre au sénat
Evitez pour moi-même un dangereux éclat.
Que vous reviendrait-il d'une faible victoire,
Qui, loin de l'embellir, flétrirait votre gloire ?
Croyez-moi, méprisez une amante en fureur,
Qui d'ailleurs ne voulait que vous perdre en mon cœur.

CATILINA.

Lorsqu'on ose attaquer mon honneur et ma vie ;
Vous voulez qu'en tremblant je me cache ou je fuie ;
Que, laissant le champ libre à l'insensé Caton,
Je souffre qu'en public il flétrisse mon nom ;
Que j'éloigne Fulvie, afin que votre père,
Sur son absence même au sénat me défère ?
Comment! lorsque vous-même, échauffant sa fureur,
Vous me livrez au peuple, et me perdez d'honneur ;
Que sur de faux rapports déjà on délibère,
Que contre moi Caton éclate sans mystère !
Vous voulez que, témoin de leur emportement,
J'attende du sénat quelque ménagement ;
Que le consul, enfin, touché de mon absence ;
Ou ne m'accuse point, ou prenne ma défense?
Ah! ne présumez pas que leur mauvaise foi
Puisse m'en imposer et triompher de moi.
Dès ce jour même il faut que je me justifie.

TULLIE.

Pourriez-vous de ma part craindre une perfidie ?

CATILINA

Non ; mais on a trompé votre crédule amour,
Afin que vous puissiez me tromper à mon tour.
La plus légère peur corrompt les cœurs timides,
Et des plus vertueux fait souvent des perfides.

TULLIE.

Du moins, en ma présence, épargnez Cicéron.

CATILINA.

Ah! s'il écoutait moins le dangereux Caton,
Et les fantômes vains d'une peur chimérique,
Vous et moi nous eussions sauvé la république.

TULLIE.

Il en est temps encor, cruel, écoutez-moi;
N'allez point au sénat, fiez-vous à ma foi.
Sur de vaines rumeurs votre fierté s'abuse ;
Songez que c'est moi seule ici qui vous accuse,
Que je puis d'un seul mot rassurer les esprits,
Et dissiper l'erreur qui les avait surpris.
Si de nos premiers feux vous perdez la mémoire,
Songez du moins, seigneur, qu'il y va de ma gloire.
Quoi ! vous pouvez m'aimer, et me sacrifier
A l'orgueilleux honneur de vous justifier?
L'amour vous justifie, et reprend son empire ;
Quand mon cœur vous absout, mon cœur doit vous
    suffire.
Le sénat contre vous n'a rien fait publier.
Ah! laissez-moi l'honneur de vous concilier ;
Laissez-moi réunir mon amant et mon père.
Hélas ! était-ce à moi d'en parler la première ?
L'amour n'offre donc plus à vos tendres souhaits
Aucun bien qui vous puisse engager à la paix !
Vous êtes des Romains la plus noble espérance,
Daignez contre vous-même embrasser leur défense.
De quoi vous plaignez-vous, quand c'est vous seul ingrat,
Qui voulez aujourd'hui convoquer le sénat ?
Si vous vous obstinez encor à vous défendre,
Le consul à son tour voudra s'y faire entendre ;
Et bientôt vos amis ardens et furieux,
De carnage et d'horreur vont remplir tous ces lieux.
Voulez-vous mettre en feu la ville infortunée
Que votre amante habite, où votre amante est née ?
Laissez-moi désarmer vos redoutables mains,
Accordez à mes pleurs la grace des Romains,

Et qu'il soit dit, du moins, de l'heureuse Tullie,
Que le dieu de son cœur fut dieu de sa patrie.

CATILINA.

Ah ! madame, cessez de vouloir m'abuser.
J'aimerais mieux vous voir constante à m'accuser,
Armer contre ma vie un sénat qui m'abhorre.
Quoi ! c'est moi qu'on veut perdre, et c'est moi qu'o[n]
        implore !
Que dis-je c'est à moi que Tullie a recours,
Pour sauver les cruels qui poursuivent mes jours !
C'est pour eux, non pour moi qu'elle verse des larmes !
Et, loin de m'arracher à leurs perfides armes,
Je la vois avec eux conspirer à l'envi !
Rendez-moi donc l'honneur que vous m'avez ravi,
Si vous ne voulez pas que j'aille le défendre.
Mais en vain par vos pleurs on cherche à me surprendre.
Eh ! sur quoi votre amour prétend-il m'émouvoir ?
A-t-il dans votre cœur triomphé du devoir ?
Quoi ! sur le seul rapport d'un témoin méprisable,
Sans rien examiner vous me croyez coupable !
Et, sans en exiger d'autre éclaircissement,
Votre austère vertu sacrifie un amant !
Cet exemple est si grand, qu'il faut que je l'imite.
Plus vous m'attendrissez, plus mon honneur m'invite
A m'immoler moi-même à ce que je me dois.

TULLIE.

Hé bien ! cruel, adieu, pour la dernière fois.

SCÈNE V.

CATILINA, *seul.*

Que je me sens touché ! que mon ame est émue !
Ah ! que n'ai-je évité cette fatale vue?
Mais j'aperçois Probus.

SCÈNE VI.

CATILINA, PROBUS.

PROBUS.

Je viens vous avertir
Que, dès ce même instant, seigneur, il faut partir ;
Tout s'arme contre vous, et le sénat s'assemble.

CATILINA.

Qu'aurais-je à redouter d'un ennemi qui tremble ?
Je veux, à commencer par le plus fier de tous,
Les voir en un moment tomber à mes genoux ;
Et je vais les trouver.

PROBUS.

Quoi ! seul et sans défense ?

CATILINA.

Aucun d'eux n'osera soutenir ma présence :
Ainsi, ne craignez rien.

PROBUS.

Seigneur, y pensez-vous ?
Songez que Romulus expira sous leurs coups.
Je ne condamne point une noble assurance ;
Mais on n'en doit pas moins consulter la prudence.
Plus le sénat vous craint , plus il faut du sénat
Craindre contre vos jours un secret attentat.

CATILINA.

Non , Probus ; et je brave un péril qui vous glace.
Le succès fut toujours un enfant de l'audace.
L'homme prudent voit trop , l'illusion le suit ;
L'intrépide voit mieux , et le fantôme fuit ;
L'instant le plus terrible éclaire son courage,
Et le plus téméraire est alors le plus sage.
L'imprudence n'est pas dans la témérité ;
Elle est dans un projet faux et mal concerté :
Mais, s'il est bien suivi, c'est un trait de prudence
Que d'aller quelquefois jusqués à l'insolence ;

CATILINA.

Et je sais, pour dompter les plus impérieux,
Qu'il faut souvent moins d'art que de mépris pour eux
Adieu. Dans un moment ils me verront paraître
En criminel qui vient leur annoncer un maître.

FIN DU TROISIÈME ACTE.

ACTE IV.

SCÈNE Ire.

CICÉRON, CRASSUS, CATON, et le reste des
SÉNATEURS.

CICÉRON.

Arbitres souverains de Rome et de ses lois,
Qui parmi vos sujets comptez les plus grands rois,
Je ne viens point ici, jaloux de votre gloire,
Briguer avec éclat le prix d'une victoire ;
Le sort, à mes pareils prodiguant ses faveurs,
Me réservait le soin d'annoncer des malheurs.
De mon amour pour vous tel est le premier gage,
Et de mon consulat le funeste partage.
Tandis qu'énorgueillis par tant d'heureux travaux,
Vous pouviez méditer des triomphes nouveaux,
De la terre et des mers vous promettre l'empire,
Un seul homme à vos yeux travaille à vous proscrire.
Pourrai-je, sans frémir, nommer Catilina,
L'héritier des fureurs du barbare Sylla ;
Lui que la cruauté, l'orgueil et l'insolence,
N'ont que trop parmi nous signalé dès l'enfance ;
Lui qui, toujours coupable, et toujours impuni,
Veut ce que n'eût osé l'univers réuni,
Subjuguer les Romains ? O vous que Rome adore,

qui par vos vertus la soutenez encore ;
Vous, l'appui du sénat, et l'exemple à la fois,
Incorruptible ami de l'état et des lois,
Parlez, divin Caton.

CATON.

Et que pourrais-je dire
Des lieux où l'honneur ne tient plus son empire ;
Où l'intérêt, l'orgueil commandent tour à tour ;
Où la vertu n'a plus qu'un timide séjour ;
Où de tant de héros je vois flétrir la gloire ?
Et comment l'univers pourra-t-il jamais croire
Que Rome eut un sénat et des législateurs,
Quand les Romains n'ont plus ni lois, ni sénateurs ?
Où retrouver enfin les traces de nos pères
Dans des cœurs corrompus par des mœurs étrangères ?
Moi-même, qui l'ai vu briller de tant d'éclat,
Croirais-je me croire encor au milieu du sénat ?
Ah ! de vos premiers temps rappelez la mémoire ;
Mais ce n'est plus pour vous qu'une frivole histoire.
Vous imitez si mal vos illustres aïeux,
Que leurs noms sont pour vous des noms injurieux.
Mais de quoi se plaint-on ? Catilina conspire ?
Est-il si criminel d'aspirer à l'empire,
Dès que vous renoncez vous-mêmes à régner ?
Un trône, quel qu'il soit, n'est point à dédaigner.
Non, non, Catilina n'est pas le plus coupable.
Voyez de votre état la chute épouvantable,
Ce que fut le sénat, ce qu'il est aujourd'hui,
Et le profond mépris qu'il inspire pour lui.
Scipion, qui des dieux fut le plus digne ouvrage ;
Scipion, ce vainqueur du héros de Carthage ;
Scipion, des mortels qui fut le plus chéri,
Par un vil délateur se vit presque flétri.
Alors la liberté ne savait pas dans Rome
Du simple citoyen distinguer le grand homme ;
Malgré tous ses exploits, le vainqueur d'Annibal
Se soumit, en tremblant, à votre tribunal.
Sylla vient, qui remplit Rome de funérailles,
Du sang des sénateurs inonde nos murailles.
Il fait plus, ce tyran, las de régner enfin,

Abdique insolemment le pouvoir souverain,
Comme un bon citoyen meurt heureux et tranquille,
En bravant le courroux d'un sénat imbécile,
Qui, charmé d'hériter de son autorité,
Eleva jusqu'au ciel sa générosité,
Et nomma, sans rougir, père de la patrie
Celui qui l'égorgeait chaque jour de sa vie.
Si vous eussiez puni le barbare Sylla,
Vous ne trembleriez point devant Catilina.
Par là vous étouffiez ce monstre en sa naissance,
Ce monstre qui n'est né que de votre indolence.

CRASSUS.

N'est-ce qu'en affectant de blâmer le sénat,
Que Caton de son nom croit rehausser l'éclat ?
Mais il devrait savoir que l'homme vraiment sage
Ne se pare jamais de vertus hors d'usage.
Qu'aurions-nous à rougir des temps de nos aïeux ?
Si ces temps sont changés, il faut changer comme eu
Et conformer nos mœurs à l'esprit de notre âge.
Et qu'a donc perdu Rome à n'être plus sauvage ?
Rome est ce qu'elle fut : ses changemens divers
Ont-ils de notre empire affranchi l'univers ?
Non ; car ce fier Sylla, d'odieuse mémoire,
Même en l'asservissant, combla Rome de gloire.
Mais c'est trop s'occuper de reproches honteux,
Importunes leçons d'un censeur orgueilleux,
Qui se trompe toujours au zèle qui l'enflamme.
Que Caton, à son gré, nous méprise et nous blâme,
N'aurions-nous désormais d'oracle que Caton,
Et les saintes frayeurs qui troublent Cicéron ?
Où sont vos ennemis ? Quel péril vous menace ?
Un simple citoyen vous alarme et vous glace !
A percer ses complots j'applique en vain mes soins,
Je vois plus de soupçons ici que de témoins.
On dirait, à vous voir assemblés en tumulte,
Que Rome des Gaulois craigne encor une insulte,
Et qu'un autre Annibal va marcher sur leurs pas.
Où sont des conjurés les chefs et les soldats ?
Les fureurs de Caton et son impatience,
Dans le sein du sénat semant la défiance,

n accuse à la fois Cépion, Lentulus,
olabella, César, et moi-même Crassus.
oyez de vos conseils jusqu'où va l'imprudence ;
n craint Catilina, cependant on l'offense :
ais, plus vous le craignez, plus il faut ménager
n homme et des amis qui pourraient le venger.
t quel est, dites-moi, le témoin qui l'accuse ?
ne femme jalouse, et que l'amour abuse ;
ui, sur les vains soupçons d'une infidélité,
eut surprendre à son tour votre crédulité ;
ui, sans pudeur livrée à l'ardeur qui l'entraîne,
nvente des complots pour flatter votre haine.
i je plains l'accusé, c'est parce qu'on le hait ;
oilà le seul témoin qui prouve son forfait :
ar la haine a souvent fait plus de faux coupables,
u'un penchant malheureux n'en fait de véritables.
e dis plus : et quand même il serait criminel,
aut-il, comme Caton, être toujours cruel ?
ans son sang le plus pur voulez-vous noyer Rome ?
ongez qu'un seul remords peut vous rendre un grand
      homme.
a rigueur n'a jamais produit le repentir :
e n'est qu'en pardonnant qu'on nous le fait sentir.
ome n'est plus au temps qu'elle pouvait, sans craindre,
mmoler à la loi quiconque osait l'enfreindre.
'ailleurs, il est toujours imprudent de sévir,
moins qu'en sûreté l'on ne puisse punir.
e quatre légions qui campaient vers Préneste,
elle de Manlius est la seule qui reste,
uand le sénat devrait punir Catilina,
tes-vous assurés que quelqu'un l'osera ?
'il échappe à vos coups, redoutez sa vengeance,
t des amis tout prêts d'embrasser sa défense.
des projets nouveaux n'allez pas l'inviter
ar d'impuissans décrets qu'il saurait éviter.
our l'intérêt public il faut qu'on lui pardonne ;
t qu'à son repentir le sénat l'abandonne.

CATON.

Si l'intérêt public décide de son sort,
Consul, qu'à l'instant même on lui donne la mort.

SCÈNE II.

CATILINA, ET LES ACTEURS DE LA SCÈNE PRÉCÉDEN
*Catilina entre brusquement par le milieu du sén
qui se lève à son aspect. Un moment après chaq
reprend sa place.*

CATILINA.

La mort! A ce décret je crois me reconnaître.

CATON.

Tu le devrais du moins, puisqu'il regarde un traître

CATILINA.

Je ne sais qui des deux, dans ce commun effroi,
Rome doit le plus craindre, ou de vous, ou de moi.
Je la sauve, et Caton la perd par un faux zèle.

CICÉRON.

Téméraire, au sénat quel ordre vous appelle?

CATILINA.

Et qui m'empêcherait, seigneur, de m'y montrer?
Sont-ce les ennemis que j'y puis rencontrer?
Je n'en redoute aucun, ni Caton, ni vous-même.

CICÉRON.

Quoi! vous joignez encor à cette audace extrême,
Celle d'oser paraître en armes dans ces lieux!

CATILINA.

Que mes armes, consul, ne blessent point vos yeux;
Mais, sur ce nouveau crime avant que de répondre
Souffrez, sur d'autres points, que j'ose vous confond
Auriez-vous oublié que je vous l'ai promis?
Quoiqu'à votre pouvoir vous ayez tout soumis,
J'espère cependant qu'on daignera m'entendre,
Et c'est en citoyen que je vais me défendre,
J'abdique pour jamais le rang de sénateur.
Pardonnez, Cépion, Crassus, et vous, préteur;
Antoine, à votre tour souffrez que je vous nomme
Parmi les ennemis du sénat et de Rome.

César ne paraît point, mais je vois Céthégus.
Il ne nous manque plus ici qu'un Spartacus;
Car entre nous et lui, grace à son imprudence,
Le vertueux Caton met peu de différence.
Hé bien ! pères conscripts, êtes-vous rassurés ?
Vous voyez d'un coup-d'œil l'état des conjurés.
Leurs chefs, et leurs soldats, cette nombreuse armée,
Dont Rome en ce moment est si fort alarmée ;
Les périls enfantés par les folles erreurs
D'un témoin dont Tullie adopte les fureurs.
C'est sur ce seul témoin qu'une beauté si chère
Me croit dans le dessein d'assassiner son père,
D'égorger le sénat : et vous le croyez tous !
Malheureux que je suis d'être né parmi vous !
Sylla vous méprisait ; et moi je vous déteste.
De nos premiers tyrans vous n'êtes qu'un vil reste ;
Juges sans équité, magistrats sans pudeur :
Qui de vous commander voudrait se faire honneur ?
Et vous me soupçonnez d'aspirer à l'empire,
Inhumains, acharnés sur tout ce qui respire,
Qui depuis si long-temps tourmentez l'univers !
Je hais trop les tyrans, pour vous donner des fers.

CATON.

A quoi te servirait cette troupe cruelle
Que ton palais impur et vomit et recèle ;
Qui, le jour et la nuit, semant partout l'effroi
Ministres odieux de tes fureurs...

CATILINA.

Tais-toi.

Il est vrai qu'autrefois, plus jeune et plus sensible
(Vous l'avez ignoré ce projet si terrible,
Vous l'ignorez encor), je formai le dessein
De vous plonger à tous un poignard dans le sein.
L'objet qui vous dérobe à ma juste colère
Ne parlait point alors en faveur de son père ;
Mais un autre penchant, plus digne d'un Romain,
M'arracha tout à coup le glaive de la main.
Je sentis, malgré moi, l'amour de la patrie
S'armer pour des cruels indignes de la vie.

Aujourd'hui, que tout doit rassurer les esprits,
Une femme en fureur les trouble par ses cris;
A ses transports jaloux tout s'alarme, tout tremble,
Et c'est pour les servir que le sénat s'assemble !
C'est sur ses vains rapports qu'un homme impétueux
Veut perdre ce que Rome eut de plus vertueux;
Orgueilleux citoyen, dont l'austère sagesse
Est moins principe en lui qu'un fruit de sa rudesse;
Tyran républicain, qui, malgré sa vertu,
Est le plus dangereux que Rome ait jamais eu.
Par lui seul, d'entre nous la concorde est bannie;
C'est lui qui, du sénat détruisant l'harmonie,
Fomente la chaleur de nos divisions,
Et nous forcé d'avoir recours aux factions.
Mais il veut gouverner; hé bien ! qu'il vous gouverne,
Qu'il triomphe à son gré d'un sénat subalterne,
Qui, lâche déserteur de son autorité,
N'en a plus que l'orgueil pour toute dignité.
Et quel est aujourd'hui l'ordre de vos comices ?
Le tumulte et l'effroi n'en sont que le prémices,
De chaque élection le meurtre est le signal,
Vos préteurs égorgés au pied du tribunal,
Un consul tout sanglant, mais trop juste victime
D'un peuple malheureux qu'à son tour il opprime :
Tous vos choix sont souillés par des assassinats;
Ainsi furent nommés vos derniers magistrats;
C'est ainsi qu'on élit, ou que l'on sait exclure,
Et qu'on osa me faire une mortelle injure.
Le plébéien s'élève, et le patricien
Se donne, sans rougir, un père plébéien;
Et pour l'adoption où l'intérêt l'entraîne,
Vous laissez profaner la majesté romaine.
Le voilà ce sénat, ce protecteur des loix,
Dont l'exemple aurait dû diriger tous les rois;
Le voilà ce sénat qui fait trembler la terre,
Et qui dispute aux dieux le dépôt du tonnerre.
La justice, autrefois votre divinité,
Ne règne plus ici que pour l'impunité.
La décence, les loix, la liberté publique,
Tout est mort sous le joug d'un pouvoir tyrannique.

ACTE IV, SCÈNE II.

Caton est devenu notre législateur,
L'idole des Romains...

CICÉRON.

Et vous le destructeur,
Traître ! Si le sénat vous eût rendu justice,
Vos jours n'auraient été qu'un éternel supplice ;
Mais si je puis encor faire entendre ma voix,
Vous ne braverez plus la faiblesse des lois.

CATILINA.

Hé bien ! pour achever de confondre un coupable
Qu'on offre à mes regards ce témoin redoutable,
De vos soins pénétrans monument précieux :
Cet esclave qui peut me convaincre à vos yeux.
D'où vient qu'en ce moment vous me cachez Fulvie ?
Manlius aurait-il disposé de sa vie ?
Car elle fut toujours l'ame de ses secrets.

CICÉRON.

Laissons là Manlius : parlons de vos projets ;
On ne connaît que trop vos lâches artifices.
Tremblez ! séditieux, pour vous, pour vos complices.
Vous êtes convaincu ; le crime est avéré ;
Déjà sur votre sort on a délibéré ;
Vos forfaits n'ont que trop lassé notre indulgence.

CATILINA.

Je vais de ce discours réprimer l'insolence.
Vous pensez, je le vois, que, tremblant pour mes jours,
A des subtilités je veuille avoir recours.
Et qu'ai-je à redouter de votre jalousie ?
Ainsi, ne croyez pas que je me justifie.
Imprudens ! savez-vous, si j'élevais la voix,
Que je vous ferais tous égorger à la fois ?
Instruit de votre haine et de mon innocence,
Tout le peuple à grands cris m'excite à la vengeance ;
Mais je n'imite pas les fureurs de Caton,
Et je laisse la peur au sein de Cicéron.
Je n'aurais, pour punir votre coupable audace,
Qu'à vous abandonner au coup qui vous menace.
Sans m'armer contre vous d'un secours étranger,
Me taire encor un jour suffit pour me venger.

Crébillon.   24

Et vous me condamnez, insensés que vous êtes,
Moi, qui retiens le fer suspendu sur vos têtes;
Moi qui, sans me charger d'un projet odieux,
N'ai qu'à laisser agir Manlius et les dieux;
Moi qui, pouvant me mettre à couvert de l'orage,
M'expose pour sauver un consul qui m'outrage!
        (*montrant Cicéron.*)
J'ai causé par malheur votre premier effroi,
Et dans tous les complots vous ne voyez que moi:
Il en est cependant dont vous devez tout craindre.
Que vous êtes aveugle, et que Rome est à plaindre!
Laissons-là Manlius, consul peu vigilant,
Tandis que Rome touche à son dernier instant,
Qu'au plus affreux danger le sénat est en proie,
Qu'on va faire de Rome une seconde Troie!
Lorsque vous ne songez qu'à me faire périr,
Ingrats, sur vos malheurs je me sens attendrir.
Je sens en ce moment l'amour de la patrie
Reprendre dans mon cœur une nouvelle vie;
Et votre aveuglement me fait trop de pitié,
Pour vous sacrifier à mon inimitié.

CICÉRON.

Eh bien! rompez, seigneur, un si cruel silence,
Punissez en Romain l'ingrat qui vous offense;
En faveur de vous-même osez tout oublier;
Et sauvez le sénat pour nous humilier.

CATILINA.

Je n'ai point attendu l'instant du sacrifice
Pour servir ce sénat qui m'envoie au supplice;
Depuis huit jours entiers j'assemble mes amis.
Les voilà ces complots que je me suis permis!
Mais, malgré tous les soins d'une ame généreuse,
Ils m'ont fait soupçonner d'une trame honteuse.
Armez sans différer, prévenez l'attentat,
Si vous voulez sauver la ville et le sénat.
Celui qui hors des murs commande vos cohortes,
Manlius, dès ce soir, doit attaquer vos portes.

CICÉRON.

Manlius!

CATILINA.

Oui , consul , craignez qu'avant la nuit ,
Aux dépens de vos jours on n'en soit trop instruit
Je vous ai déclaré le chef de l'entreprise ;
Veillez , ou de sa part craignez quelque surprise ,
Je n'ai pu découvrir le reste du parti.
C'est à vous d'y penser ; vous êtes averti.
Manlius vous trahit ; c'était pour vous défendre
Qu'en armes dans ces lieux j'étais venu me rendre ,
Et non pour vous punir de m'avoir outragé ;
En combattant pour vous , je suis assez vengé.
Vous pouvez désormais ou douter , ou me croire ,
J'ai rempli mon devoir et satisfait ma gloire.
Mes amis sont tout prêts , vous pouvez les armer ,
Leur qualité n'a rien qui vous doive alarmer ;
Vous les connaissez tous : songez au capitole ,
Garnissez l'Aventin , les portes de Pouzole ;
Il faut garder surtout le pont Sublicien ,
Le quartier de Caton , et veiller sur le mien ;
Car le plus grand effort de ce complot funeste
Eclatera sans doute aux portes de Préneste ,
Et mon Palais y touche ; on peut s'y soutenir ,
Du moins un long combat pourra s'y maintenir.
Vous paraissez émus , et rougissez peut-être
D'avoir pu si long-temps me voir sans me connaître.
Après tant de mépris , après tant de refus ,
Tant d'affronts si sanglans , dont vous êtes confus ,
Aurai-je triomphé de votre défiance ?
Non , j'en ai fait souvent la triste expérience ,
On ne guérit jamais d'un violent soupçon ;
L'erreur qui le fit naître en nourrit le poison ;
Et , dans tout intérêt , la vertu la plus pure
Peut être quelquefois suspecte d'imposture :
Mais , pour calmer les cœurs , je sais un sûr moyen ,
Qui vous convaincra tous que je suis citoyen.
On connaît Cicéron , et sa vertu sublime
A su dans tous les temps lui gagner votre estime ,
Il en est digne aussi par sa fidélité.
Caton vous est connu par sa sévérité.
Cicéron ou Caton , l'un des deux , ne m'importe ,

Je vais, dès ce moment, sans amis, sans escorte.
Me mettre en leur pouvoir ; choisissez l'un des deux,
Où le plus défiant, ou le plus rigoureux ;
Je veux que de mon sort on le laisse le maître,
Qu'il me traite en héros, ou me punisse en traître.
Souffrez que, sans tarder, je remette en ses mains
Un homme, la terreur, ou l'espoir des Romains.

CATON.

Catilina, je crois que tu n'es point coupable :
Mais si tu l'es, tu n'es qu'un homme détestable ;
Car je ne vois en toi que l'esprit et l'éclat
Du plus grand des mortels, ou du plus scélérat

CICÉRON.

Catilina, daignez reprendre votre place ;
De vos soins par ma voix le sénat vous rend grace.
Vous êtes généreux, devenez aujourd'hui,
Ainsi que notre espoir, notre plus ferme appui.
Nos injustes soupçons n'ont plus besoin d'otages ;
D'un homme tel que vous la gloire est le seul gage.
Vous sénateurs, veillez à notre sûreté. .
Il s'agit du sénat et de la liberté ;
Courons sans différer où l'honneur nous appelle.
Adieu, Catilina : j'attends de votre zèle
Tous les secours qu'on doit attendre d'un grand cœur.
Rome a besoin de vous, et de votre valeur ;
Combattez seulement, ma crainte est dissipée.

CATILINA, *à part, regardant sortir Cicéron.*

Va ; ma valeur bientôt sera mieux occupée.
Elle n'aspire plus qu'à te percer le sein.

SCÈNE III.

CATILINA, CÉTHÉGUS.

CÉTHÉGUS.

CATILINA, dis-moi, quel est donc ton dessein ?
D'où naît ce désespoir ? éclaircis ma surprise.
Après avoir formé la plus haute entreprise,

Toi-même tu détruis de si nobles projets !
Tu trahis Manlius, tes amis, tes secrets !

CATILINA.

Arrête, Céthégus : tu me prends pour Tullie.
Tes doutes ont blessé l'amitié qui nous lie.
Qu'entre nous désormais ils soient plus mesurés.
Mais avant tout, dis-moi l'état des conjurés ;
S'il en est quelqu'un qui tremble, ou qui balance.

CÉTHÉGUS.

Aucun d'eux : nous pouvons agir en assurance.
Autour du vase affreux par moi-même rempli
Du sang de Nonius avec soin recueilli,
Au fond de ton palais, j'ai rassemblé leur troupe.
Tous se sont abreuvés de cette horrible coupe ;
Et, se liant à toi par des sermens divers,
Semblaient dans leurs transports défier les enfers.
De joie et de frayeur mon ame s'est émue.
César, le seul César s'est soustrait à leur vue.

CATILINA.

César n'a pas besoin de sermens avec moi ;
Et son ambition me répond de sa foi.
Sur toi, que de ma part rien ne devrait surprendre ;
Toi, sur un seul regard, aurait dû mieux m'entendre,
Apprends que Manlius voulait nous perdre tous,
Et qu'un moment plus tard c'en était fait de nous.
Manlius autrefois soupira pour Fulvie ;
Corrompu par ses pleurs, ou par sa jalousie,
Le perfide courait nous vendre à Cicéron :
Mais, d'un dessein si lâche informé par Céson,
Un instant m'a suffi pour prévenir le crime.
Ma main fumait encor du sang de la victime,
Quand tu m'as vu paraître au milieu du sénat,
Lui pourra (s'il apprend ce nouvel attentat)
Croire qu'en sa faveur je l'ai commis peut-être,
Et que, pour le gagner, je l'ai défait d'un traître..
Au reste ne crains rien des frivoles récits
Dont je viens d'effrayer de timides esprits,
Qu'il fallait exciter par de feintes alarmes,
Et je veux les forcer de recourir aux armes ;

Ne pouvant, sans nous perdre, armer un seul guerrier,
Si le sénat tremblant n'eût armé le premier.
Quel triomphe pour moi, dans ce péril extrême,
De le voir pour ma gloire armé contre lui-même !
Des postes différens, faussement indiqués,
Qui, selon mon rapport, pourraient-être attaqués,
Aucun ne me convient : mais il faut, par la ruse,
Disperser les soldats d'un sénat qu'elle abuse.
Prends garde, cependant, qu'à des signes certains
On puisse distinguer nos soldats des Romains.
Le palais de Sylla, notre plus fort asile,
Pourra seul plus d'un jour tenir contre la ville.
Céson, de Manlius devenu successeur,
Avec sa légion doit servir ma fureur.
Je ne crains que Rufus, préfet de six cohortes
Pleines de vétérans qui défendent les portes.
Rufus n'a de soutien, ni d'ami, que Caton ;
Et je n'ai convaincu, ni lui, ni Cicéron.
Si Rufus, dont je crains le courage et l'adresse,
Pénètre les complots où Céson s'intéresse,
Rufus tentera tout, la force ou les bienfaits,
Pour regagner Céson, ou rompre ses projets :
C'est l'unique moyen de tromper notre attente ;
Mais ce péril nouveau n'a rien qui m'épouvante.
Les dangers que pour moi j'ai laissé entrevoir,
Malgré tant d'ennemis, me flattent de l'espoir
Qu'en des piéges nouveaux je pourrai les surprendre.
Soit pour s'en emparer, ou soit pour le défendre,
Autour de mon palais ils vont tous accourir ;
Que ce soit pour ma perte ou pour me secourir,
Nos premiers sénateurs viendront le reconnaître ;
Cicéron et Caton s'y trouveront peut-être.
Que ce moment me tarde, et qu'il me serait doux
De pouvoir, d'un seul coup, les sacrifier tous !
Adieu, cher Céthégus, je vais revoir Tullie.

CÉTHÉGUS.

C'est elle qui nous perd.

CATILINA.

         Crois-tu que je l'oublie ?

Je veux, pour l'en punir, employer à mon tour,
Aux plus noirs attentats, ses soins et son amour.
Va, ce n'est point à moi, dès qu'il s'agit d'offense,
Que l'on doive donner des leçons de vengeance;
De ce soin sur mon cœur tu peux te reposer;
C'est aujourd'hui qu'il faut tout perdre et tout oser.
Je vais solliciter la défense des portes,
Et l'ordre d'y placer de nouvelles cohortes,
Sur le prétexte vain de quelque affreux projet,
Dont je puis avoir seul pénétré le secret.
Ce n'est pas tout; je veux, par Tullie elle-même,
M'assurer cet emploi, s'il est vrai qu'elle m'aime.
Sur ce fatal décret je vais la prévenir;
C'est de son amour seul que je veux l'obtenir.
Dans trois heures au plus le jour va disparaître:
Des postes d'alentours il faut te rendre maître.
Probus ne m'a fait voir qu'un esprit chancelant;
Prévenons les retours d'un conjuré tremblant,
Et, de la même main songe à punir Fulvie,
De ses forfaits nouveaux et de sa perfidie.
Plus de ménagemens, de pitié, ni d'égards.
Le feu, le fer, le sang : voilà mes étendards.

FIN DU QUATRIÈME ACTE.

ACTE V.

SCÈNE Ire.

CICÉRON, seul.

Caton ne paraît point; et la nuit qui s'avance,
Accroît à chaque instant l'horreur qui la devance.
Pétréïus, invité de hâter son retour,
Ne peut plus arriver avant la fin du jour;

Et ce jour malheureux était le seul peut-être,
Qui pouvait me flatter de triompher d'un traître.
Plus sur son innocence il a cru m'abuser,
Plus mon cœur défiant s'obstine à l'accuser.
Je sais qu'à Manlius il vient d'ôter la vie;
C'est pour mieux m'éblouir qu'il nous le sacrifie
Trop heureux, si je puis, à mon tour, lui cacher
Le péril du décret qu'il vient de m'arracher!
Mais nous sommes perdus, si jamais il devine
Qu'en secret par Céson je trame sa ruine.
Des piéges qu'on lui tend, habile à se venger,
Il en ferait sur moi retomber le danger.
Rufus m'assure en vain d'une longue défense,
Céson est désormais mon unique espérance.
Quelle honte pour vous, indomptables Romains,
De n'avoir pour appui que de si faibles mains!
O toi, qu'en ses malheurs Rome toujours implore,
Et que, sans te nommer, en secret elle adore;
Toi, qui devais un jour, couronnant ses exploits,
Soumettre à son pouvoir les peuples et les rois,
Daigne aujourd'hui, du moins, favorable génie,
La sauver de l'opprobre et de la tyrannie.
Caton ne revient point : je crains que son ardeur,
Plus loin que je ne veux, n'entraîne son grand cœur.

SCÈNE II.

CATON, CICÉRON.

CICÉRON.

Mais je le vois, c'est lui. Quoi! vous êtes en armes?
Venez-vous redoubler, ou calmer nos alarmes?

CATON.

Je voudrais vainement, dans ce désordre affreux,
Vous promettre, consul, quelque succès heureux.
Le destin du sénat est d'autant plus terrible,
Que la main qui nous frappe est encore invisible,
Victorieux, vaincu, j'ai combattu long-temps,
Sans pouvoir reconnaître un seul des combattans.

Nos soldats étonnés, peu touchés de leur gloire,
N'ont plus ce noble orgueil, garant de la victoire,
J'ai vu, non sans frémir, nos premiers vétérans
Muets, intimidés, abandonner les rangs.
La nuit achevera bientôt de tout confondre;
Et Rufus de Céson n'ose plus me répondre.
Si Pétréius enfin ne vient nous secourir,
Il ne nous restera que l'honneur de mourir :
Mais, si nous en croyons les lenteurs de Pompée,
Notre attente sur lui sera toujours trompée.
Son lieutenant, nourri dans cet abus fatal,
N'imitera que trop ce tiède général.
Cependant il est temps que Pétréius arrive,
La chaleur du combat ne peut être plus vive.
Le fier Catilina, revêtu d'un emploi
Dont vous avez voulu le charger malgré moi,
Sur le frivole espoir de pouvoir le surprendre
Dans les piéges nouveaux que vous croyez lui tendre,
L'adroit Catilina vous aura pénétré.
Aux portes de Préneste il ne s'est point montré;
L'intrépide Rufus, qui s'en est rendu maître,
A ce poste, du moins, ne l'a point vu paraître;
Et je crains qu'il ne soit au palais de Sylla,
Car j'en ai vu sortir Célius et Sura.
Pomponius, suivi d'une troupe fidèle,
L'investit, et pour vous rien n'égale son zèle;
Il a fait mettre aux fers, sur l'avis de Céson,
Plusieurs séditieux, les Gaulois et Sunnon.
Soit haine, soit mépris, dessein ou négligence,
L'indifférent Crassus garde un honteux silence.
César se tait aussi; quel qu'en soit le sujet,
Rien n'est si dangereux que César qui se tait;
Cependant son palais, dans une paix profonde,
Est, selon sa coutume, ouvert à tout le monde.
La moitié du sénat défend le champ de Mars,
Où le peuple en fureur accourt de toutes parts;
Rome enfin n'offre plus que l'effroyable image
D'un champ couvert de morts et souillé de carnage.
Mais ce qui me surprend, c'est que Pomponius
M'a dit qu'en aucun lieu l'on n'a vu Manlius.

CICÉRON.

Manlius ne vit plus.

CATON.

                    Dieux ! quel bonheur extrême !
Qui l'a donc immolé ?

CICÉRON.

                    Catilina lui-même.

CATON.

Consul, vous m'alarmez ; et je crains que Céson
N'abuse comme vous d'un injuste soupçon.
Gardons-nous d'attaquer un homme impénétrable,
Qu'il faut craindre encor plus innocent que coupable

CICÉRON.

Caton, écoutez moins cette rare candeur.
Eh ! qui de tant de maux pourrait être l'auteur ?
Qui, hors Catilina, peut vouloir nous détruire ?
A de fausses lueurs vous laissez-vous séduire ?
Que Manlius soit mort, qu'il l'ait sacrifié,
C'est prouver seulement qu'il s'en est défié.
Je ne vois dans ce coup que le meurtre d'un traître,
Qu'un autre a prévenu dans la crainte de l'être.
Plût aux dieux que, moins lent à punir ses forfaits,
Du chef des conjurés Céson nous eût défaits !
Si de quelques succès son audace est suivie,
Ses cruautés n'auront de bornes que sa vie.
Des infâmes complots formés par Céthégus
Ne voudriez-vous pas excepter Lentulus ?
Bientôt jusques sur vous leur fureur va s'étendre.
Mais c'est trop s'arrêter.

CATON.

                    Consul, daignez attendre,
Je ne souffrirai point qu'abandonnant ces lieux,
Vous osiez exposer des jours si précieux.
C'est votre ami, c'est moi qui vous en sollicite.
De chevaliers romains une troupe d'élite,
Par mon ordre bientôt va se rejoindre à nous ;
Permettez qu'avec eux je combatte pour vous.

SCÈNE III.

CICÉRON , CATON , LUCIUS.

CATON.

Mais je vois Lucius, que vient-il nous apprendre ?

LUCIUS.

Qu'à l'instant près de vous Pétréius va se rendre ;
J'entends déjà son nom voler de toutes parts,
Et déjà ses soldats ont bordé les remparts.
Sans le secours heureux que le ciel nous envoie,
Aux plus cruelles mains Rome allait être en proie.
Nous avons vu trois fois le fier Catilina
S'élancer en fureur du palais de Sylla ,
Renverser, foudroyer nos plus fermes cohortes ;
Trois fois, mais vainement, il a tenté les portes.
Je l'ai vu presque seul se mêler parmi nous ;
J'ai vu Géson lui-même expirer sous ses coups.
De qui l'ose attaquer la ruine est certaine,
Et Rufus contre lui ne se soutient qu'à peine.
Seigneur , il m'a chargé de vous en avertir.

CATON.

Je vois nos chevaliers ; il est temps de partir.

SCÈNE IV.

CICÉRON , CATON , TULLIE.

TULLIE.

Seigneur, où courez-vous , tandis que le carnage
Au soldat furieux laisse à peine un passage ?

CICÉRON.

Rassurez-vous , ma fille, et restez en ces lieux ;
Bientôt nous reviendrons y rendre grace aux dieux.
Ce temple, en attendant , vous servira d'asîle.
Que sur Rome et sur moi votre cœur soit tranquille.

SCÈNE V.

TULLIE, *seule.*

Espoir des malheureux, dieux ! soyez mon recours.
Hélas ! c'est de vous seuls que j'attends du secours.
A quel excès de maux me voilà parvenue !
On me fuit, on se tait. O soupçon qui me tue !
Que je plains les malheurs de ce fatal décret,
Que mon père a paru m'accorder à regret !
Loin d'oser sur ce choix lui faire violence,
Ne devais-je pas mieux pénétrer son silence !
J'entends avec fureur nommer Catilina ;
On dit qu'il se retranche au palais de Sylla,
Tandis qu'en d'autres lieux il aurait dû paraître.
Est-ce là, s'il m'aimait, que l'ingrat devrait être ?
Peut-il m'abandonner en cette extrémité ?
Quel usage fait-il de sa fidélité ?
Aucun de ses amis n'accourt pour ma défense ;
Et tous, jusqu'à Probus, évitent ma présence.
D'un funeste décret n'aurais-je armé sa main
Que pour voir immoler jusqu'au dernier Romain ?
Cruel Catilina, soit perfide ou fidèle,
Que tu coûtes de pleurs à ma douleur mortelle !
Que dis-je ? Et Manlius, qu'il a sacrifié,
Ne l'a-t-il pas déjà plus que justifié ?
Ne l'aimerai-je donc que pour lui faire outrage ?
Dieux ! éloignez de moi cet horrible nuage.
On vient : c'est lui. Je sens redoubler mon effroi.

SCÈNE VI.

CATILINA, *sans épée, un poignard à la main ;* TULLIE.

TULLIE.

Seigneur, en quel état vous offrez-vous à moi ?
Quoi ! tout couvert de sang ! Quel désordre effroyable !

À qui réservez-vous ce fer impitoyable?
Que vois-je?

CATILINA.

Un malheureux qui vient d'être vaincu,
Honteux de vivre encor, ou d'avoir tant vécu.
Dieux, qui m'abandonnez à mon sort déplorable,
Ramenez-moi du moins l'ennemi qui m'accable.
En vain, pour le chercher, j'échappe à mille bras,
Le lâche à ma fureur ne s'exposera pas.
Tandis qu'au désespoir tout mon cœur est en proie,
Mes cruels ennemis se livrent à la joie.
Ce fer, que je gardais pour leur percer le flanc,
Ne sera plus souillé que de mon propre sang.

TULLIE, *à part.*

Fatale vérité, que j'ai trop combattue,
De quel affreux éclat viens-tu frapper ma vue!
(*à Catilina.*)
Écoutez-moi, seigneur, et reprenez vos sens.
Qui peut vous arracher ces terribles accens?
Si vous êtes vaincu, mon père est donc sans vie?

CATILINA.

Eh! sait-il seulement qu'on meurt pour la patrie?
Ce n'est pas vous, c'est lui que je cherche en ces lieux.
Fuyez, éloignez-vous d'un amant furieux.
Dieux! après tant d'exploits dignes de mon courage,
Il ne me restera qu'une inutile rage!
Ah! si j'eusse manqué de prudence ou de cœur,
Je pourrais au destin pardonner mon malheur :
Mais que n'ai-je point fait dans ce moment terrible?
Et que fallait-il donc pour me rendre invincible?
Intrépides amis, dignes d'un sort plus doux,
Vous êtes morts pour moi, j'ose vivre après vous!
Quoi! Sylla, presque seul, plus heureux que grand
     homme,
N'eut besoin que d'un jour pour triompher de Rome;
Et moi, triste jouet du perfide Céson,
Je suis vaincu deux fois, et par toi, Cicéron!
Quoi! dans le même instant il faut que Rome tombe,
C'est toi qui la soutiens, et c'est moi qui succombe!

Mon génie, accablé par ce vil plébéien,
Sera donc à jamais la victime du sien ?
Après m'avoir ravi la dignité suprême,
Ce timide mortel triomphe de moi-même !
Fortune des héros, ce n'est pas sur les cœurs
Que l'on te vit toujours mesurer tes faveurs.
Que l'on doit mépriser les lauriers que tu donnes,
Puisque c'est Cicéron qu'aujourd'hui tu couronnes !
O de mon désespoir vil et faible instrument,
Tu me restes donc seul dans ce fatal moment !
Mes généreux amis sont morts pour ma défense ;
Et, pour comble d'horreur, je mourrai sans vengeance
Dieux cruels, inventez quelque supplice affreux,
Qui puisse être pour moi plus triste et plus honteux !

TULLIE.

Malheureux, que dis-tu ? Quand la mort t'environne,
Ton cœur respire encor le fiel qui l'empoisonne,
Et gémit de laisser des crimes imparfaits !

CATILINA.

Qu'entends-je ! on m'ose ici reprocher des forfaits !
Cœur faible, qui, rampant sous de lâches maximes,
Croyez l'ambition une source de crimes,
Vaine erreur, qu'un grand cœur sut toujours dédaigner,
Apprenez que le mien était fait pour régner.
Rome esclave, sans frein, avait besoin d'un maître :
J'ai voulu lui donner le seul digne de l'être ;
C'est moi. Si vous osez condamner ce projet,
Vous ne méritez pas d'en devenir l'objet.
N'auriez-vous pas voulu, pour gouverner l'empire,
Que j'eusse de Caton consulté le délire ;
Ou que, faisant un choix plus conforme à vos vœux,
J'eusse, pour avilir tant d'hommes généreux,
Donné ma voix au dieu que le sénat révère,
Lui, dont la seule gloire est d'être votre père ?

TULLIE.

Songez qu'il est du moins l'arbitre de vos jours.

CATILINA.

Voilà celui qui doit décider de leur cours.
Tout vaincu que je suis, craignez de voir paraître

Cet arbitre nouveau qu'on me donne pour maître.

TULLIE.

Écoutez-moi, cruel, avant que la fureur
Achève d'aveugler votre indomptable cœur;
Les momens nous sont chers, et celui-ci, peut-être,
Va flétrir sur l'airain le jour qui vous vit naître.
Encor, si dans les champs où préside l'honneur,
Où le vaincu souvent peut braver le vainqueur,
Je vous voyais chercher une sorte de gloire,
Je pourrais, sans rougir, chérir votre mémoire :
Mais se donner la mort pour de honteux complots,
Est-ce donc là mourir de la mort des héros ?
Je devrais vous haïr ; mais votre mort prochaine
Éteint tout sentiment de vengeance et de haine.
Mon cœur, de ses devoirs autrefois si jaloux,
Qui, malgré tout l'amour dont il brûlait pour vous,
Se fit de votre perte un devoir légitime,
Ne sait plus aujourd'hui que pleurer sa victime.
Barbare, si jamais vous fûtes mon amant!
Si la mort vous paraît un frivole tourment,
Craignez-en un pour vous plus cruel ; c'est moi-même,
C'est une amante en pleurs qui vous perd et vous aime,
C'est ma douleur qui va me conduire au tombeau;
Voulez-vous, en mourant, devenir mon bourreau?
Reconnaissez ma voix : c'est la fière Tullie
Que l'amour vous ramène et vous réconcilie,
Qui veut vous arracher à votre désespoir,
Et qui ne rougit plus de trahir son devoir.
Songez, Catilina, que Rome est votre mère ;
Qu'à vous, plus qu'à tout autre, elle doit être chère.
Renoncez à l'orgueil de vouloir mettre aux fers
Un peuple à qui les dieux ont soumis l'univers.
Pour sauver votre honneur, n'employez d'autres armes
Qu'un retour vertueux, vos remords et mes larmes ;
Jurez-moi que jamais vous ne teindrez vos mains
De votre propre sang, ni du sang des Romains.
Je vais vous dérober au coup qui vous menace;
Ce que j'ai fait pour Rome obtiendra votre grace.

CATILINA.

Ma grace est dans mes mains, cœur indigne du mien.

Cicéron vous a-t-il déjà transmis le sien ?
Moi fléchir, moi prier, moi demander la vie !
L'accepter, ce serait me couvrir d'infamie.

TULLIE.

Eh bien ! cruel, méprise un pardon généreux,
J'y consens ; mais du moins, dans ton sort malheureux,
De la part d'une amante accepte une retraite.

CATILINA.

M'y pourriez-vous cacher ma honte et ma défaite ;
C'est là le trait cruel qui déchire mon cœur.
Ah ! s'il vous touche encor, respectez mon malheur.
Si de vous obéir ce cœur était capable,
J'aurais trop mérité le destin qui m'accable.
Dans l'état où je suis, loin de vous attendrir,
C'est vous qui devriez m'exciter à mourir,
Et même me prêter une main généreuse.
Cachez à mes regards cette douleur honteuse.
Que craignez-vous ? ma mort ? La mort n'est qu'un ins-
       tant
Que le grand cœur défie, et que le lâche attend.
Vous m'indignez. Je sens que ma raison s'égare.

TULLIE.

Frappe ; mais, malgré toi, tu me suivras, barbare.
Ne crois pas m'effrayer par tes emportemens,
Je ne me connais plus dans ces affreux momens.
Quoi ! c'est Catilina qui manque de constance !
Malheureux, qu'attends-tu, sans armes, sans défense ?
Le sénat va bientôt revenir en ces lieux,
Veux-tu que je te voie égorger à mes yeux ?
Ingrat, suis-moi ; du moins une fois en ta vie,
Reconnais, par pitié, l'empire de Tullie.
Tu n'as que trop bravé sa tendresse et ses pleurs,
Prête-moi ce poignard.

CATILINA, *se perce et donne le poignard à Tullie.*

Le voilà.

TULLIE.

Je me meurs.

CATILINA.

Tout est fini pour moi : mais si je perds la vie,
Du moins mes ennemis ne me l'ont point ravie.
Séchez vos pleurs, Tullie ; et que prétendez-vous
D'un cœur dont la mort seule éteindra le courroux ?
Etouffez des regrets que ma vertu dédaigne ;
C'est de mourir vaincu qu'il faut que l'on me plaigne.

SCÈNE VII.

CATILINA, TULLIE, LENTULUS, CÉTHÉCUS,
LES LICTEURS.

CATILINA, *voyant arriver les conjurés qu'on mène au*

supplice.

Voici le dernier coup que me gardait le sort.

CÉTHÉGUS, *en passant.*

Adieu, Catilina : nous allons à la mort.

CATILINA.

Amis infortunés, ma main vient de répandre
Ce sang que j'aurais dû verser pour vous défendre.

SCÈNE VIII.

CICÉRON, CATON, TULLIE, CATILINA,
LES LICTEURS.

CATILINA, *voyant paraître Cicéron et Caton.*

Il ne me restait plus pour comble de douleur,
Que d'expirer aux yeux de mon lâche vainqueur.
    (*à Cicéron.*)
Approche, plébéien ; viens, vois mourir un homme
Qui t'a laissé vivant pour la honte de Rome.

(à Caton.)
Et toi , dont la vertu ressemble à la fureur ,
Au gré de mes désirs tu feras son malheur.
Cruels , qui redoublez l'horreur qui m'environne ,
    (il fait un mouvement pour se lever.)
Qu'heureusement pour vous la force m'abandonne !
Mais croyez qu'en mourant mon cœur n'est point changé
O César ! si tu vis , je suis assez vengé.

FIN DE CATILINA.

LE

TRIUMVIRAT,

OU

LA MORT DE CICERON,

TRAGÉDIE EN CINQ ACTES,

DE

CRÉBILLON;

Représentée, pour la première fois, en 1754.

PERSONNAGES.

OCTAVE-CÉSAR,
LÉPIDE, } *triumvirs.*

CICÉRON, consul.

TULLIE, fille de Cicéron.

SEXTUS, fils de Pompée, et déguisé sous le nom de Clodomir, chef des Gaulois.

MÉCENE, favori d'Octave.

PHILIPPE, affranchi du grand Pompée.

La scène est à Rome, dans la place publique.

LE

TRIUMVIRAT,

ou

LA MORT DE CICÉRON,

TRAGÉDIE.

ACTE PREMIER.

SCÈNE Ire.

TULLIE, *seule*.

Où vais-je, infortunée ? et quel espoir me luit ?
Que de cris, que de pleurs, et quelle affreuse nuit !
Effroyable séjour des horreurs de la guerre,
Lieux inondés du sang des maîtres de la terre,
Lieux dont le seul aspect fit trembler tant de rois ;
Palais où Cicéron triompha tant de fois,
Désormais trop heureux de cacher ce grand homme,
Sauvez le seul Romain qui soit encor dans Rome.

(apercevant le tableau des proscrits.)

Que vois-je, à la lueur de ce cruel flambeau ?
Ah ! que de noms sacrés proscrits sur ce tableau !
Rome, il ne manque plus, pour combler ta misère,
Que d'y tracer le nom de mon malheureux père,

Qu'on peut , sans t'offenser , nommer aussi le tien.
Hélas ! après les dieux, il est ton seul soutien.

    (à la statue de César.)

Toi , qui fis en naissant honneur à la nature ,
Sans avoir des vertus que l'heureuse imposture ;
Trop aimable tyran , illustre ambitieux ,
Qui triomphas du sort , de Caton, et des dieux ;
Brutus , s'il est ton fils, a plus fait pour ta gloire

    (elle montre le nom d'Octave à la tête des
        proscripteurs.)

Que ce tigre adopté pour flétrir ta mémoire.
César , vois à quel titre il prétend t'égaler.
Mais c'est en proscrivant qu'il sait se signaler.
Sacrifie à nos pleurs ce successeur profane :
Si ton cœur l'a choisi, ta gloire le condamne :
Ce n'est pas sous son nom qu'un glorieux burin
Enchaînera jamais et la Seine et le Rhin.
Sous un joug ennobli par l'éclat de tes armes,
Nous respirions , du moins, sans honte et sans alarmes.
Loin de rougir des fers qu'illustrait ta valeur,
On se croyait paré des lauriers du vainqueur :
Mais sous le joug honteux et d'Antoine et d'Octave,
Rome arbitre des rois , va gémir en esclave.
Quel spectacle nouveau vient me remplir d'effroi !

    (à la statue de Pompée.)

Ah ! Pompée , est-ce là ce qui reste de toi ?
Misérables débris de la grandeur humaine,
Douloureux monumens de vengeance et de haine !
Plus on dispersera vos restes immortels ,
Et plus vous trouverez et d'encens et d'autels.
Et toi , digne héritier d'un nom que Rome adore,
Héros qu'en ses malheurs chaque jour elle implore,
Pour nous venger d'Octave , accours , vaillant Sextus ;
A ce nouveau César , sois un nouveau Brutus.
Octave est si cruel , qu'il rendrait légitime
Ce qui même à ses yeux pourrait paraître un crime...

SCÈNE II.

CLODOMIR, TULLIE.

TULLIE.

Mais dans l'obscurité qu'est-ce que j'entrevois ?
Hélas ! que je le plains ! c'est le chef des Gaulois.
Tandis que pour mon père il expose sa vie,
Mon père pour jamais va lui ravir Tullie.
Que cherchez-vous ici, généreux Clodomir ?

CLODOMIR.

Ce que les malheureux cherchent tous, à mourir.
Madame, c'en est fait, la colère céleste
Va bientôt des Romains détruire ce qui reste.
Le jour n'éclaire plus que des objets affreux,
Et l'air ne retentit que de cris douloureux :
Les autels ne sont plus qu'un refuge effroyable,
Que souille impunément le glaive impitoyable.
Un tribun massacré par ses propres soldats
Ne sert que de signal pour d'autres attentats.
Un fils, presqu'à mes yeux, vient de livrer son père ;
J'ai vu ce même fils égorgé par sa mère.
On ne voit que des corps mutilés et sanglans,
Des esclaves traîner leurs maîtres expirans.
Le carnage assouvi réchauffe le carnage.
J'ai vu des furieux dont la haine et la rage
Se disputaient des cœurs encor tout palpitans ;
On dirait, à les voir, l'un l'autre s'excitans,
Déployer à l'envie leur fureur meurtrière,
Que c'est le dernier jour de la nature entière ;
Et, pour comble de maux dans ces cruels instans,
Rien ne m'annonce ici les secours que j'attends.
D'infortunés proscrits une troupe choisie
Va bientôt par mes soins se trouver dans Ostie.
J'ai sauvé Messala, Métellus et Pison :
Mais ce n'est rien pour moi, si je n'ai Cicéron.
C'est à ce tendre soin que mon amour s'applique,
Pour sauver, à la fois, vous et la république.

Fuyez, belle Tulie, et daignez un moment
Vous attendrir aux pleurs d'un malheureux amant.
C'est pour vous digne objet qui cause mes alarmes,
Que le plus fier des cœurs a pu verser des larmes.

TULLIE.

Moi, fuir ! Ah ! Clodomir, c'est en moi, dans mon sein,
Que Rome doit trouver son salut ou sa fin.
Les pleurs, pour m'ébranler, sont de trop faibles armes
La vie a ses attraits, mais la mort a ses charmes.

CLODOMIR.

N'accablez point, Tullie, une ame au désespoir.
Si ma douleur n'a rien qui vous puisse émouvoir,
Ecoutez-moi du moins en ce moment funeste.
De ce père si cher, le seul bien qui vous reste,
L'implacable Fulvie a juré le trépas;
Vous la verrez bientôt l'arracher de vos bras,
Et couvrir de son sang cette auguste retraite
Qui n'est pour Cicéron ni sûre, ni secrète,
Octave a découvert qu'il était en ces lieux ;
Rien n'échappe aux regards de cet ambitieux.
Dangereux et prudent, plus adroit que sincère,
Il ne s'attachera qu'à tromper votre père.
Mécène est avec lui. Ce sage courtisan,
Peu digne du malheur de servir un tyran,
Vient flatter Cicéron d'une faveur ouverte,
Sans savoir que peut-être il travaille à sa perte,
Octave vous adore, et prétend, à son tour,
Que votre père et vous couronniez son amour.
Et moi qui vous aimais plus qu'on n'aime la vie,
Je vous perds avec elle, adorable Tullie.
Votre hymen mettra fin à leur division,
Et c'est mon sang qui va sceller leur union

TULLIE.

Votre sang ! Ah ! croyez qu'il n'est point de puissance
Que je n'ose braver ici pour sa défense.
Eh ! quel sang fut jamais si précieux pour nous !
Est-il quelque Romain qui le soit plus que vous ?
Clodomir, il est temps de vous ouvrir mon ame.
J'ai vu, sans m'offenser, éclater votre flamme.

J'ai souffert sans courroux qu'un amour malheureux,
Malgré ma dignité, m'entretînt de ses feux ;
Et, cédant sans effort au penchant invincible
Qui triomphait d'un cœur si long-temps insensible,
Mon devoir contre vous n'a jamais combattu.
L'amour pour vos pareils devient une vertu ;
Et le vôtre, d'accord avec mon innocence,
Ne m'a point fait rougir de ma reconnaissance.
Je ne vous cache point que mes vœux les plus doux
Se bornaient à l'espoir de vous voir mon époux :
Mais vous n'ignorez pas que la fierté romaine
Jamais dans ses hymens n'admet ni roi ni reine ;
Qu'étranger, et surtout sorti du sang des rois,
Notre union ne peut dépendre de mon choix.
Parmi tant de malheurs que nous avons à craindre,
De celui-ci mon cœur n'aurait osé se plaindre,
Si ce cœur pénétré de vos soins généreux,
N'avait cru vous devoir de si tendres aveux.
C'en est fait, Clodomir, la fortune inhumaine
Vient de briser les nœuds d'une innocente chaîne ;
Plaignez-moi, plaignez-vous ; mais respectez mon cœur,
Ses regrets, son devoir, sa gloire et sa candeur.
Un rival... (à ces mots, ne craignez rien d'Octave ;
Un tyran à mes yeux ne vaut pas un esclave.)
Un rival plus heureux va causer nos malheurs,
Et je n'oserai plus vous donner que des pleurs.
Pour la dernière fois, écoutez leur langage :
Votre amour n'en doit pas exiger davantage.
Le fils du grand Pompée?... hélas ! que n'est-ce vous !
Que j'eusse avec plaisir accepté mon époux !
C'est vous en dire assez, et j'en dis trop peut-être ;
Adieu. Bientôt Sextus en ces lieux va paraître,
Consultez mon devoir... Ah ! fuyez, Clodomir ;
Quelqu'un vient, et je crois que c'est un triumvir.
Mon père vous attend.

SCÈNE III.

LÉPIDE, TULLIE.

LÉPIDE.

VERTUEUSE Tullie,
Arrêtez un moment; c'est moi qui vous en prie.
Confondez-vous Lépide avec des furieux,
Opprobres à la fois des hommes et des dieux ?
Triumvir malgré moi, tyran sans barbarie,
Je venais avec vous pleurer sur la patrie,
Et dire à votre père un éternel adieu.
Ma vertu souffre trop en ce funeste lieu,
Dont je ne puis chasser mes collègues impies,
Monstres dans les enfers nourris par les furies;
Et le sénat, en proie à ces deux inhumains,
Me charge des forfaits réservés à leurs mains.
Tandis que nos malheurs sont leur unique ouvrage,
La haine et le mépris vont être mon partage.
Sur un honteux soupçon et si peu mérité,
Du cœur de Cicéron j'attends plus d'équité.
Mais de ces lieux cruels il faut que je m'exile;
Dans l'Espagne, où j'ai su me choisir un asile,
Je vais chercher, madame, un ciel moins corrompu
Pour sauver mon honneur, mon nom, et ma vertu.

TULLIE.

Ah ! la vertu qui fuit ne vaut pas le courage
Du crime audacieux qui sait braver l'orage.
Que peu craindre un Romain des caprices du sort,
Tant qu'il lui reste un bras pour se donner la mort ?
Avez-vous oublié que Rome est votre mère ?
Demeurez, imitez l'exemple de mon père,
Et de votre vertu ne nous vantez l'éclat
Qu'après une victoire, ou du moins un combat.
On n'encensa jamais la vertu fugitive;
Et celle d'un Romain doit être plus active.
On ne le reconnaît qu'à son dernier soupir
Son honneur est de vaincre, et, vaincu, de mourir.

De toute autre vertu rejetez le mensonge ;
La mort pour un Romain n'est que la fin d'un songe.

SCÈNE IV.

CICÉRON, TULLIE, LÉPIDE.

TULLIE.

Mais Cicéron qui vient vous dira mieux que moi
Qu'un grand homme n'est rien, s'il ne l'est que pourso

CICÉRON.

Près de voir consommer mon destin déplorable,
Et parer de mon nom cette odieuse table,
        (*montrant le tableau des proscrits.*)
Je ne m'attendais pas qu'un lâche triumvir
Vînt m'apporter lui-même un ordre de mourir.
Hélas ! c'est aujourd'hui tout ce que je désire.
Vous n'aurez pas besoin, cruel, de me proscrire.

LÉPIDE.

Rendez plus de justice aux soins d'un tendre ami.

CICÉRON.

Eh ! quel autre dessein peut vous conduire ici ?
Lépide, est-ce bien vous ? Quoi ! ce même Lépide
Qui s'enorgueillissait d'une vertu rigide,
De nos derniers malheurs sacrilége artisan,
A mes yeux indignés n'offre plus qu'un tyran !

LÉPIDE.

Cicéron, respectez l'amitié qui nous lie ;
La mienne vous révère, et la vôtre s'oublie.
Quoi ! si savant dans l'art de lire au fond des cœurs,
C'est vous qui des tyrans m'imputez les fureurs !
Ah ! de leur cruauté loin que je sois complice,
Il n'est point de momens où mon cœur n'en gémisse.

CICÉRON.

Faites moins éclater une feinte douleur
Qui ne sert qu'à prouver que vous manquez de cœur.
Pourquoi donc vous unir à la toute-puissance,

Dès que vous n'en pouvez réprimer la licence,
Ni soutenir on rang qui doit régler vos pas?
Si votre cœur est pur, vos mains ne le sont pas.
Le sang coule à vos yeux, vous n'osez le défendre;
C'est vous qui le versez, en le laissant répandre.
D'Antoine et de César collègue sans honneur,
Lorsque vous en pourriez devenir la terreur,
A peine vous osez disputer votre tête,
Trop heureux, en fuyant, d'éviter la tempête.
Inutile tyran d'un peuple malheureux,
Soyez du moins pour nous un tyran courageux;
Et si c'est à régner que votre cœur aspire,
Sauvez donc les sujets qui forment votre empire.
Unissons nos efforts et notre désespoir;
Du sénat expirant ranimons le pouvoir.
Lorsque de Rome en feu les cris se font entendre,
Attendez-vous sa fin pour pleurer sur sa cendre?
Ouvrez les yeux, Lépide, et revenez à nous.
Rome en pleurs avec moi vous implore à genoux;
Devenons tour à tour pères de la patrie,
Et rendons aux Romains une nouvelle vie.
Dussions-nous à la mort nous livrer sans succès,
Nous revivrons tous deux pour ne mourir jamais.

LÉPIDE.

Pour le salut de Rome inutile espérance!
Abandonnez aux dieux le soin de sa défense.
Il n'est plus de Romains, ni de lois, ni d'état,
C'est votre nom lui seul qui fait tout le sénat.
Romain trop vertueux, dans ce malheur extrême,
Ne songez qu'à sauver votre fille et vous-même.
Tout l'univers en vain s'intéresse à vos jours,
Si la fureur d'Antoine en veut trancher le cours.
Echauffé par les cris d'une femme inhumaine,
Que des fleuves de sang satisferaient à peine,
Ce cruel veut vous mettre au nombre des proscrits,
Et vous pouvez juger quel en sera le prix.
Je crains qu'à vos dépens Octave ne se venge,
Et que de Lucius vous ne soyez l'échange.
Octave, qui poursuit l'oncle du triumvir,

Ne se rendra jamais qu'on ne l'ait fait mourir ;
Et l'on n'apaisera la haine de Fulvie,
Que de tout votre sang on ne l'ait assouvie.
Il est vrai que contre eux Octave vous défend ;
Mais de ses intérêts son amitié dépend.
La seule ambition gouverna sa jeunesse
Et le gouvernera jusques dans sa vieillesse :
Ainsi n'attendez rien de ce volage appui,
Que vous perdrez demain, si ce n'est aujourd'hui.
J'ai fixé mon séjour sur les rives du Tage ;
C'est sur ces bords heureux devenus mon partage,
D'un pouvoir usurpé reste injurieux,
Que je veux transporter Cicéron et mes dieux.
Venez y partager l'empire et ma fortune,
Qu'une tendre amitié doit nous rendre commune.

CICÉRON.

Qu'entends-je ?

LÉPIDE.

Et dans ces lieux quel est donc votre espoir ?

CICÉRON.

J'y veux avec le mien remplir votre devoir ;
J'y veux faire moi seul, ce qu'y doit faire un homme
Qui veut mourir pour Rome, ou mourir avec Rome.
Vous croyez, je le vois, parler au Cicéron
De qui la fermeté n'illustra point le nom ;
Mais je vous ferai voir que ma seule sagesse
Me fit sur ma douceur soupçonner de faiblesse.
Dans les temps orageux où mon autorité
N'avait dans le sénat qu'un pouvoir limité,
Je laissai de Scylla triompher l'insolence.
Le respect sur César m'imposa le silence ;
Et ce même César prouve que la douceur
Peut, ainsi que la gloire, habiter un grand cœur.
Quand par des soins prudens j'ai conjuré l'orage,
Si l'on m'a reproché de manquer de courage,
Les désordres présens, ma mort et mes revers,
Vont me justifier aux yeux de l'univers.

LÉPIDE.

Et sur quoi voulez-vous que l'on vous justifie ?

Vivez pour illustrer encor plus votre vie.
Je crains un désespoir. Ah ! mon cher Cicéron,
Le ciel ne vous fit point pour imiter Caton.

CICÉRON.

L'exemple de Caton serait honteux à suivre ;
Plus le malheur est grand, plus il est grand de vivre.

LÉPIDE.

Voilà les sentimens qu'a dû vous inspirer
Cette gloire où vous seul avez droit d'aspirer :
Mais laissez-moi le soin d'une tête si chère,
Daignez me confier et la fille et le père ;
Que je puisse, en sauvant des jours si précieux,
Me flatter avec vous d'un retour en ces lieux.
Conservons au sénat un ami si fidèle,
A Rome un magistrat qui fut si digne d'elle ;
Dans notre exil commun venez me consoler.
Voulez-vous qn'à mes yeux je vous voie immoler ?
D'Octave prévenant redoutez les finesses ;
Mais craignez encor moins son art que ses promesses.
Je vais guider vos pas en des lieux écartés
Où l'on ne peut jamais vous découvrir.

CICÉRON.

Partez ;

J'aurai moins à rougir de me donner un maître,
Que de suivre un ami si peu digne de l'être.
Que César me soutienne ou me manque de foi,
Antoine, vous et lui, tout est égal pour moi.
Si le destin me garde une fin malheureuse,
La fuite ne pourrait que la rendre honteuse.
Je n'ai connu qu'un bien, c'était la liberté ;
Je l'ai perdu. Grands dieux, qui me l'avez ôté ;
Que ne m'arrachiez-vous une importune vie,
Qu'en vain votre courroux réserve à l'infamie ?

LÉPIDE.

Je ne vous presse plus ; mais, avant mon départ,
D'un secret important je veux vous faire part.
Sextus, que l'on croyait au rivage d'Ostie,
Est depuis quelque temps caché dans l'Italie.

Je soupçonne de plus qu'il pourrait être ici.
Gardez-vous d'embrasser ce dangereux parti.
Celui des conjurés serait moins sûr encore,
Ce sont des assassins que l'univers abhorre;
Et si jamais César peut découvrir Sextus,
Vous vous perdez tous deux ainsi que Métellus.

CICÉRON.

Que m'importe Sextus, et que voulez-vous dire?

LÉPIDE.

Ce que pour vous sauver mon amitié m'inspire.
En vain vous prétendez, sous le nom d'un Gaulois,
Nous cacher un guerrier connu par tant d'exploits.
Cicéron, mon dessein n'est pas de vous surprendre:
Je sais tout, j'ai tout vu, cessez de vous défendre.
J'ai trop aimé Pompée et trop connu ses fils,
Pour croire qu'à Sextus mes yeux se soient mépris;
Je viens de l'entrevoir.

CICÉRON.

Eh bien! si de son père
La mémoire aujourd'hui peut vous être encor chère,
Loin de rougir des biens qu'il répandit sur vous,
Qu'un noble souvenir vous les rappelle tous.
De ce nom si vanté ranimons la puissance,
Et d'un fils malheureux embrassez la défense;
Détruisons les tyrans et le triumvirat,
Ou formons-en un autre appuyé du sénat.
Qu'aux transports d'un ami votre vertu réponde,
Devenons les soutiens et les maîtres du monde;
Mais ne le soumettons à notre autorité,
Que pour donner aux lois toute leur liberté.

LÉPIDE.

De ce rare projet j'admire la noblesse;
J'en conçois la grandeur, encor mieux la faiblesse.
Je vois des généraux qui n'auront pour soldats
Que des proscrits errans de climats en climats.
Croyez-moi, Cicéron, votre unique espérance
Est de pouvoir d'Antoine éviter la vengeance.
Fuyez avec Sextus, ou fuyez avec moi;
Choisissez l'un de nous, et comptez sur ma foi:

Mais pour jamais de Rome il faut que je m'exile.
Pour la dernière fois, je vous offre un asile;
Adieu.

SCÈNE V.

CICÉRON, *seul.*

FAIBLE tyran, garde pour tes pareils
Ton amitié, tes soins, ta honte, et tes conseils;
Lâche, plus digne encor de mépris que de haine.
Déjà le jour plus grand m'annonce que Mécène;
Qui dans ce trouble affreux s'intéresse à la paix,
Doit être dès long-temps rentré dans ce palais.
Allons. Mais il est temps que j'instruise ma fille
D'un secret qui peut perdre ou sauver ma famille.
Sur nos desseins communs craignons moins d'alarmer
Un grand cœur qui sait plus que de savoir aimer.
De ses frayeurs pour moi Sextus qui se défie,
Ne connaît pas encor tout le cœur de Tullie.
Non, ne lui laissons plus ignorer un secret
Que ma tendre amitié lui cachait à regret.
Clodomir, devenu le fils du grand Pompée,
Ne pourra me blâmer de l'avoir détrompée.
Unissons-les, donnons à César un rival
Dont le nom seul pourra lui devenir fatal.
Essayons cependant de fléchir un barbare,
Pour suspendre les coups que sa main nous prépare;
Mais s'il veut s'emparer du pouvoir souverain,
A son ambition nous pourrons mettre un frein.
Dieu puissant des Romains, indomptable génie,
Aujourd'hui dieu du meurtre et de la tyrannie,
Si je ne puis changer tes décrets immortels,
Fais-moi du moins mourir au pied de tes autels?

FIN DU PREMIER ACTE.

ACTE II.

SCÈNE Ire.

OCTAVE, MÉCÈNE.

OCTAVE.

Oui, Mécène, je sais qu'une ardente vengeance
A souvent confondu le crime et l'innocence ;
Qu'à des yeux prévenus le mal paraît un bien ;
Que la haine est injuste et n'examine rien :
Mais je sais encor mieux qu'une aveugle clémence,
Loin d'arrêter le crime, en nourrit la licence.
Plus on doit épargner les hommes vertueux,
Plus il faut des méchans faire un exemple affreux.
Quel que soit mon courroux, il est si légitime,
Qu'il ne me permet pas le choix d'une victime.
Le seul infortuné digne de mes regrets,
Dont la mort flétrissait à jamais nos décrets,
C'est l'orateur fameux pour qui Rome m'implore,
Et qu'un funeste amour me rend plus cher encore,
Le divin Cicéron, dont le nom glorieux
Triomphera toujours dans ces augustes lieux.
Je veux le rendre aux pleurs de l'aimable Tullie,
Et le sauver des coups de l'indigne Fulvie.
Tu l'as vu cette nuit, conçois-tu quelque espoir
Qu'il veuille en ma faveur employer son pouvoir ?
Il est bon qu'en public il prenne ma défense,
Pour disposer le peuple à plus d'obéissance ;
Et que par ses amis il inspire au sénat
De réunir en moi tout le triumvirat.
César, pour rétablir l'état en décadence,
Crut devoir s'emparer de la toute-puissance ;
Il sentit, et j'ai dû le sentir comme lui,
Qu'il ne faut aux Romains qu'un seul maître aujourd'hui.

MÉCÈNE.

Cicéron désormais n'a qu'un désir unique,

C'est de vous voir, seigneur, sauver la république;
D'Antoine qu'il méprise abaisser la grandeur,
Devenir du sénat l'ame et le protecteur.
Sur tout autre projet il sera peu flexible;
Cependant, à vos soins il m'a paru sensible.
Essayez d'engager ce fier républicain
A vous laisser jouir du pouvoir souverain;
C'est sur ce point qu'il faut le vaincre ou le séduire:
Cicéron, dès qu'il peut vous servir ou vous nuire,
Ne vous laisse qu'un choix, le perdre ou le sauver.
Le plus digne de vous est de le conserver.
Son amitié, son nom, ses conseils, sa prudence,
Son crédit au sénat, surtout son éloquence,
Deviendrait votre appui dans un péril puissant.

OCTAVE.

Rien n'est si dangereux, dans un état naissant,
Que ces hommes de bien que le public admire;
Qui, sur le préjugé d'un vertueux délire,
N'embrassent le parti des autels ou des lois,
Que pour tyranniser les peuples ou les rois.

SCÈNE II.

OCTAVE, MÉCENE, CICÉRON.

OCTAVE.

J'apperçois Cicéron ; laisse-nous seuls, Mécène.

SCÈNE III.

OCTAVE, CICÉRON.

OCTAVE, *à part.*

Que sa douleur me trouble et me cause de peine!
   (*haut.*)
A votre nom célèbre on doit trop de respect,
Pour croire que le mien vous puisse être suspect.
Quoique des triumvirs il ait lieu de se plaindre,

Cicéron près de moi sait qu'il n'a rien à craindre.
Comme il s'agit de Rome, à ce nom si chéri,
Je suis sûr de trouver votre cœur attendri,
Et que vous me verrez ici sans répugnance.

CICÉRON.

Comment avez-vous pu désirer ma présence ?
César, en quel état vous offrez-vous à moi ?
Ah ! ce n'est ni son fils, ni César que je voi.
Vos mains n'en ont que trop souillé la ressemblance,
Et Rome n'en peut trop pleurer la différence.
Malheureux ! pouvez-vous, sans l'inonder de pleurs,
Sur son sein déchiré déployer vos fureurs ?
O César, ce n'est pas ton sang qui l'a fait naître ;
Brutus qui l'a versé, méritait mieux d'en être.
Le meurtre des vaincus ne souilllait point tes pas ;
Ta valeur subjuguait, mais ne proscrivait pas.
Si tu versais du sang pour soutenir ta gloire,
De ta clémence en pleurs tu parais la victoire.
Et vous, sans redouter l'exemple de sa mort,
Vous semblez n'envier que son funeste sort.
Peu jaloux d'hériter de ses sages maximes,
Cruel, vous ne songez qu'à parer des victimes.

OCTAVE.

D'un reproche odieux qui blesse mon honneur,
Cicéron, modérez l'indiscrète rigueur ;
Mais, pour justifier un discours qui m'étonne,
Et que mon amitié cependant vous pardonne,
César, que vous venez de placer dans les cieux,
Et que, pour m'abaisser, vous égalez aux dieux,
En quels lieux, répondez, a-t-il perdu la vie ?
Fut-ce aux bords de la Seine, ou dans Alexandrie ?
Est-ce aux champs de Pharsale, où, pour votre bonheur,
La victoire à genoux couronnait sa valeur ?
Non ; ce fut au sénat, et dans le sein de Rome
Que l'on osa trancher les jours de ce grand homme,
Et vous m'osez blamer de répandre le sang
De ceux dont la fureur lui déchira le flanc !
Quel autre ai-je proscrit, orateur téméraire ?
Je voudrais en pouvoir couvrir toute la terre.
Quelque sang qu'à sa mort j'ose sacrifier,

Je n'en connais aucun digne de d'expier.
Du meurtre de César condamner la vengeance,
C'est des plus noirs forfaits, consacrer la licence.

CICÉRON.

Un meurtre, quel qu'en soit le prétexte ou l'objet,
Pour les cœurs vertueux fut toujours un forfait ;
Mais les républicains ne se font pas un crime
D'immoler un tyran, même digne d'estime.
Ils ne regardent point leur tyran comme un roi
Qu'élève au-dessus d'eux la naissance ou la loi ;
Et, sans avoir pour lui les lois ni la naissance,
César osa des rois s'arroger la puissance.
Non que des conjurés j'approuve la fureur ;
Je déteste leur crime, encor plus son vengeur,
Car vous multipliez à tel point les supplices,
A Brutus vous cherchez tant de nouveaux complices,
Qu'il semble que César renaisse chaque jour,
Et que chacun de nous l'assassine à son tour,
Contre un peuple à genoux armer la tyrannie ;
De l'univers entier détruire l'harmonie ;
Et de ses ennemis se défaire à son choix ;
Rendre le glaive seul l'interprète des lois ;
Employer, pour venger le meurtre de son père,
Des flammes ou du fer l'odieux ministère ;
Donner à ses proscrits, pour juges, ses soldats ;
Du neveu de César voilà les magistrats
Qui vous a confié l'autorité suprême ?

OCTAVE.

Le besoin de l'état, mon épée et moi-même.
Et de quel droit enfin osez-vous aujourd'hui
Interroger César, et César votre appui ?
Revenez d'une erreur qui vous serait fatale ;
Un homme tel que moi ne veut rien qui l'égale.
Dès que César n'est plus, et qu'il revit en moi ;
Qui d'entre les Romains doit me donner la loi ?
Croyez-vous établir, par votre politique,
D'un peuple et d'un sénat l'union chimérique ?
Ce n'était qu'un vain nom dès le temps de Sylla,
Qui s'est évanoui depuis Catilina.
Si de nos Scipions les jours pouvaient renaître,

Ce n'est que sous moi seul qu'on les verrait paraître :
Mais vous voyez assez qu'il n'est aucun espoir.
De remettre les lois dans leur premier pouvoir.
Le glaive qui vous fit gagner tant de victoires,
Et qui de nos exploits embellit tant d'histoires ;
Le glaive qui vous fit triompher tant de fois,
Vous subjugue à son tour, et triomphe des lois.
Dès qu'il faut obéir le parti le plus sage
Est de savoir se faire un heureux esclavage.
La liberté n'est plus qu'un bien d'opinion ;
Le nom de république, une autre illusion,
Dont il faut rejeter l'orgueilleuse chimère,
Source de trop de maux pour vous être encore chère.
Qu'espérez-vous enfin, quand tout est renversé,
Quand le sénat n'est plus qu'un troupeau dispersé ?
Où sont vos légions, pour soutenir la gloire
De ce corps dont, sans vous, on perdrait la mémoire ?
En vain vous prétendez affranchir les Romains
Du joug qu'ils imposaient au reste des humains ;
L'univers nous demande une forme nouvelle,
Et Rome un empereur qui commande avec elle.
Trop heureux les Romains, si, pour ce haut emploi,
Ils n'avaient désormais à redouter que moi !
Mon collègue insolent vous fait assez connaître
Que d'un emploi si noble il se rendrait le maître,
Si vous pouviez souffrir qu'il osât s'en saisir ;
Mais vous me choisirez, si vous savez choisir.
Le cruel triumvir demande votre tête ;
Son crédit l'obtiendra, si le mien ne l'arrête.
Un intérêt si cher doit nous concilier.
Pour mieux détruire Antoine, il faut nous allier.
Vos vertus, vos malheurs, mon amour pour Tullie,
Mon honneur, tout m'engage à vous sauver la vie.
Vous fûtes autrefois mon premier protecteur,
Votre bouche long-temps s'ouvrit en ma faveur ;
Je vous dois mes grandeurs, une amitié sincère.
Aimez-moi, Cicéron, et devenez mon père.

CICÉRON.

Abdique, je t'adopte, et ma fille est à toi,
Pourvu qu'elle consente à te donner sa foi.

Qu'elle daigne accepter l'époux de Scribonie,
Et qu'au sort d'un César elle veuille être unie.
Je doute cependant qu'élevée en mon sein,
Un tyran, quel qu'il soit, puisse obtenir sa main.
Elle vient, tu pourras t'expliquer avec elle;
Si tu l'aimes, tu dois la prendre pour modèle.
Rentre dans ton devoir, sois Romain; à ce prix,
Tu deviendras bientôt son époux et mon fils.
Mais si tu veux toujours tenir Rome asservie,
Tu peux quand tu voudras, me livrer à Fulvie.

SCÈNE IV.

OCTAVE, *seul.*

L'excès où Cicéron vient de s'abandonner
M'éclaire, et d'un complot me le fait soupçonner;
C'est lui qui doit trembler, et c'est lui qui menace?
Sans Brutus ou Sextus, il aurait moins d'audace.

SCÈNE V.

OCTAVE, TULLIE.

TULLIE.

TANDIS que pour lui seul je venais en ces lieux,
Cicéron tout à coup disparaît à mes yeux;
Je n'en ai pas moins vu qu'une peine mortelle
Accablait son grand cœur d'une douleur nouvelle.
Se peut-il qu'un objet si digne de pitié
Ne puisse triompher de votre inimitié?
Languissant, malheureux, sans amis, sans défense,
Aurait-il de César essuyé quelque offense?
J'ai vu que tout en pleurs il s'éloignait de vous,
Et vos yeux sont encor enflammés de courroux.

OCTAVE.

Si les vôtres daignaient lire au fond de mon ame,
Ils seraient peu troublés du courroux qui l'enflamme,
Et vous jugeriez mieux des sentimens d'un cœur

Digne de s'enflammer d'une plus noble ardeur.
Quelque haine que fasse éclater votre père,
Pour ôser le haïr, sa fille m'est trop chère.
Je n'oublîrai jamais qu'en vous donnant le jour,
C'est à moi que je dois l'objet de mon amour.
Ah ! loin de l'outrager, c'est Cicéron lui-même
Qui venge ses chagrins sur un cœur qui vous aime.
Plus il est malheureux, plus je m'attache à lui,
Surtout, depuis qu'il n'a que moi seul pour appui.
C'est pour lui conserver et les biens et la vie,
Que j'arme contre moi la cruelle Fulvie.
Lorsque César enfin s'offre pour votre époux,
Cicéron est encor plus injuste que vous.

TULLIE.

Je vous croyais toujours l'époux de Scribonie ;
Mais avec vos pareils malheur à qui s'allie !
A vous voir d'un hymen nous imposer la loi ,
On croirait que César peut disposer de moi,
Et qu'au mépris des lois, au défaut du divorce,
Il peut, quand il voudra, m'obtenir par la force ;
Et qu'enfin, au-dessus d'un citoyen romain ,
Il veut de ses amours traiter en souverain.
Encor, si vous aviez abdiqué la puissance,
Ou plutôt d'un tyran abdiqué l'arrogance,
Vous pourriez à vos vœux permettre quelque espoir.

OCTAVE.

Si j'osais abdiquer le souverain pouvoir,
Quel rang pourrais-je offrir désormais à Tullie !

TULLIE.

Le rang d'un citoyen, père de la patrie ;
D'un romain , qui ne sait briguer d'autres honneurs
Que ceux dont la vertu couronne les grands cœurs.

OCTAVE.

Prévenu, comme vous, des chimères romaines,
Si de l'autorité j'abandonnais les rênes,
Pour régler ma fortune au gré de mon amour ,
Antoine voudra-t-il abdiquer à son tour ?

TULLIE.

Eh ! que peut m'importer que le cruel abdique,
Dès que nous n'avons plus ni lois , ni république ?
Impérieux amant, qui me parlez en roi,
Savez-vous que Brutus est moins Romain que moi ?
Régnez , si vous l'osez ; mais croyez que Tullie
Saura bien se soustraire à votre tyrannie.
Si du sort des tyrans vous bravez les hasards,
Il naîtra des Brutus autant que de Césars.

OCTAVE.

De la part de Tullie un dédaigneux silence
Eût été plus séant que tant de violence.
Je ne m'attendais pas qu'un si cruel mépris
De tout ce que j'ai fait dût être un jour le prix.
De l'ingrat Cicéron j'ai souffert les caprices,
Sans me plaindre de lui, ni de ses injustices ;
Votre père au sénat m'a cent fois outragé,
Dans ses emportemens il n'a rien ménagé ;
Avec mes ennemis son cœur d'intelligence
N'a jamais respiré que haine et que vengeance ;
Tandis qu'avec ardeur je combattais les siens,
Cicéron à me perdre encourageait les miens ;
Je viens d'en essuyer la plus sanglante injure,
Sans qu'elle ait excité le plus léger murmure,
Et l'on m'outrage, moi ! je suis un inhumain
Dont, sans crime, à son gré, l'on peut percer le sein !
Pourquoi ? parce qu'on veut arracher aux supplices
Du meurtre de César l'auteur et les complices,
Et que le furieux qui lui perça le flanc,
S'abreuve dans le mien du reste de son sang.
César, qui jusqu'au ciel vit élever sa gloire,
Immortel ornement du temple de mémoire ;
César, indignement traîné dans le sénat,
N'est point encor vengé d'un si noir attentat :
Et, si je veux vous plaire , il faut que je l'oublie,
Que je laisse un champ libre au père de Tullie ,
Qui veut que de César les lâches meurtriers
Rentrent dans le sénat couronnés de lauriers ;
Et que, sacrifiant à Brutus son idole,

J'aille de son poignard orner le capitole ?

TULLIE.

Auriez-vous prétendu qu'à vos ordres soumis,
Cicéron à vos coups dût livrer ses amis ;
Que, de vos cruautés spectateur immobile,
Son cœur désespéré vous laisserait tranquille ?

OCTAVE.

D'autres soins le devraient occuper aujourd'hui.
Antoine, avec fureur soulevé contre lui,
Me demande à grands cris le sang de votre père.
Notre hymen peut sauver une tête si chère.
Quoique d'un triumvir tout soit à redouter,
A peine, sur ce point, on daigne m'écouter ;
Le péril cependant redouble, et le temps presse
Au sort de Cicéron Rome qui s'intéresse,
Sans doute avec plaisir verrait notre union,
Le terme spécieux de la proscription.
Devenez de la paix le lien et le gage ;
C'est l'unique moyen de dissiper l'orage.
Je vois ce qui vous flatte en ce cruel instant,
C'est le frivole honneur d'un refus éclatant ;
Mais ne présumez pas que je me détermine
A me priver du rang que le ciel me destine.
Si je m'en dépouillais, ce serait me livrer
Au premier assassin qui voudrait s'illustrer.

TULLIE.

Après ce fier aveu, je crois, pour vous confondre,
N'avoir à votre amour que deux mots à répondre.
Je ne vous aime point. J'aimerais mieux la mort,
Que de me voir un jour unie à votre sort ;
Cependant, si César veut déposer l'empire,
A son fatal hymen je suis prêt à souscrire ;
Dût mon cœur indigné n'y consentir jamais,
Je me sacrifîrai pour le bien de la paix :
Mais, si vous usurpez l'autorité suprême,
Vous pouvez de mon sang teindre le diadème.
Que ne peut ma mort seule en relever le prix,
Et sauver de vos coups tant d'illustres proscrits !

OCTAVE.

Ah! c'en est trop; songez, orgueilleuse Tullie,
Que c'est vous qui livrez votre père à Fulvie.

SCÈNE VI.

TULLIE, *seule.*

BARBARE, que mon cœur ne peut trop dédaigner,
Nous saurons mieux mourir que tu ne sais régner.
Dieux cruels! épuisez sur moi votre colère;
Ou de son désespoir daignez sauver mon père!
O Romains! que l'honneur de mériter ce nom
Coûte cher, si l'on veut imiter Cicéron?
Tout est perdu pour moi.

SCÈNE VII.

CLODOMIR, TULLIE.

CLODOMIR.

Je vous cherchais, madame;
Quel trouble, à mon aspect, s'empare de votre ame!
Quoi! vous levez au ciel vos yeux baignés de pleurs!
N'ai-je donc pas assez éprouvé de malheurs?
Les premiers n'ont que trop exercé ma constance.
Ah! Tullie, autrefois ma plus chère espérance,
Pardonnez à mon cœur quelques transports jaloux;
L'heureux César va-t-il devenir votre époux?

TULLIE.

Eh! plût au ciel n'avoir d'autre malheur à craindre!
Vous et moi nous serions peut-être moins à plaindre.
Offrez à ma douleur de plus dignes objets.
Accablé de ses maux, consumé de regrets,
Mon père, avant sa mort, veut que notre hyménée
Eclaire de ses feux cette horrible journée.
Ah! que lui servira d'unir des malheureux,
Menacés comme lui du sort le plus affreux?
Quel temps a-t-on choisi pour me faire connaître
Un époux qui n'aura qu'un seul moment à l'être?

Sextus, mon cher Sextus, renoncez à ma main ;
Ce n'est pas moi qui doit borner votre destin.
Lorsque j'ai désiré que vous fussiez Pompée,
Hélas ! qu'en ce souhait mon ame s'est trompée !
A peine mon amour voit combler ce désir,
Que je perds à la fois Sextus et Clodomir.
Pourquoi de votre nom m'a-t-on fait un mystère ?

SEXTUS.

J'ai cru devoir moi-même y forcer votre père ;
Je craignais de jeter dans un cœur généreux
Trop d'effroi, s'il avait à trembler pour nous deux.
D'ailleurs convenait-il au fils du grand Pompée
De se montrer ici sans éclat, sans armée ;
Lui qui ne prétendait s'offrir à vos regards
Qu'en protecteur de Rome, et vainqueur des Césars ?
Et que ne veut-on pas quand l'amour est extrême ?
Clodomir désirait d'être aimé pour lui-même ;
Sextus, sans votre amour, pouvait-il être heureux ?
Mais en d'autres climats venez combler mes vœux.
Vous pleurez : depuis quand votre cœur intrépide
N'oppose-t-il au sort qu'un désespoir timide ?
Je viens de rassembler quelques soldats épars,
Dispersés sous leurs chefs autour de ces remparts ;
Vous les trouverez tous ardens à vous défendre ;
Et si de la valeur le succès doit dépendre,
J'espère que la mienne y pourra concourir,
Ne dût-il m'en rester que l'honneur de mourir.
Dès que pour vous dans Rome il n'est plus d'espérance,
Allons de la Sicile implorer l'assistance.
Ma flotte nous attend, je règne sur les eaux ;
Engageons votre père à fuir sur mes vaisseaux.
Il est honteux pour lui de se laisser proscrire.
Vous avez sur son cœur un souverain empire,
Venez ; faisons-lui voir qu'un glorieux retour
Peut le mettre en état de proscrire à son tour.
S'il veut m'accompagner, je réponds de sa vie ;
Et l'amour couronné répondra de Tullie.

FIN DU SECOND ACTE.

ACTE III.

SCÈNE Ire.

CICÉRON, TULLIE, SEXTUS.

CICÉRON.

Héritier des vertus du plus grand des Romains,
Si digne de mémoire et des honneurs divins,
Adoré dans la paix, redouté dans la guerre,
Qui vit parer son char du globe de la terre;
Fils de Pompée enfin, à cet auguste nom
Vous daignez allier celui de Cicéron.
Je ne vous ceindrai point le front d'un diadême;
Je n'ai plus de trésor que cet autre moi-même.
O mon fils! puisse-t-il faire votre bonheur,
Et vous être aussi cher qu'il le fut à mon cœur!
Et vous, unique bien que le destin me laisse,
Délices de ma vie, espoir de ma vieillesse,
Qui n'avez plus pour dot que mon ame et mes pleurs,
Puissiez-vous n'hériter jamais de mes malheurs!
Je veux, avant ma mort, que ma main vous unisse.
J'ai promis à Sextus ce tendre sacrifice;
Mais, après cet hymen qui va combler vos vœux,
Fuyez, éloignez-vous d'un père malheureux.
Je ne veux plus vous voir dans une triste ville
Où les morts même ont peine à trouver un asile.
Approchez, mes enfans; venez, embrassez-moi;
Jurez-vous dans mon sein une constante foi;
De nos derniers adieux scellons une alliance
Que nous désirions tous avec impatience.
Que vois-je? on se refuse à mes embrassemens!

TULLIE.

Qu'exigez-vous de nous dans ces cruels momens?
Quoi! lorsque avec bonté votre amour nous assemble,
Ne nous unissez-vous que pour mourir ensemble?
Et comment, sans frémir, pouvez-vous ordonner

A Sextus, comme à moi, de vous abandonner ?
Quel nouveau désespoir contre nous vous anime ?
De nos soins mutuels nous feriez-vous un crime ?
C'est vous-même, seigneur, qui, dans ce triste jour,
Me faites, malgré moi, douter de votre amour.
Quoi ! ce père, l'objet de toute ma tendresse,
Qui me cherchait encor, quoiqu'il me vît sans cesse ;
Ce père, qui semblait ne vivre que pour moi,
Ne pourra désormais me voir qu'avec effroi !
Quel transport imprévu de votre ame s'empare ?
Apprenez-vous d'Octave à devenir barbare ?
La flotte de Sextus nous attend tous au port ;
Faites-vous sur vous-même un généreux effort.
C'est votre fille en pleurs, cette même Tullie,
Du père le plus tendre autrefois si chérie,
Qui, la mort dans le sein, vous demande à genoux,
De ne lui point ravir ce qu'elle tient de vous.
Ma vie est dans vos mains, et ne tient qu'à la vôtre ;
Daignez en ce moment nous suivre l'un et l'autre.
Ce lieu n'est point encor entouré de soldats
Qui puissent observer ou retenir vos pas.
Nous pouvons en secret gagner les bords du Tibre ;
Mon père, suivez-nous, puisque vous êtes libre,
Et que vous n'êtes pas au nombre des proscrits,

CICÉRON.

Ah ! c'est moins par respect pour moi, que par mépris.
Ne pouvant m'effrayer, Antoine m'humilie.
C'est pour flétrir mon nom que le cruel m'oublie.
Si sa main m'eût proscrit, l'univers aurait su
Que parmi ces héros du moins j'aurais vécu.
Pour braver mes tyrans je veux mourir dans Rome ;
En implorant ses dieux, c'est moi seul qu'elle nomme.
Je ne priverai point de mes derniers soupirs
Ce lieu qui fut l'objet de mes premiers désirs.
J'ai tant vécu pour moi, si peu pour ma patrie,
Que je veux dans son sein du moins finir ma vie.
Si je fuyais, César qui me redoute encor,
A ses projets bientôt donnerait plus d'essor.

SEXTUS.

Cessez de vous flatter d'une espérance vaine,

César aime Tullie, et craint peu votre haine.
Dans ses murs malheureux Rome va succomber,
Croyez-vous qu'avec elle il soit beau de tomber,
Lorsqu'en lui conservant un ami si fidèle,
Nous pouvons espérer de renaître avec elle ?
N'avons-nous pas ailleurs des secours assurés,
La Sicile, Brutus, Rhodes, les conjurés ?

CICÉRON.

Qui ? moi, mon fils, que j'aille, errant dans la Sicile,
Allumer le flambeau d'une guerre civile !

SEXTUS.

Eh ! comment pouvez-vous désormais l'éviter ?
Ce n'est pas vous d'ailleurs qui l'allez susciter.
Il n'est point aujourd'hui de climat sur la terre
Qui puisse être à l'abri des fureurs de la guerre ;
Traversez l'univers de l'un à l'autre bout,
Vous trouverez la guerre et des Romains partout,
Enfans infortunés d'une ville déserte,
Qui ne peut plus sentir vos soins, ni votre perte.
Pourquoi vous obstiner à mourir dans ses murs ;
Donnons-lui des secours plus brillans et plus sûrs.
Croyez-vous qu'il sera pour vous plus honorable
D'être aux yeux de César traîné comme un coupable,
Pour servir de risée au soldat furieux,
Qui fera peu de cas d'un nom si glorieux ?
Rome n'est plus qu'un spectre, une ombre en Italie,
Dont le corps tout entier est passé dans l'Asie.
C'est là que notre honneur nous appelle aujourd'hui ;
Rendons-nous à sa voix, et marchons avec lui.
Ce n'est pas le climat qui lui donne la vie,
C'est le cœur du Romain qui forme sa patrie.
Qui doit s'intéresser à Rome plus que moi ?
        (il montre la statue de Pompée renversée.)
Voyez ces monumens de douleur et d'effroi ;
Ces marbres mutilés, dont le morne silence
N'en demande pas moins de sang pour leur vengeance.
Il ne leur reste plus que le nom précieux
D'un héros que l'on vit marcher égal aux dieux.
Votre sort est écrit sous ce nom redoutable,
A tout mortel fameux exemple formidable ;

Et, pour le prévenir, vous n'avez qu'à vouloir.
La honte suit toujours un lâche désespoir.
Il vaut mieux se flatter d'un espoir téméraire,
Que de céder au sort, dès qu'il nous est contraire.
Il faut du moins mourir les armes à la main,
Le seul genre de mort digne d'un vrai Romain.
Mais, mourir pour mourir n'est qu'une folle ivresse,
Triste enfant de l'orgueil, nourri par la paresse.
Ranimez-vous, mon père, et soyez plus jaloux
De la haute vertu que j'admirais en vous.

CICÉRON.

S'il est vrai que Sextus la respecte et l'admire,
Qu'il règle donc ses soins sur ceux qu'elle m'inspire.

SEXTUS.

C'est-à-dire, seigneur, que, pour vous imiter,
Il faut mourir ensemble, et ne nous point quitter.

CICÉRON.

Ah! Sextus! quoi! c'est vous qui voulez que je fuie?
Non, ne vous flattez pas que je passe en Asie,
Ni que, des conjurés empruntant le secours,
De mes jours malheureux j'aille flétrir le cours.
Rien ne peut m'engager à quitter l'Italie.
Cependant je suis prêt, pour contenter Tullie,
A sortir avec vous de ce triste palais.
La nuit, à Tusculum, nous nous joindrons après;
Au bois le plus prochain ma fille ira m'attendre.
Dans deux heures, Sextus, ayez soin de vous rendre,
Avec quelques soldats, au pont Sublicien.
Le temps ne permet pas un plus long entretien;
Adieu. Mais, avant tout, je veux revoir Mécène.

SCÈNE II.

TULLIE, SEXTUS.

TULLIE.

Ah! Sextus! notre fuite est encor incertaine,
Mécène à Cicéron fera changer d'avis,

Et les plus généreux ne seront pas suivis.
On vient : éloignez-vous ; c'est César qui s'avance.

SEXTUS.

Il serait dangereux d'éviter sa présence,
Le tyran nous a vus ; je me rendrais suspect,
Si je disparaissais à son premier aspect.
Il croit que sur ses bords la Seine m'a vu naître ;
Et d'ailleurs je crains peu César, quel qu'il puisse être

SCÈNE III.

OCTAVE, SEXTUS, TULLIE.

OCTAVE.

Je cherchais Cicéron ; je veux encor le voir,
Quoique sa dureté me laisse peu d'espoir.
Mais, que fait près de vous ce Gaulois dont l'audace
Semble vouloir ici me disputer la place ?

TULLIE.

Quel rang près de Tullie auriez-vous prétendu,
Pour croire qu'à tout autre il serait défendu ?

OCTAVE.

En des lieux où je crois pouvoir parler en maître,
Sans mes ordres exprès on ne doit point paraître
Et surtout un Gaulois. Qu'il retourne en son camp ;
C'est parmi ses soldats qu'il trouvera son rang.

SEXTUS.

Depuis quand sommes-nous sous ton obéissance,
Pour oser me parler avec tant d'arrogance ?
Le sort de mes pareils ne dépend point de toi ;
Je ne relève ici que des dieux et de moi.
Aux lois du grand César nous rendîmes hommage ;
Mais ce ne fut jamais à titre d'esclavage.
Comme de la valeur il connaissait le prix,
Il estimait en nous ce qui manque à son fils.
Sans le fer des Gaulois, le César qui me brave
Eût vu borner sa gloire au simple nom d'Octave.

OCTAVE.

Qu'entends-je ? Holà , licteurs.

TULLIE.

                          César , modère-toi,
Aprends que ce guerrier est ici sur ma foi,
Sur celle des Romains dont tu n'es pas le maître,
Malgré tous les projets que tu formes pour l'être.
Si tu te plains de lui , pourquoi l'outrageais-tu ?
Penses-tu n'outrager que des cœurs sans vertus ?
S'il te faut des garans, je réponds de la sienne :
Commence à nous donner des preuves de la tienne.
Si de l'humanité tu méconnais la voix ,
Des peuples alliés respecte au moins les droits.
Sois humain , généreux ; et cesse de proscrire ,
Si tu veux sur les cœurs t'établir un empire.
L'art de se faire aimer, et celui de régner
Sont deux arts que ton père aurait dû t'enseigner.
Mais en vain tu prétends livrer à ta vengeance
Un guerrier qui n'est point soumis à ta puissance ;
Jusqu'au dernier soupir je défendrai ses jours.

OCTAVE.

Ingrate, qui des miens voulez trancher le cours,
Et de mes ennemis me rendre la victime ,
Vous justifiez trop le courroux qui m'anime.
Ce n'est pas d'aujourd'hui que cet audacieux ,
Qui veut ne relever que de vous et des dieux,
Dans ces divers complots , plus ardent que vous-même,
Brave des triumvirs l'autorité suprême.
Je sais qu'il a sauvé Messala, Métellus ,
Lucilius , Pison, les fils de Lentulus :
Mais , malgré son orgueil, je lui ferai connaître
Que je puis à mes lois l'immoler comme un traître.

SEXTUS.

En sauvant tes proscrits , j'ai fait ce que j'ai dû.
Ton père, en pareil cas, eût loué ma vertu.
Toi-même, applaudissant à mes soins magnanimes,
Tu devrais me louer de t'épargner des crimes?
Et rougir , quand tu crois être au-dessus de moi,

Grébillon.   28

Qu'un Gaulois, à tes yeux, soit plus Romain que toi,
Viole nos traités, punis-moi d'aimer Rome,
Et d'oser de nous deux être le plus grand homme.

OCTAVE.

Téméraire étranger, tu m'apprends mon devoir
Et ta mort....

TULLIE.

Si ma voix est sur toi sans pouvoir,
De ce rival des dieux interroge l'image;
(*elle lui montre la statue de César.*)
Que sa clémence au moins devienne ton partage.
Du grand nom de César si tu veux hériter,
Dans ses soins vertueux commence à l'imiter.
Epargne ce guerrier, je demande sa vie;
Ose me refuser.

OCTAVE.

Imprudente Tullie,
Qui voulez de régner me donner des leçons,
Que ne me donnez-vous de plus nobles soupçons?
De la vertu, du moins, empruntez le langage.
J'aurais trop à rougir d'en dire davantage.
Mais je ne crois pouvoir mieux vous humilier,
Qu'en vous abandonnant le soin de ce guerrier;
Que je crois en effet plus digne de clémence,
Qu'il ne se croit encor digne de ma vengeance.
Adieu.

(*aux licteurs.*)
Vous, suivez-moi.

SCÈNE IV.

SEXTUS, TULLIE.

TULLIE.

Sextus, qu'avez-vous fait?

SEXTUS.

Trop peu pour mon courroux, puisqu'il est sans effet.
Tout César n'est ici qu'un objet de colère.

Héritier de l'ingrat qui détruisit mon père ,
Octave n'est pour moi qu'un rival odieux
Dont l'orgueilleux mépris m'a rendu furieux.
Tenté plus d'une fois d'en punir l'insolence...
Qu'il rende de ses jours grace à votre présence.

TULLIE.

Sextus, ce fier rival n'en est pas un pour vous ;
Un amant méprisé ne fait point de jaloux :
Mais un grand cœur doit-il céder sans espérance
Aux dangereux appas d'une aveugle vengeance ?
Ah ! quand même à César on donnerait la mort ,
Son trépas seul peut-il relever votre sort ?
Tout vous promet ailleurs de hautes destinées ,
Qui, sans gloire, en ces lieux , se verraient terminées.
Fuyons , mon cher Sextus ; fuir n'est un déshonneur
Que pour ceux dont on peut soupçonner la valeur ;
Fuyons , loin de tenter des efforts inutiles.
Tandis qu'en ce palais on nous laisse tranquilles ,
Allons , sans plus tarder, rejoindre Cicéron.
La vertu de Mécène , exempte de soupçon,
Ne nous en doit pas moins alarmer sur son zèle.
Je vois, sur son départ, que mon père chancèle.
Courons le raffermir , Octave est violent ;
Pour nous perdre tous trois, il ne faut qu'un moment.

SEXTUS.

Ah! ne redoutez rien ; je connais la prudence
De ce nouveau tyran peu sûr de sa puissance.
Comme il me croit Gaulois , et qu'il a besoin d'eux ,
Il craint trop d'irriter ces peuples dangereux.

SCÈNE V.

PHILIPPE , SEXTUS, TULLIE.

TULLIE.

Jugez de ses frayeurs à l'objet qui s'avance ;
C'est l'affranchi chargé du soin de sa vengeance ,
Qui vient vous immoler , ou s'assurer de vous.

Ah ! Sextus , laissez-moi m'offrir seule à ses coups.

SEXTUS.

Vous exposer pour moi, c'est m'outrager, Tullie.
M'enviez-vous l'honneur de défendre ma vie ?

(à Philippe.)

Approche digne chef des infâmes humains ,
Que César entretient pour ses lâches desseins.

PHILIPPE , à part.

Quel trouble dans mon cœur élève sa présence !
O mes yeux , contemplez ! voilà sa ressemblance ,
Le port majestueux de cet homme divin
Qui, tout percé de coups, vint mourir sur mon sein.
Hélas ! si c'était lui... Mais puis-je méconnaître
Et les traits et la voix de mon auguste maître ?
Quelle horreur en ces lieux règne de toutes parts !
Dieux ! quel spectacle affreux vient frapper mes regards
(il s'appuie sur les débris de la statue de Pompee.)
Chers débris, monumens de la fureur d'Octave,
Arrosez-vous des pleurs d'un malheureux esclave ;
Ou plutôt, revivez, triste objet de mes vœux,
Et venez recevoir l'ame d'un malheureux.
Je me meurs.

TULLIE.

Que dit-il ? Et qu'est-ce qui l'arrête ?

SEXTUS.

Avance : à m'immoler ta main est-elle prête ?
Que vois-je ? Quel mortel se présente à mes yeux !
Grands dieux ! n'est - il donc plus de vertus sous le
    cieux ?
L'erreur qui me flattait malgré moi se dissipe.
Qui m'eût dit qu'à regret je reverrais Philippe?
Ce fidèle affranchi du plus grand des mortels ,
Qui semblait avec lui partager ses autels,
Que ses derniers soupirs avaient couvert de gloire ;
Ce Philippe , autrefois si cher à ma mémoire ,
Qui sut de la vertu m'aplanir les chemins,

Philippe est devenu chef de mes assassins.
Tu pleures, cœur ingrat! Que de torrens de larmes
Il faudrait pour laver tes parricides armes!
Va, comble tes forfaits : si tes barbares mains
N'ont point assez trempé dans le sang des Romains,
Viens, cruel, dans le mien, ennoblir ton épée;
Plonge-la dans le sein du malheureux Pompée.

PHILIPPE.

Ah, Sextus!

SEXTUS.

Serais-tu capable d'un remord ?

PHILIPPE.

Ecoutez-moi, mon maître, ou me donnez la mort.
Daignez vous rappeler l'histoire de ma vie :
D'aucun crime jamais elle ne fut flétrie.

SEXTUS.

Lève-toi.

PHILIPPE.

Non, seigneur, souffrez qu'à vos genoux,
Avant que de mourir, je m'explique avec vous.

SEXTUS.

Lève-toi.

PHILIPPE.

Se peut-il que mon illustre élève,
Contre un infortuné s'indigne et se soulève ?
A-t-il pu soupçonner un cœur tel que le mien
De vouloir enfoncer un poignard dans le sien ?
(il montre la statue de Pompée.)

Hélas! depuis la mort de ce maître adorable,
Je n'ai fait que gémir de son sort déplorable.
Octave, prévenu que j'avais mérité
Qu'un maître pût compter sur ma fidélité,
Me prévint, et bientôt m'accorda son estime.
On sait que ce tyran s'est fait une maxime
D'attacher à son sort les hommes généreux
Qui par quelques vertus se sont rendus fameux.
C'est ainsi que j'ai su gagner sa confiance;

Mais, dans l'art de tromper imitant sa science,
Philippe n'a jamais trempé dans ses forfaits,
Et Rome n'a de moi reçu que des bienfaits.
Mais c'est par d'autres soins qu'un esclave fidèle
Doit vous justifier son amour et son zèle.
Octave ne croit plus que vous soyez Gaulois.
Votre noble fierté, les accens de la voix,
Vos soins pour les proscrits échappés vers Ostie,
Et l'ardeur que pour vous fait éclater Tullie,
Alarmant à tel point ce cœur né soupçonneux,
Qu'il voudrait vous pouvoir sacrifier tous deux ;
Et, sans bien pénétrer quelle est votre origine,
Il veut que cette nuit ma main vous assassine,
Sans croire cependant que vous soyez Sextus :
Mais il vous croit du moins un ami de Brutus.
Il vient de me quitter pour passer chez Fulvie,
Je crains qu'à Cicéron il n'en coûte la vie.
Les momens vous sont chers, et c'est fait de vos jours,
Si de ceux du tyran je n'abrége le cours.
Pour sauver l'un de vous, il faut immoler l'autre :
Choisissez du trépas de César ou du vôtre.
Rien n'est sacré pour moi, dès qu'il s'agit de vous.

SEXTUS.

L'assassinat, Philippe, est indigne de nous.
Avant que d'éclater, tu pouvais l'entreprendre ;
Mais, instruit du projet, je dois te le défendre.
Je m'en ferais un crime après l'avoir appris,
Et l'on t'eût pardonné de l'avoir entrepris.

PHILLIPPE.

On ne peut trop louer un soin si magnanime :
Mais je vois d'un autre œil l'autel et la victime.
Le destin n'a point mis de sentimens égaux
Dans l'ame de l'esclave et celle du héros.
Mon devoir le plus saint, c'est de sauver mon maître,
Qui, d'Octave ou de vous, aujourd'hui le doit être ;
César ne fut jamais ni mon dieu, ni mon roi ;
Et le plus fier tyran n'est qu'un homme pour moi.
Si, pour vous soutenir, une égale fortune
Rendait entre vous deux la puissance commune,
Et que de l'immoler vous eussiez le dessein,

Sextus pourrait ailleurs chercher un assassin.
Mais s'armer du poignard qu'un lâche nous destine,
Ce n'est que le punir alors qu'on l'assassine.
Se laisser prévenir est moins une vertu,
Que l'imbécilité d'un courage abattu.
Il ne vous reste plus qu'une fuite douteuse;
Pour le fils de Pompée elle serait honteuse.
Bientôt de toutes parts vous serez observé ;
Prévenez donc le coup qui vous est réservé.

TULLIE.

Rejetez les conseils que Philippe vous donne ;
Mais fuyons, puisque ainsi votre bonheur nous l'ordonne.
Allons trouver mon père , et remettons aux dieux
Le soin de nous sauver de ces funestes lieux.

PHILIPPE.

Moi, je vais retrouver César , daignez attendre
Que je sois en état du moins de vous défendre.
Vous verrez, si mon bras ne peut vous secourir ,
Que Philippe avec vous est digne de mourir.

FIN DU TROISIÈME ACTE

ACTE IV.

SCÈNE Ire.

CICÉRON , seul.

ORGUEILLEUX monumens d'une grandeur passée,
Qui par celle des dieux n'était point effacée ;
Et vous, marbres sacrés de nos premiers aïeux,
Qui faisiez l'ornement de ces superbes lieux ;
En vain, de vos travaux célébrant la mémoire ,
Rome a cru de vos noms éterniser la gloire ;
Bientôt vous ne serez qu'un horrible débris,

Et de nouveaux objets de larmes et de cris.
Déjà les rejetons de vos tiges fameuses,
D'Antoine et de César victimes malheureuses,
N'offrent plus à nos yeux qu'un mélange confus
De morts et de mourans dans la fange étendus.
　　(*il jette les yeux sur le tableau de proscription, et
　　　　il y voit son nom.*)
Mais, parmi tant d'horreurs, quelle gloire imprévue
Vient ranimer mon cœur et briller à ma vue ?
Mon nom ne sera plus étouffé dans l'oubli,
Et dans ses dignités le voilà rétabli.
Enfin je suis proscrit ; que mon ame est ravie !
Je renais, au moment qu'on m'arrache la vie.
Héros infortunés, souffrez que ce tableau
Me serve, ainsi qu'à vous, de trône et de tombeau.
Je mourrai dans ton sein, ô ma chère patrie !
Eh ! que ne peut mon sang épuiser la furie
Des cruels triumvirs qui s'abreuvent du tien !
Qu'avec plaisir pour toi j'aurais donné le mien !
Au milieu des tourmens je serais mort tranquille ;
Je vivais pour toi seul, et je meurs inutile.
Quelqu'un vient.

SCÈNE II.

MÉCENE, CICÉRON.

CICÉRON.

　　　　C'en est fait, voici l'heureux instant
Qui va livrer ma tête au glaive qui l'attend.
Mais, je l'espère en vain ; c'est le sage Mécène,
Qu'une pitié cruelle en tremblant me ramène,
Et qui me croit peut-être accablé de douleur
A l'aspect du seul bien qui peut toucher mon cœur.

MÉCÈNE.

Malgré les soins divers dont vous étiez la proie,
Je lis dans vos regards une secrète joie
Qui dissipe ma crainte et flatte mon espoir.
César l'augmente encor, dès qu'il veut vous revoir.

Ah ! Cicéron, souffrez que je vous concilie.
Pour triompher d'Antoine, et pour braver Fulvie,
Accordez votre fille aux soins officieux
D'un ami qui voudrait pouvoir l'unir aux dieux ;
Renoncez à l'orgueil de ces vertus austères,
Qu'en des temps moins cruels se prescrivaient nos pères.
Ce n'est qu'en se pliant à la nécessité,
Que l'on peut des tyrans tromper l'autorité.
Un torrent n'a jamais causé plus de ravage,
Que lorsqu'à son courant on ferme le passage.
Laissez-le s'écouler, et nous donner la paix,
Couronnez par ce don tous vos autres bienfaits.

CICÉRON.

César vous aurait-il chargé de la conclure,
Rebuté d'outrager les dieux et la nature ;
Moins pressé de la soif de grossir ses trésors,
Vous aurait-il promis de respecter les morts ;
De ne point dépouiller leurs enfans et leurs femmes
Des biens que ce cruel prodigue à des infâmes ?
Ignorez-vous encor que les édits nouveaux
Ordonnent de fouiller jusques dans les tombeaux ;
Que son avidité, par des lois inhumaines,
Impose des tributs jusqu'aux dames romaines ?
Vous fait-il espérer que de notre union
L'instant sera la fin de la proscription ?

MÉCÈNE.

C'est pour vous que d'hier César l'a suspendue.

CICÉRON.

Hé bien, sur ce tableau daignez jeter la vue.
        (*il lui montre le tableau de la proscription.*)
Pour me mieux distinguer, c'est mon funeste nom
Qui seul en fait le prix.

MÉCÈNE.

                Dieux ! quelle trahison !
César aurait dicté cet arrêt sanguinaire !
Mais non, je reconnais la main du téméraire
Qui seul aura tracé cet horrible décret.
Eh ! quel autre qu'Antoine eût commis ce forfait ?

Crébillon.   29

César, jusqu'à ce point, eût-il flétri sa gloire?
Si je l'en soupçonnais, ou si j'osais le croire,
Loin de tenter encor de le justifier,
Je serais le premier à le sacrifier.
S'il est vrai que César ait voulu vous proscrire,
Sur ce même tableau je vais me faire inscrire.
Adieu; si je ne puis vous sauver de ses coups,
Vous me verrez combattre et mourir avec vous.

SCÈNE III.

CICÉRON, *seul.*

Eh! qu'importe à César que nous mourions ensemble,
Et qu'un même supplice aux enfers nous rassemble!
Que je plains ton erreur, aveugle courtisan,
Si tu crois par ta mort attendrir un tyran!

SCÈNE IV.

CICÉRON, OCTAVE.

CICÉRON.

Je le vois : terminons ma course infortunée
Par l'emploi que m'avait commis ma destinée.
Parlons, fassent les dieux que mes derniers accens
Ne se réduisent point à des cris impuissans!

OCTAVE.

Cicéron, ces lieux, n'ont-ils point vu Mécène.

CICÉRON.

Je ne l'ai que trop vu pour accroître ma peine.
Mais, sur un autre point, César écoute moi :
C'est l'unique faveur que j'exige de toi.
Je vois avec pitié que ta rigueur extrême
Attirera bientôt la foudre sur toi-même...
Si, pour nous accabler de maux et de douleurs
La terre a ses tyrans, le ciel a ses vengeurs,

Crains, malgré ton pouvoir, que quelque main hardie
Ne te punisse un jour de tant de barbarie.
Quels monstres ont jamais immolé des enfans?
Peut-on trop respecter ces êtres innocens ?
Hélas ! de tes fureurs victimes lamentables,
Leurs mères ne sont pas pour toi plus redoutables ;
Et cependant tu veux les priver de leurs biens :
César leur eût plutôt prodigué tous les siens.
C'était par des bienfaits qu'il vengeait une injure ;
Son fils, pour se venger, détruirait la nature.
Est-ce ainsi que tu veux succéder à César,
Ce héros qui traînait tous les cœurs à son char ?
Imite sa bonté ; crois moi, fais-nous connaître
Que tu peux l'égaler, le surpasser peut-être.

OCTAVE.

Et pourquoi n'imputer qu'à moi seul ces décrets
Dont Rome a ressenti de si cruels effets ?
Antoine est-il pour eux un dieu plus favorable ?

CICÉRON.

Eh ! qui pourrait fléchir ce tigre inexorable,
Dans l'ivresse, l'orgueil et le luxe allaité,
Monstre que le destin n'a que trop bien traité,
Et qui pour ton malheur, nourri dans le carnage,
N'a, pour toute vertu, qu'une valeur sauvage ?
César, dès qu'il sagit d'avoir recours aux dieux,
Qui d'Antoine ou de toi leur ressemble le mieux ?
Le ciel de ses bienfaits t'enrichit sans mesure,
Respecte les faveurs que te fit la nature.
Que n'as-tu pas reçu de sa prodigue main ?
Tous les dons d'un génie au-dessus de l'humain.
Lorsqu'il ne tient qu'à toi d'être adoré dans Rome,
Te sied-il d'être Antoine, ou de n'être qu'un homme ?
Sois César, sois un dieu : tu le peux, tu le dois
Trop heureux que le sort te laisse un si beau choix.

OCTAVE.

Tu n'auras pas en vain recours à ma clémence,
Ni d'un sexe timide embrassé la défense.
Je souscris à tes soins, je veux, en ta faveur,
Abolir ces décrets qui te font tant d'horreur.

Au sort des malheureux une ame si sensible
Pour moi seul aujourd'hui sera-t-elle inflexible?
Je viens sur ta fierté faire un dernier effort.
Qu'avec mon amitié la tienne soit d'accord.
Je ne refuse rien, lorsque ta voix m'implore:
Laisse-moi triompher du fiel qui te dévore:
Réunissons deux cœurs divisés trop long-temps
Pour des cœurs vertueux, j'ose dire aussi grands.

CICÉRON.

Octave, tu me fis admirer ton enfance.
J'attendais encor plus de ton adolescence;
Tu m'as trompé. Les cœurs remplis d'ambition
Sont sans foi, sans honneur, et sans affection.
Occupés seulement de l'objet qui le guide,
Ils n'ont de l'amitié que le masque perfide;
Prodigues de sermens, avares des effets,
Le poison est caché même sous leurs bienfaits.
La gloire d'un grand homme est pour eux un supplice,
Et pour lui, tôt ou tard, devient un précipice.
Je n'espère plus rien, et je crains encor moins.
Garde pour tes amis tes bontés et tes soins;
Pour en être, il faudrait aimer la tyrannie.

OCTAVE.

Déchire le bandeau d'une aveugle manie,
Erreur dont ton orgueil s'est laissé prévenir,
Et rougis des discours que tu m'oses tenir.
Que peut me reprocher ton injuste colère?
Qu'ai-je fait, qu'avant moi n'eût fait ici mon père?
N'obéissait-on pas, lorsque César vivait?

CICÉRON.

Sois seulement son ombre, et je suis ton sujet.
Du bonheur des humains sage dépositaire,
En faisant toujours bien, ne songe qu'à mieux faire;
Sois clément, vertueux, et rétablis les lois,
Je serai le premier à te donner ma voix.
Mais tant que je verrai des tigres en furie
Déchirer les enfans de ma triste patrie,
Je ferai de mes cris retentir l'univers,
Et je les porterai jusques dans les enfers.

OCTAVE.

Pour me livrer la guerre avec plus d'assurance,
Des hommes et des temps pèse les circonstances.
Mon père n'eut jamais que sa gloire à venger,
Ainsi César pouvait pardonner sans danger ;
Pour un autre César il n'eut point à proscrire.
Qui, d'ailleurs, eût osé lui disputer l'empire ?
Je ne suis entouré que de vils sénateurs,
Opprobre des humains, lâches perturbateurs,
Que se fût immolé la justice ordinaire ;
Dont Brutus a voulu lui-même se défaire,
Et que ce meurtrier n'a laissés dans ces lieux
Que pour m'assassiner, ou me rendre odieux :
Car de mes ennemis l'indigne politique
Ne tend qu'à me charger de la haine publique :
Mais, en de vains discours c'est trop nous engager.
Je ne suis pas venu pour me faire juger.
Pour la dernière fois je demande Tullie.

CICÉRON.

Faut-il que jusques-là ta grandeur s'humilie ?
D'un amour simulé laissons-là les attraits.
Va, je t'ai pénétré plus que tu ne voudrais.
Les doux liens du cœur, étrangers dans ton ame,
Ne triompheront point de l'ardeur qui t'enflamme ;
C'est la soif de régner, voilà ce que tu veux :
Mais, comme il faut voiler ce projet dangereux,
Tu veux en imposer par l'hymen de Tullie ;
Faire croire aux Romains, puisqu'à toi je m'allie,
Que j'épouse à mon tour ta haine et ta fureur,
En faveur d'un hymen qui me comble d'honneur ;
Si je t'ouvre un chemin à la grandeur suprême,
Que je l'aplanis moins pour toi que pour moi-même ;
Et qu'enfin, c'est moi seul qui dicte tes arrêts :
(1) Prétexte précieux pour m'immoler après.

---

(1) Prétexte spécieux de m'immoler après.

*Ce vers est celui du manuscrit de la Comédie fran-
çaise.*

OCTAVE.

Si j'avais de te perdre une secrète envie,
Qui pourrait m'engager à retenir Fulvie?
Imprudent orateur, songe que ton orgueil
A de tes intérêts toujours été l'écueil.
S'il me faut, pour régner, l'appui d'une famille,
Qu'ai-je besoin, dis-moi, de toi ni de ta fille?
Ingrat, si tu jouis de la clarté du jour,
Apprends que tu ne dois ce bien qu'à mon amour;
Vois ton nom.

CICÉRON.

Je l'ai vu, César, je t'en rends grace.
Mais il ne s'agit pas du sort qui me menace,
Il s'agit des Romains. Pour la dernière fois,
D'un ami malheureux daigne écouter la voix.

OCTAVE.

Je n'écoute plus rien d'un ami si perfide;
Ce n'est pas l'intérêt de Rome qui te guide.
Ce fameux Clodomir, ce rival odieux,
Qu'avec tant de secret tu cachais en ces lieux,
Injurieux objet d'une lâche tendresse,
Est le seul où ton cœur aujourd'hui s'intéresse.
C'est l'amant de Tullie; ose me le nier.

CICÉRON.

Je ne chercherai pas à m'en justifier.
Pourquoi de ce rival te ferais-je un mystère?
A-t-il trempé ses mains dans le sang de ton père?
Ou, si c'est un forfait que d'aimer les Romains,
Implacable tyran, détruis tous les humains.
C'est dans la cruauté que brille ton courage.

OCTAVE.

Ah! c'est pousser trop loin le mépris et l'outrage.
Adieu, je t'abandonne à mon inimitié.

CICÉRON.

Va, fuis; je l'aime mieux encor que ta pitié.
Celle de tes pareils à la fois déshonore
Et celui qu'elle épargne et celui qui l'implore.

SCÈNE V.

CICÉRON, *seul.*

MAIS que sont devenus mes enfans malheureux,
Depuis l'instant fatal qui m'a séparé d'eux ?
Ma fille dans sa fuite a-t-elle été surprise,
Ou Sextus aurait-il manqué son entreprise ?
Hélas ! de Tusculum s'ils ont pris le chemin,
Dans mes tristes foyers ils m'attendront en vain ;
Je ne reverrai plus ce couple que j'adore,
Eh ! puis-je désirer de les revoir encore ?
J'obtiens le seul honneur que j'avais souhaité ;
Et du moins je pourrai mourir en liberté...

SCÈNE VI.

CICÉRON, SEXTUS, TULLIE.

CICÉRON.

MAIS, je vois mes enfans ! Chers témoins de ma joie,
C'est pour la partager que le ciel vous envoie.
Le destin va bientôt terminer mes malheurs,
Et mon sort est trop beau pour mériter des pleurs.
Viens, ma fille, jouis des honneurs de ton père.
Vois, lis sur ce tableau la fin de ma misère.
Sextus, vous m'avez vu le front humilié,
Que, parmi ces grands noms, le mien fût oublié.
Je me plaignais à tort des mépris d'un barbare,
Pardonnons-lui tous deux un affront qu'il répare.

TULLIE.

Seigneur, est-ce donc là ce destin glorieux,
Qui doit être pour nous si grand, si précieux ?
Mourir dans les tourmens, victime de Fulvie,
C'est mourir dans l'opprobre et dans l'ignominie.
Eh ! comment, sans rougir d'un si cruel transport,
Pouvez-vous avec joie annoncer votre mort ?

Changerez-vous toujours d'avis et de conduite?
Un grand cœur doit avoir plus d'ordre et plus de suite.
A peine vous formez un généreux dessein,
Qu'à l'instant même il est banni de votre sein.
A l'amour paternel un faux honneur succède,
Et, plus le mal est grand, plus on fuit le remède.
César ne vous a point encor abandonné,
Si nous mourons, c'est vous qui l'aurez ordonné.
Vous le savez, la mort n'a rien qui m'épouvante;
Des cœurs infortunés c'est la plus douce attente.
Ce qui me fait gémir, c'est de voir votre cœur
S'honorer d'un trépas qui n'est qu'un deshonneur.
Mais de ce même fer dont l'amour de Tullie
S'est armé pour défendre une si belle vie,
Si vous vous obstinez à rester en ces lieux,
Je saurai, malgré vous, m'immoler à vos yeux.

CICÉRON.

Ah! ma fille étouffez ce transport téméraire.

SEXTUS.

Mon père, il vous apprend ce que vous devez faire.
Se peut-il qu'un grand cœur se montre si jaloux
Des honneurs qu'un esclave obtiendrait comme vous?
Quel misérable orgueil pour une ame romaine!
Ah! loin de nous vanter une gloire si vaine,
Rougissez de vous voir proscrit sur ce tableau.
C'est dans le ciel qu'il faut inscrire un nom si beau.
Des plus nobles proscrits je viens d'armer l'élite,
C'est à mourir entre eux que l'honneur nous invite.
Laisserez-vous périr ces guerriers généreux
Qui s'exposent pour vous au sort le plus affreux?
Un Romain, tant qu'il vent, peut rétablir sa gloire;
C'est en cherchant la gloire qu'il trouve la victoire.
Lorsqu'il faut terminer ses déplorables jours,
Est-ce au fer des bourreaux qu'il faut avoir recours?

CICÉRON.

Ah! je n'aspire point aux honneurs de la guerre;
Le ciel ne m'a point fait pour désoler la terre,
Ni pour briller dans l'art des travaux meurtriers.
Ainsi que ses vertus, chacun a ses lauriers.

Et que peut m'importer, dès qu'il faut que je meure,
Quelle main me viendra marquer ma dernière heure?
Lorsqu'on ne peut plus vivre, il faut savoir mourir,
Et se rendre, quand rien ne peut nous secourir.
A quoi me servira votre valeur suprême,
Plus terrible cent fois pour moi que la mort même?
Tullie est un héros au-dessus du trépas,
Qui viendra s'élancer à travers les soldats.
Voulez-vous qu'à mes yeux on égorge ma fille,
Et l'héritier qui peut relever ma famille?
Et comment osez-vous hasarder nos amis,
Dès que le moindre espoir ne nous est plus permis?
Dans l'ardeur de tenter une vaine défense,
Les ferez-vous périr pour toute récompense?

SEXTUS.

Hé bien! si rien ne peut nous sauver de la mort,
Nous mourrons tous, du moins dignes d'un meilleur sort.

CICÉRON.

C'est parler en soldat, dont l'ardente manie
Méprise également et la mort et la vie.
Je suis père, et je dois mieux penser qu'un amant
Qui ne consulte plus que son emportement.
On n'en veut qu'à moi seul en ce moment funeste,
Faut-il imprudemment sacrifier le reste?
Mon sang apaisera la fureur des tyrans;
Ah! laissez-lui l'honneur de sauver mes enfans.
Calmez les fiers transports de ce cœur indomptable,
Ma mort est désormais un mal inévitable.
Ma fille, qui n'a plus d'autre soutien que vous,
Aura-t-elle à pleurer son père et son époux?
Adieu, mon cher Sextus; adieu, chère Tullie;
Pour m'aimer plus long-temps, conservez votre vie.
On vient. Ah! c'en est fait; dieux! quel moment affreux!
Hélas! pour ma défense, ils se perdront tous deux.

SCÈNE VII.

CICÉRON, SEXTUS, TULLIE, PHILIPPE.

PHILIPPE, *à Sextus.*

Vos amis assemblés sous diverses cohortes,
Pour vous accompagner, sont déjà loin des portes.
      (*à Tullie.*)
Madame, en ce moment daignez suivre ses pas.
Du sort de Cicéron ne vous alarmez pas.
Octave qui ne veut que semer l'épouvante,
A cru, pour ébranler votre ame trop constante,
Devoir ranger son nom au nombre des proscrits ;
Mais, malgré le courroux dont son cœur est épris,
Il ne peut consentir à livrer votre père.
Ainsi ne craignez rien de sa feinte colère,
      (*à Cicéron*)
Loin de vouloir, seigneur, en terminer le cours,
Il vient de m'ordonner de veiller sur vos jours.
Marchons à Tusculum, tandis qu'avec Tullie,
Sextus ira se rendre au rivage d'Ostie.

CICÉRON.

Adieu, triste témoin de mes vœux superflus,
Palais infortuné, je ne vous verrai plus.

FIN DU QUATRIÈME ACTE.

ACTE V.

SCÈNE Ire.

OCTAVE, *seul.*

JE le connais enfin, ce rival trop heureux,
Que, pour nous, son seul nom rendait si dangereux,
L'audacieux Sextus, que César, trop facile,
Laissa vivre, ou plutôt régner dans la Sicile,
Et dont il n'est sorti que dans le noir dessein
De me plonger peut-être un poignard dans le sein.
Le traître n'a que trop attenté sur ma vie,
En séduisant le cœur de l'ingrate Tullie,
Que de soins différens m'agitent tour à tour!
Un peuple mutiné, l'ambition, l'amour.
Sont-ce donc là les biens que tu cherchais, Octave,
Et dont, pour ton bonheur, tu n'es que trop esclave?
Règne, puisque tu veux soumettre l'univers?
Mais en l'en accablant, partage moins ses fers.
Sextus, qui te bravait, échappe à ta vengeance.
Avec une valeur égale à sa naissance,
Que n'ai-je point encor à redouter de lui?
Voilà ce qui me doit occuper aujourd'hui.
Sans être secouru que de sa seule épée,
Sextus, par ses exploits, fait revivre Pompée.
Nous le verrons un jour disputer avec nous
Un fardeau dont le poids ne paraît que trop doux.
1) Mais je saurai bientôt prévenir son attente.
Immolons à la fois Sextus et son amante.
Heureusement Tullie est encor dans nos mains,
Et de Rome son père a repris les chemins;

---

(1) Mais ma fureur saura prévenir son attente,
Ou, du moins, pour jamais lui ravir son amante.

 Ces vers se trouvent dans le manuscrit de la Comédie française.

Bientôt Hérennius , qui devait l'y conduire,
De son sort , quel qu'il soit, aura soin de m'instruire.
Mais Mécène paraît.

SCÈNE II.

OCTAVE, MÉCÈNE.

OCTAVE.

        CHER ami , que mon cœur
Avait besoin de toi pour calmer ma douleur !
Philippe m'a trahi : cet esclave infidèle ,
Que je croyais si sûr et si rempli de zèle ,
Par ses fausses vertus abusant mes esprits ,
Etait d'intelligence avec tous les proscrits.
C'est lui qui les a tous sauvés de ma poursuite,
Et qui seul de Sextus a préparé la fuite.

MÉCÈNE.

Philippe n'a jamais mieux rempli son devoir
Qu'en trompant votre haine et votre fol espoir.
Et d'ailleurs , devait-il vous livrer son élève?
A ce nom si chéri déjà l'on se soulève.
Si, par malheur, Sextus fût resté dans vos mains,
Vous eussiez contre vous armé tous les Romains,
Mais, n'êtes-vous point las de tant de barbaries,
Et d'exercer ici l'empire des furies ?

OCTAVE.

Qu'entends-je ?

MÉCÈNE.

      Les discours d'un ami vertueux,
Dont vous approuveriez le zèle impétueux,
Si de quelque retour votre ame était capable ;
Mais, aux cris, comme aux pleurs, elle est impénétrable.
Vous ne serez que trop entouré de flatteurs
Et que trop inspiré par de vils délateurs,
C'est l'unique entretien où vous trouviez des charmes.
Je ne puis plus vous voir sans répandre des larmes.
L'ami que j'avais cru digne d'être adoré,
C'est le même par qui je suis déshonoré.
Tandis que c'est lui seul qui détruit, persécute,

Aux pleurs qu'il fait verser c'est moi qui suis en butte.
Vos soldats, rebutés de servir d'assassins,
M'ont déjà reproché vos ordres inhumains.
(1) On dirait qu'en effet votre cœur sanguinaire
Fait du sang des mortels sa substance ordinaire,
Qu'il ne voit qu'à regret des hommes innocens;
Car vous les croyez tous criminels ou méchans;
Et bientôt, à vos yeux, dans son sein déplorable,
Rome n'offrira plus qu'un gouffre abominable,
Que vous acheverez de combler de forfaits;
Mais comme, je suis las d'en supporter le faix,
Adieu.

OCTAVE.

Quoi! c'est ainsi que Mécène me quitte?
D'où peut naître, dis-moi, le transport qui t'agite?
Ah! loin de redoubler mon trouble et ma terreur,
De l'état où je suis adoucis la rigueur.
Tu sais que, dès hier, j'ai cessé de proscrire.
Antoine, qui jouit avec moi de l'empire,
Pour me perdre d'honneur, par ses détours secrets,
Fait passer sous mon nom ses horribles décrets.

MÉCÈNE.

(2) Est-ce à vous de ramper sous les lois d'un infâme

---

(1) Poursuivez, achevez de mettre Rome en cendre;
Mais de votre amitié je ne veux plus dépendre.
Il faudrait à la fin partager vos forfaits;
Et, comme je suis las d'en supporter le faix,
Adieu.

Ces vers se trouvent dans le manuscrit de la Comédie française.

(2) Ah! César qui se plaint d'un collégue perfide,
Du sang du malheureux est-il donc moins avide?
Est il quelque douleur qui vous puisse attendrir?
On croirait, à vous voir l'un l'autre vous flétrir
Par l'odieux trafic... etc.

Ces vers se trouvent dans le manuscrit de la Comédie française.

Asservi lâchement aux fureurs d'une femme?
Triumvir comme lui, libre de tout oser,
Au plus cruel trépas il fallait s'exposer,
Et laver dans son sang une pareille injure.
Un affront vit toujours sur le front qui l'endure ;
Qui ne s'en venge pas est fait pour le souffrir.
On croirait, à vous voir tour à tour vous flétrir
Par l'odieux trafic des plus illustres têtes,
Que vous vous partagez le fruit de vos conquêtes.
Il abandonne un oncle, et vous un protecteur,
Dont vous avez long-temps recherché la faveur,
A qui seul vous devez votre grandeur suprême,
Et qu'il fallait sauver aux dépens de vous-même.

OCTAVE.

Cesse de m'effrayer, et me nomme l'objet
Qui fait couler tes pleurs :

MÉCÈNE.

                Ingrat, qu'avez-vous fait ?
Hélas ! hier encor il existait un homme
Qui fit par ses vertus les délices de Rome,
Mémorable à jamais par ses talens divers,
Dont le génie heureux éclairait l'univers.
Il n'est plus... Son salut vous eût couvert de gloire,
Et de vos cruautés effacé la mémoire.
Qu'ai-je besoin encor de vous dire son nom ?
Ah ! laissez-moi vous fuir et pleurer Cicéron.

OCTAVE.

Qui ? moi, j'aurais livré ce mortel admirable !
Et c'est de ce forfait toi qui me crois coupable ?

MÉCÈNE.

C'est en l'abandonnant que vous l'avez livré.
De sang et de fureur votre cœur enivré,
Soigneux de me cacher la moitié de ses crimes,
Laisse au Tibre le soin de compter ses victimes.

OCTAVE.

Ah ! Mécène, un moment du moins écoute-moi ;
Je ne veux, entre nous, d'autre juge que toi.
Moi-même, pour sauver le père de Tullie,
J'ai disposé sa fuite à l'insu de Fulvie,

Et chargé de ce soin Léna, Salvidius,
Soutenus par Philippe et par Hérennius;
C'est par eux qu'en secret je le faisais conduire,
Sans prévoir que, peut-être on pouvait les séduire.
Comment s'en défier, et surtout de Léna,
Tribun, que j'ai reçu de la main d'Agrippa?
D'ailleurs, à Cicéron Léna devait la vie.

MÉCÈNE.

C'est à son défenseur lui seul qui l'a ravie.
L'intrépide orateur a vu sans s'ébranler,
Lever sur lui le bras qui l'allait immoler.
   C'est toi, Léna, dit-il, que rien ne te retienne.
   J'ai défendu ta vie, arrache-moi la mienne.
   Je ne me repens point d'avoir sauvé tes jours,
   Puisque des miens c'est toi qui doit trancher le
» cours. »
A ces mots, Cicéron lui présente la tête,
En s'écriant: « Léna, frappe, la voilà prête. »
Léna, tandis que l'air retentissait de cris,
L'abbat, court chez Fulvie en demander le prix.
Un objet si touchant, loin d'attendrir son ame,
N'a fait que redoubler le courroux qui l'enflamme,
Les yeux étincelans de rage et de fureur,
Elle embrasse Léna, sans honte et sans pudeur;
Saisit avec transport cette tête divine,
Qui semble avec les dieux disputer d'origine,
En arrache... Epargnez à ma vive douleur
La suite d'un récit qui vous ferait horreur.
Nous ne l'entendrons plus, du feu de son génie
Répandre dans nos cœurs le charme et l'harmonie;
Fulvie a déchiré de ses indignes mains
Cet objet précieux, l'oracle des humains:
Mais on ne m'a point dit, après ce coup funeste,
Ce que sa barbarie a pu faire du reste.

OCTAVE.

Hé bien! sur Cicéron suis-je justifié?

MÉCÈNE.

Si ce n'est pas César qui l'a sacrifié,
Que de sa mort, du moins, la plus haute vengeance

De César soupçonné fasse voir l'innocence.

OCTAVE.

Si je m'en vengerai ? Quoi ! tu peux en douter ?
Ta douleur sur ce point n'a rien à redouter ;
Ma haine désormais ne peut être assouvie,
Qu'en noyant dans son sang l'exécrable Fulvie,
Ce n'est pas Lucius qui m'en fera raison ;
C'est Antoine qui doit payer pour Cicéron.
Si tu m'aimes encor, va me chercher sa fille ;
Je veux de ce grand homme adopter la famille.
De tes cris, de tes pleurs tu m'as importuné,
Rends-moi de Cicéron le reste infortuné.
Pardonne à mon dépit une fatale feinte
Qui porte à ma tendresse une si rude atteinte.
En croyant l'effrayer, hélas ! je l'ai perdu.
Par pitié, rends sa fille à mon cœur éperdu.
Je ne me connais plus, que mon sort l'attendrisse.

MÉCÈNE.

C'est vouloir de vos maux accroître le supplice.
Eh ! comment osez-vous souhaiter de la voir ?
Pourriez-vous soutenir ses pleurs, son désespoir ?
Peignez-vous les tourmens où Tullie est en proie.

OCTAVE.

Ah ! n'importe, Mécène ; il faut que je la voie,

MÉCÈNE.

Il est vrai que Tullie est rentrée en ces lieux,
Et j'ai cru qu'il fallait la soustraire à vos yeux.
Sans vouloir cependant la voir ni la contraindre,
(De son juste courroux que ne doit-on pas craindre ?)
J'ai pris soin seulement qu'en ces momens affreux,
On ne l'instruisît point de son sort rigoureux.
N'allez point irriter une ame impérieuse,
Dont rien n'arrêterait la haine audacieuse ;
Quels efforts aujourd'hui n'a point tenté son bras
Pour Sextus, entraîné par ses propres soldats ?
La dignité des mœurs, la vertu la plus pure,
Ne sont pas les seuls dons que lui fit la nature.
Tullie en a reçu la valeur de Sextus,
Les charmes de son sexe et le cœur d'un Brutus.

Et vous la renverrez, si vous daignez m'en croire.
Tant d'amour convient-il avec autant de gloire ?
Qu'espérez-vous d'un cœur épris d'un autre amant ?
Faites-en à Sextus un généreux présent.

OCTAVE.

Mes fureurs n'ont que trop justifié sa haine...
C'en est fait, j'y consens, renvoyons-là, Mécène ;
Puisqu'il faut s'occuper de soins plus glorieux...

SCÈNE III.

TULLIE, OCTAVE, MÉCENE

OCTAVE.

Je la vois... Juste ciel !... Cachons-nous à ses yeux.

TULLIE.

Pourquoi me fuyez-vous, César ? je suis vaincue,
Les soldats de Sextus l'ont soustrait à ma vue.
Vous avez triomphé de moi comme de lui.
Hélas ! dans mes malheurs où trouver un appui ?
Ne redoutez plus rien de la fière Tullie,
Il n'est point de fierté que le sort n'humilie.
Loin de vous refuser à mes tristes regards,
Faites revivre en vous la bonté des Césars.
Si j'ai porté trop loin les mépris et l'audace,
      (elle lui montre la statue de César.)
Au nom de ce héros, daignez me faire grâce.
Ah ! seigneur, par pitié, rendez-moi Cicéron ;
Honorez-nous tous deux d'un généreux pardon.
En des temps plus heureux votre haine endurcie
Eût été désarmée au seul nom de Tullie.

OCTAVE.

Ce nom n'est point encor effacé de mon cœur,
Un seul jour n'éteint point une si vive ardeur ;
Et des feux que Tullie allume dans une ame,
Elle ne sait que trop éterniser la flamme ;
Et, malgré le mépris dont vous payez mes vœux,
J'oublie, en vous voyant, que je suis malheureux ;

Crébillon.   30

Et j'ose me flatter que, moins préoccupée,
Vous eussiez respecté César devant Pompée.
Le ciel ne le fit point pour être mon égal ;
Il n'est pas même fait pour être mon rival.

TULLIE.

Ah ! César, est-il temps de me chercher des crimes ?
Daignez vous occuper de soins plus légitimes.
Vous avez trop connu le cœur de Cicéron,
Pour en avoir conçu le plus léger soupçon.
Si de quelque refus vous avez à vous plaindre,
Son austère vertu ne laisse rien à craindre.
A-t-il des conjurés emprunté le secours,
Ou versé dans les cœurs le poison des discours ?
Il a toujours gardé le plus profond silence ;
Sa fuite ne peut être un motif de vengeance,
Puisque vous-même avez ordonné son départ.
Philippe était d'ailleurs chargé, de votre part,
Avec Hérennius, du soin de le défendre.

OCTAVE.

Mais, si vous n'aviez point dessein de me surprendre,
Auriez-vous de Sextus accompagné les pas,
Et, pour le soutenir, corrompu mes soldats ?

TULLIE.

Quel peut être l'effroi que Sextus vous inspire ?
Ce n'est pas en fuyant qu'on dispute un empire.
L'a-t-on vu contre vous soulever les esprits,
Ou d'un nom redouté ranimer les débris ?
Il en eût recouvré la puissance usurpée,
S'il se fût un moment fait voir comme Pompée.
Ah ! du sort de Sextus ne soyez point jaloux ;
Philippe n'a voulu que l'éloigner de vous,
Son maître infortuné, qui n'a point d'autre asile,
Va sans doute avec lui regagner la Sicile.
Faites-vous un ami de ce jeune héros ;
Il est digne de vous par ses nobles travaux.
César, vous ignorez qu'une main meurtrière
Vous aurait, sans Sextus, privé de la lumière.
Tandis que votre haine éclate contre lui,
C'est sa seule vertu qui vous sauve aujourd'hui.

Pour l'en récompenser, permettez que mon père
Aille près de Sextus terminer sa misère ;
Prenez, en leur faveur, des sentimens plus doux.

OCTAVE.

Mais, madame, Sextus est-il donc votre époux ;
Sitôt qu'à votre hymen je ne dois plus prétendre,
Aux vœux de mon rival je consens de vous rendre.

TULLIE.

Ah! César, vos détours sont trop injurieux.
Plus sincère que vous, je m'expliquerai mieux.
De Sextus, il est vrai, je dois être l'épouse.
Loin de vouloir tromper votre flamme jalouse,
J'avoûrai, sans rougir, que nous avons tous deux,
Malgré tant de malheurs, brûlé des mêmes feux :
Mais, quel que soit l'amour qu'il inspire à Tullie,
Si vous m'aimez encor, je vous le sacrifie.
Vous pouvez d'un seul mot rendre mon sort heureux.
Parlez, me voilà prête à contenter vos vœux.
Un si grand sacrifice est le prix de mon père ;
Rendez à ma douleur une tête si chère,
Apprenez-moi du moins ce qu'il est devenu.

OCTAVE.

Hérennius ici n'a point encor paru.
Mécène, en attendant, prenez soin de Tullie.
Je vais sur Cicéron interroger Fulvie.

TULLIE.

Non, César, demeurez... Mais quel objet nouveau
Vient frapper mes regards sous ce triste tableau ?
Hélas! je reconnais la céleste tribune
Que mon père occupait avant son infortune.
C'est de là que, rempli d'un feu toujours divin,
Il semblait prononcer les arrêts du destin...
Plus j'ose l'observer, plus ma frayeur augmente
Mécène... la tribune... elle est toute sanglante.
Ce voile encor fumant cache quelque forfait.
N'importe, je veux voir.

(elle monte à la tribune, et lève le voile.)

                    Dieux! quel affreux objet!
La tête de mon père!... Ah! monstre impitoyable,

A quels yeux offres-tu ce spectacle effroyable?

OCTAVE.

L'horreur qui me saisit à ce terrible aspect
Pourrait justifier l'homme le plus suspect.
On n'en peut accuser que la main de Fulvie.

TULLIE.

La tienne a-t-elle moins fait voir de barbarie?
Ne lui conteste point un coup digne de toi.
O Sextus! tout est mort et pour vous et pour moi.
Traître, pour assouvir la fureur qui t'anime,

(*elle se tue.*)

Tourne les yeux ; voilà ta dernière victime.

FIN DU TRIUMVIRAT.

TABLE DES MATIÈRES

CONTENUES DANS CE VOLUME.

FIN DE CRÉBILLON.